洛克 论人权与自由

John Locke

[英国] 约翰·洛克 著

石磊 编译

中国商业出版社

图书在版编目（CIP）数据

洛克论人权与自由/（英）洛克著；石磊编译.—北京：中国商业出版社，2016.2（2021.6重印）

ISBN 978-7-5044-9247-0

Ⅰ.①洛… Ⅱ.①洛…②石… Ⅲ.①洛克，J.（1632~1704）—人权观 Ⅳ.①B561.24②D082

中国版本图书馆CIP数据核字（2016）第019974号

责任编辑　姜丽君

中国商业出版社出版发行

010-63180647　www.c-cbook.com

（100053　北京广安门内报国寺1号）

新华书店经销

三河市悦鑫印务有限公司

＊　＊　＊　＊

890毫米×1260毫米　16开　16印张　190千字

2016年4月第1版　2021年6月第3次印刷

定价：48.00元

＊　＊　＊　＊

（如有印装质量问题可更换）

序

约翰·洛克是英国的哲学家，生于1632年8月29日，卒于1704年10月28日。他开创了经验主义，也是第一个全面阐述宪政民主思想以及提倡人的"自然权利"的哲学家，他的政治理念深远地影响了美国、法国、英国以及其他的西方国家。洛克出身于清教徒家庭，从小接受严格的教育。清教徒的父亲在内战期间为议会军队作战。1646年，洛克在威斯敏斯特学校接受了传统的古典文学的基础训练。1652年克伦威尔主政期间，洛克到牛津大学学习。1656年洛克获得学士学位，1658年获硕士学位。此时，牛津大学的哲学主张还是经院哲学的本色，洛克既憎恶经院哲学，又憎恶独立教会派的狂热，主张宗教宽容。他深受笛卡尔哲学的影响，穷其一生而不为独断论所困扰。

1666年洛克结识了艾希利勋爵（Lord Ashley）亦即后来的沙夫茨伯里伯爵（Shaftesbury），成为他的助手兼好友，并在此期间开始了其一生最重要的哲学《人类理智论》（Essay Concerning Human Understanding）的创作。1675年洛克离开英国到法国住了三年，结识了很多思想家，后来又回到伯爵身边担任秘书。1682年沙夫茨伯里伯爵因卷入一次失败的叛乱而逃往荷兰，洛克也随行。伯爵在翌年去世，而洛克则在荷兰一直待到1688年的光荣革命。在荷兰，洛克隐姓埋名，并且完成了包括《人类理智论》在内的多部重要著作。洛克在伯爵家住了十五年之久，关系很深。沙夫茨伯里伯爵做辉格党的领袖时，他们也时常交换关于政治问题的意见，这对洛克的政治主张的影响很大。

1689年，洛克开始撰写《政府论》，1690年出版，该书旨在为1688年英国光荣革命的正当性辩护。该书出版后立即引起了轰动。

《政府论》分为上下两篇，上篇主要是针对英国当时一位非常有名的作家菲尔默所持"君权神授论"的论战，带有很强的针砭时弊之意味，可归之为"破"，洛克在下篇的重点是"立"，阐释了他主要的政治思想。历来人们在探讨洛克政治思想时，主要是针对《政府论》的下篇。

洛克在《政府论》下篇提出统治者的权力应来自于被统治者的同意，建立国家的唯一目的，乃是为了保障社会的安全以及人民的自然权利。当政府的所作所为与这一目的相违背的时候，人民就有权利采取行动甚至以暴力的方式将权力收回。

洛克在试图解决政治权力的产生以及来源这一问题的时候，也是从人的"自然状态"出发，围绕"自然法"、"自然权利"、"契约"等范畴展开论述的。因此从这个意义上讲，他和霍布斯并无二致。然而洛克在论证伊始，即在对于"自然状态"描述中，和霍布斯产生了比较大的分歧。洛克所描述的自然状态是一种"完备无缺的自由状态",在自然法的范围内,人人都可以按照自己认为合适的办法,决定他们的行动,处理与他人之间的关系,无需听命于任何其他人的意志。尽管这种状态并非美好的世外桃源,但相对于霍布斯所描述的"人对人就像是狼对狼一样"、"一切人对于一切人的战争"这一阴森恐怖的景象而言,却是"一个和平、善意、互助和保全的状态"。

最后尚须说明的是,由于时代的局限和洛克个人的偏见,本书一些作品中的主观主义表现比较明显,有些观点和论述显然是错误的。请读者在阅读中予以鉴别,取其精华,去其糟粕。

目录

一、权力的起源 …………………… 001
  （一）论亚当的统治权 …………… 001
  （二）论君主权利与绝对权利 …… 006
  （三）论王权和父权 ……………… 009
  （四）论个人统治权 ……………… 015
  （五）论丈夫享有的主权 ………… 031
  （六）论父亲享有的主权 ………… 036
  （七）论统治权的共同根源 ……… 053
  （八）论最高君主统治权的
        转移 …………………………… 058
  （九）论世袭下来的君主制 ……… 060
  （十）论君权的继承者 …………… 074
  （十一）论谁有继承权 …………… 082
二、权利的范畴 …………………… 120
  （一）对政治权利的意见 ………… 120
  （二）论政治权利的自由状态 …… 121
  （三）论政治权利与战争状态 …… 128

（四）论人的自然自由 …………… 131
（五）论所有权与财产权 ………… 133
（六）论父权与儿女自由 ………… 147
（七）论政治社会 ………………… 160
（八）论政治社会的起源 ………… 170
（九）论政府权利的目的 ………… 185
（十）论国家立法权的范围 ……… 188
（十一）论立法权、执行权和对
　　　　外权的关系 …………… 195
（十二）论政府权力的从属
　　　　地位 …………………… 197
（十三）论法律特权 ……………… 203
（十四）论父权、政治权和
　　　　专制权 ………………… 208
（十五）论征服与统辖 …………… 211
（十六）论篡夺与暴政 …………… 223
（十七）论社会与政府的解体 …… 229

一、权力的起源

(一) 论亚当的统治权

罗伯特爵士在他的《对亚里士多德〈政治论〉的评论》一书的序言中告知我们说,"如果不否认亚当为神所创造这一点,便不可想象人类的天赋自由",但是亚当之为神所创造不过是指从万能的主和上帝的手中直接取得生命,我见不到它怎样会给予亚当以一种高于一切的主权,也不明白为什么"天赋自由的假设就是否认亚当为神所创造"。假如有别人(因为我们的作者没有赐予我们这点好处)替他讲清楚,我会很高兴;因为我虽然无时不相信"神创造了亚当,"但是我认为假如有"人类的自由"并不困难。亚当是为上帝的直接权力所创造,或仗着这种权力而开始其存在,不需父母的参与,也不需事先有任何相同种属的存在来把他生养出来,只要上帝愿意,他便被创造出来;在他以前,百兽之王的狮子,也就是这样,上帝的同一的创造力创造了它;如果单是因为这些创造力而取得存在,并单凭那样的方式,就毫不费力地给予亚当以统治权,那么我们的作者根据这种论证也可以给予狮子与亚当同样的权力,而且当然地比他更为古远。不,我们的作者在别的地方又说,因为"亚当是基于上帝的选任而获得他的称号的"。这就表明,单是神的创造这一点并不能给予他统治权,既然是上帝的"选任"使亚当成为君主的,我们便可以在"不否认亚当为神所创造"的情况下,假定人类是生而自由的了。

但是我们来看看他怎样把他的"神创"说和这个"选任"说联系在一起。罗伯特爵士说:"亚当一创生,就由于上帝的选任而成为世界的君主,即他还没有臣民;因为虽然在没有臣民以前,实际上不可能有政府,可是基于自然的权利,亚当理应是他的后裔的统治者,尽管不是在事实上,但至少在表面上,亚当从他的创造时起就是一个君王。"我多么希望他在这儿能告诉我们"基于上帝的选任"到底是什么意思。因为凡是神意所命令的、自然法所表示的或明确的启示所宣告的,都可以说是"基于上帝的选任"。但是我以为这儿所讲的意思不是指第一个意思,即神意所命令的;因为这只不过等于是说"亚当一创生",他就是必然的君主,这是"基于自然的权利,亚当应当是他的后裔的统治者"。但是亚当不能够在实际上还不存在政府、还不存在被统治的臣民的时候,就基于神意而实际上被建立为世界的统治者,这是我们的作者在这儿承认了的。而且对"世界的君主"一词,我们的作者的说法也不一致,有时候他指的是除了其余的人类以外的整个世界的统治者,在上面引述的他的序言的同一页中,他指的就是这个意思,他说:"亚当受命滋生人类,遍布地上,制服世界,并取得对一切生物的统治权,因此他就成为全世界的君主;他的后裔除了得到他的赐予、许可或根据对他的继承,都无权享有任何其他东西。"那么让我们把"君主"当做世界的统治者这个意思来解释,把"选任"当做上帝对亚当的真实赐予和通过明白启示的授予(《创世记》第一章第二十八节),我们看到罗伯特爵士在相同的地方就是这样立论的。也就是说,他的论证就会是:"基于上帝的明白授予,亚当一创生,就是世界的所有者,因为基于自然的权利,亚当应该是他的后裔的统治者。"可是这样的论证,有两个明显的谬误。第一,说上帝在亚当一创生时就对他实行授予是谬误,因为在原文中,这句话虽紧接在他的创造之后,不过在夏娃没有被创造和交给他以前,显然这话不是对亚当说的。那么他怎样可以"一创生就基于选任而成为君主"呢?尤其因为作者把上帝对夏娃所说的话(《创世记》第三章第十六节)……如果我没有弄错的话……当作"政府的原始授予",这事除非在"原罪"的时候否则不会发生,而在原罪发生时,至少在时间上,更多的是在条件上,距离亚当的被创造已经是太遥远了。因此,我不明白,我们的作者怎么可以在这个意义上说:"基于上帝的选任,亚当一创生,就是世界的君主。"再次,即使亚当一创生,"上帝的真实赐予就把他选任为世界的君主"一事是真的,但是这儿提供的理由却仍不足以说明这一点。无论如何,上帝以一种明白的赐予选任亚当为"世界的君主,因为基于自然的权利,亚当应该是他的后裔的统治者",事实上这个说法是一种谬误的推理。因为既然天赋给他以统治的自然权,就不需要有明白的赐予,至少绝不能把这个说法当成这样一种赐予的证据。

在另一方面,如果我们把"上帝的选任"当做自然法(虽然在这个地方这是一个很粗糙的说法),而把"世界的君主"当作人类至高无上的统治者来说明,不见得对事情有什么帮助。因为这样,我们所谈论的文句必须是:"基于自然法,亚当一创生,就是人类的统治者,因为基于自然的权利,亚当应该是他的后裔的统治者"。这句话等于说:他是基于自然权利的统治者,因为他是基于自然权利的统治者。但是如果我们承认一个人是他的儿女们的"天生的统治者",亚当仍不能因此"一创生就成为君主",因为他是他们的父亲被作为这种自然权利的依据,既然只有父亲才享有这权利,亚当怎样可以在他还未做父亲之前就有充当"统治者"的"自然的权利",我认为是很难想象的。除非我们的作者要使他在没有做父亲以前就做父亲,在没有取得称号以前就取得称号。

我们的作者这个预料得到的反驳,非常逻辑地答复说:"他是外表上的而不是实际上的统治者。"做一个统治者而没有政府,做一个父亲而没有儿女,做一个君王而没有臣民,这应是很巧妙的方法吧!这样,罗伯特爵士在没有写他的书以前就已经是一个作家——诚然不是"实际上的"而是"外表上的"作家;因为当他出书之后,他"基于自然的权利"就应该是一个作家,正如生了儿女,"亚当就应该是儿女的统治者"那样。如果做一个"世界的君主"——一个"外表上的而不是实际上的"绝对君主——也有什么用处的话,那么罗伯特爵士可以随意把这个头衔彬彬有礼地赏给他的每一个朋友,而我对它是不会怎样羡慕的。不过就是这个所谓"实际"和"外表"——如果他除了表示我们的作者在识别上的技巧外还能说明别的什么的话——在这里也无用于他的目的;因为这里的问题不在于亚当对统治权的实际行使,而在于他是否实际享有统治者的权限。我们的作者说:统治权基于自然的权利而应当属于亚当。这个自然的权利是什么呢?它是父亲们因生育儿女而对他们享有的一种权利,我们的作者用格老秀斯的话说:"父母由于生育而获得的对儿女的权利"。那么权利是伴随着生育儿女的行为而来,是由此产生的;因此,按照我们作者的这种推理或判断方法,亚当一创生,只有一种"外表上的而不是实际上的"权限;用简单的英语来讲,这就是,他在实际上根本没有权利。

用学术意味较少和容易理解的话来说,关于亚当可以这样地讲:"他既有生育儿女的可能,他就有做统治者的可能,因此取得统治那些从此繁殖出来的儿女们的自然的权利——不管这权利是指什么。"但是这与"亚当的创生"有什么关系,怎么能够使我们的作者说:

"他一创生就是世界的君主"呢？因为我们照样也可以说亚当一生出来就是世界的君主，理由是除了他自己的后裔以外，亚当有在全人类中独自活下来的可能性（依照我们的作者的意思，一个君主就这样——一个外表上的君主）。到底亚当的创生与他的统治的权利之间有什么必然的联系，从而可以说"如果不否认亚当为神所缔造，人类的天赋自由就不可设想"呢？我承认，在我这方面看来，是看不出这种必然的关系的；同时，我也看不出，"基于选任……"等字句，不管如何解释，怎么能拼凑在一起成为一句意义相当在理的话，至少可以用来支持他们结束时的论点，即"亚当从他的创生的时候应该是一个君主"，我们的作者说，这是一个"不在实际上的而是在外表上的"君主，也就是说，实际上根本没有的君主。

我在这一段话上所费的工夫似乎比其他任何论点的重要性所要求的更为冗长了一些，读者们已经没有看下去的耐性了，然而我们的作者写文章的技巧，使我不能不这样做。他把好几个假设混在一起，并且使用了一些暧昧和笼统的名词，把意思说得混淆不清，如果不对他的用词可能有的各种解释加以仔细察证，如果不看看怎样能够把这些各式各样意义的用词连贯起来，并使他们具有真实性，指出它们的错误是不可能的。在我们面前这一段话中，除非我们考察一下，看看"从他的创生的时候起"等字句，是解释为从他的统治的时候起（这种解释是可以的，因为前面说过"他一创生就是君主"含有这种意味）呢，或是解释为做君主的原因（因为他说："神的创造使人成为他的后裔的君主"），否则的话，怎能反驳他的"亚当从他的创生的时候起就是一个君主"这个论点呢？而且如果不考察一下，看看所谓的君主，究竟是像在这一段话的开头企图使人相信的那样，建立在基于上帝的明确授予"被选任为世界的君主"的他的"个人统治权"的假设之上呢，还是建立在基于"自然"和依据自然权利对其后裔应当享有作为父亲的权力的假设之上……如果不查证究竟君主是指上述两种意思，还是仅仅指两者之中的一种，还是两种都不是，而只指通过与另外两种方法都不相同的神的创造，使他成为君主，那么亚当这样地成为君主，是否具有真实性而我们无法判断？因为说"亚当从他的创生的时候起就是君主"的断定，虽然没有任何真实性，但它却是作为从前面的话中引申出来的一个明确结论而写在这里的。事实上，它只不过是一种和其他同性质的断定联结在一起的单独的断定，这些东西被自信不疑地用一些意义模糊不清的字眼拼合在一块，外表上看起来像是一种论证，实际上却是既无证据，又无联系。这是我们的作者惯用的一种手法，我已在这儿把它指出来，使读者略知其味了，以后一旦在论证许可的情况下，这个问题我将避免接触。其实，如果不是为着要让世人看清楚那些不相联贯的事情和假设，即使毫无证据，倘用漂亮的词句和精美的文体巧妙地堆砌起来，在未被人细心地加以查证以前，会怎样地易于被当作强有力的理由和完美的意识而冒充过去，我还不会在这里把它指出来呢。

（二）论君主权利与绝对权利

奴隶制是一种可恶而悲惨的人类社会制度，它同我们民族的英勇气概与宽宏性格那样直接相反，以致难以想象，它竟会得到一个"英国人"——更不用说一个"绅士"的辩护。要不是由于罗伯特爵士的书的题名和献词的严肃，他的书的封面上的图画和出版后各方的称赞，使我不得不相信作者和出版者全都是认真的话，那么我对这一篇论文也会像对其他任何企图使人们相信自己是奴隶而且应该是奴隶的其他论文一样，把它看作是为尼罗撰写颂词的那个人在又一次炫耀聪明，而不会把它看作严肃的、郑重其事的论著。因此，我会把罗伯特

·菲尔麦爵士的《先祖论》一书拿到手里，怀着对一篇出版后轰动一时的论文所应有的期待，并全神贯注地从头到尾阅读了一遍。在一本企图要为全人类设置锁链的书中，我所发现的只不过是一根用沙粒做成的绳子，这使我非常惊异它对于专门以谣言惑众为能事的人也许有用，可以蒙蔽人们的眼睛，更容易于引导他们走入迷途，但是对于那些明眼人和具有充分见识、懂得锁链这个东西，不管经过多么精心的准备，仍不过是一种恶劣的披戴物的人们，却不具有任何力量使他们束手就缚。

如果有人以为一个著名的绝对权力的拥护者和绝对权力的崇拜者们的偶像人物被我这样随便议论未免太放肆，那我更请求他这回对我这样一个人稍加宽恕，因为像我这样一个人，即使在读过罗伯特爵士的书之后，也不能不自认为是一个法律所容许的自由人。而且我认为这样做没有什么不对，除非有什么比我更能熟悉这本书的命运的人能向我这样的人表明：这篇埋没了很久的论文一经问世，凭其论据的力量，就能剥夺人世间的一切自由，而且从今以后，我们这位作者的简略模式就能成为基督登山训众那样的典范和作为尽善尽美的政治标准而永垂后世。他的体系建立在一个很小的范围里，也说是说：一切政府都是绝对君主制；他所能根据的理由是：没有人是生而自由的。

当世界上出现了一伙人，他们为了谄媚君主们，硬是要认为不管君主们用来建立和进行统治的法律如何，无论他们取得权力的条件如何，也不管他们答应要遵守这些法律的庄严诺言和誓词是如何用海誓山盟的方式确立下来的，君主们都享有神权赋予的绝对权力。这伙人便否认了人类的天赋自由权，从而只尽其所能地使一切臣民遭受暴政和压迫的莫大灾难，同时也动摇了君主们的称号并震动了君主们的宝座（因为根据这些人的学说，君主们，除了仅有的一个以外，也全都是天生的奴隶，而且根据神权，他们也都是亚当的嫡嗣的臣民），好像他们立意要对一切政府宣战，并妄图要动摇人类社会的根基似的。

但是当他们告诉我们说，我们天生都是奴隶，我们除了继续做奴隶以外，再没有别的办法的时候，我们只能相信他们的这些空话。我们一生下来便同时取得生命和奴隶地位，在未丧失生命以前，决不能不做奴隶。虽然我在《圣经》中都找不到这样的说法，但这些人却硬要我们相信，神的威权已经使我们隶属于别人的无限制的意志之下：这真是人类的一种奇妙的状态，凭他们的聪明才智也只是到最近年代才发现这种状态。因为虽然罗伯特·菲尔麦爵士对于与此相反的意见似乎也因其标新立异而加以指责过，但我仍然相信，除了这样的时代、这样的国家之外，他很难找到其他任何时代或国家曾经确认君主制出于神权。而且他也相信，曾经在很多方面勇敢地替君权辩护的人，如海华德、克拉克伍德、巴克莱之流，也从没有想到这一点，而是异口同声地承认天赋人类的自由和平等。

这种学说究竟由谁首先来倡导并使其在我们中间盛行起来，究竟引起了怎样的悲惨结果，我们留给历史家去叙述，或让那些与西托普和曼惠灵同时代的人去回忆好了。我现在的任务只是就罗伯特·菲尔麦爵士（人们已承认他把这种论点发挥到了极点，并且认为他已经达到了完美无缺的地步）在这方面所说的内容加以考证。因为每一个想要像法国宫廷人士一样时髦的人都会向他学习，并拿着他的肤浅的政治理论体系到处去宣扬……那就是，人类不是生而自由的，因此绝不能有选择他们的统治者或政府形式的自由；君主所有的权力是绝对的，并且是天赋的，奴隶绝不能享有立约或相同的权利；从前亚当是一个君主，其后一切的君主也都是这样。

（三）论王权和父权

罗伯特·菲尔麦爵士的重要论点是，"人类并不是天生自由的"，这是他的绝对君主制立脚的基础。在这个基础上，绝对的君主制被抬到这样一个高度以至它的权力超出其他一切权力之上，可以说"昂首天外"；它高出人世间的所有东西，达到了人们连想都想不到的程度，甚至连约束无限神的誓约也不能够局限它。但是如果这个基础崩溃了，他的整个结构便跟着倒塌，政府便不得不照旧由那些能运用自己的理性结合成社会的人们通过计议和同意而组成。为了证明他这个重要论点，他告诉我们说："人生来就是隶属于他们的父母的"，因此不能够享有自由。他把这种父母的威权叫做"王权"、"父权"或"父亲身份的权利"。我们总是以为他在这样一本决定君主的威权和臣民的服从的著作的开头，会明确地告诉我们什么是父权；总是以为即便由于在他的其他论文中，他告诉我们，"它是无限制的，也是不可能限制的"而不对它加以限制，应该给它下一个定义；至少他应该作这样一个说明，使我们在他的著作中碰到"父亲身份"或"父权"这种字眼时，就可以有一个完整的概念。我原来指望在他的《先祖论》的第一章中就能找到这种说明。可是他并没有这样做，而是首先在附带对帝王的神秘表达了敬意；其次，对那些他准备马上就要取消和取代的"本国或任何其他国家所享有的权利和自由"表达了赞美，以及第三，对那些在这个问题上不如他那样看得深远的学者们行过礼之后，他便向贝拉民发动攻击，因为战胜了对方，他所说的"父权"也就毫无疑问地树立起来了。既然贝拉民自己承认已经被打垮，大局已定，当然也就不需要兴师动众了；因为在他完成了这件事情以后，我再没有再见到他说明过这一问题，也没有见到他搜集过任何论据来证明他的见解，而是随心所欲地对我们讲述他所谓"父亲身份"这种奇怪而专横的幽灵的故事，谁能够捉住这个幽灵，就能立即获得帝国和无限的绝对权力了。他极力要我们相信，这种父权怎样开始于亚当，并且继续下去，在整个先祖时期使世界安宁无事，直到洪水时代；然后它会跟着挪亚和他的儿子们走出方舟，建立并支持了人世间的一切君王，直到以色列人在埃及被奴役为止；这时候，可怜的父权就会遭到压抑，最后总算"上帝赐予以色列人以诸王，才在父权政治中重新确立了这种古老而又重要的权利"。这是他从他的书里第十五页到十九页所作的叙述。其后"为了确证王权的自然权利"，他用一种不完整的理由消除了一个反对的论点，克服了一两个困难，便把第一章结束了。我希望我能把他那种断章取义的引证称为不完整的理由不是我出口伤人，因为上帝说，"尊敬你的父亲和母亲"，而我们的作者却满足于引用其一半，于是"你的母亲"对他的目的没有多大用处，他就干脆把它省掉了。关于这一点，在别的地方再细谈吧。

　　我认为我们的作者对于写作这一类性质的论著并不是那样的生疏，也不是对于所讨论的问题那样的漫不经心，竟由于他的大意而犯了他自己在所著《混合君主制的无政府状态》一书中反对罕敦先生时指出的那个错误，他说："我首先责备作者的地方是他对于君主制并不曾给我们以任何一般的定义或说明，因为依照方法论的规则"，他必须先下个定义。按照方法论中同样的逻辑，罗伯特爵士也应该先告诉我们，他所说的"父亲身份"或"父亲的威权"到底是什么，大可不必先告诉我们谁有父权，并就此大发一通评论。但是如果他照自己想象中所描绘的宏大形式交给我们整套理论的草图，也许他会发觉这个"父亲的威权"，这个父亲和君王的权力——因为他把两者混为一谈——会露出十分奇怪和可怕的模样，与儿童们想象中的父母或臣民们想象中的君王很不一样，所以他像一个小心翼翼的医生那样，当他要病人服下一些苦味的或腐蚀性的药时，先用许多可以冲淡它的东西搀在一起，以便病人吞服那些被稀释了的药物时不致有多大感觉，也不致引起恶心。

现在让我们努力寻找一下，看看他的著作中各处的关于这个"父亲的威权"的说明都是些什么。当他最初讲到亚当具有父权的时候，他说："不只有亚当，就连后继的先祖们，依据作为父亲的权利，对他们的子孙也享有王权。""亚当根据神命而取得的这种主导全世界的权力以及后面的先祖们根据下传给他们的权利而享有的这种权力，这和创世以来任何君主的绝对统治权同样的广泛。""生杀之权。宣战媾和之权都为他掌握。""亚当和先祖们享有生杀的绝对权力。""君王们根据亲权继承对最高权限的行使。""王权既是依据上帝的法律而来，应该不受任何低级法律的限制，亚当是大众之主。""一个家庭的父亲只凭自己的意志而毋需根据其他低级法律来进行统治。""君主的地位优于法律。""君王的无限管辖权已在《撒母耳书》中充分地表明。""君王高于法律。"为了上述目的，请看看还有许许多多是我们的作者借波丹的话发表出来的："毫无疑义，君主的一切法律、特权和授予，如果继位的君主不以明白表示同意或不以容忍的形式批准，那就只能在原来的君主在世时发生效力，特权尤其是这样。""君王制定法律的理由是这样的……当君王或忙于战争，或为公务所羁，不能使每个私人都和他们本人接触，表达他们的意志和愿望，这时候就有充分理由创立法律，使每个臣民都可以从法律的解释中知道君主的愿望。""在一个君主制的国家中，君王应该超出法律之上。""一个完善的王国，就是君王依照其个人的意志进行统治的王国。""不论是习惯法或成文法都不会，也不可能缩小君王们依据作为父亲的权利而统治其人民的权力。""亚当是他的家族里的父亲、君王和主人；在开始，作为一个儿子。一个臣民和一个仆人或是一个奴隶，本来应是一回事。父亲有处理或出卖他的儿女或奴仆的权力,因此我们看到《圣经》上开始统计货物时,男仆和女仆都像其他的货物一样,是作为所有者的财物和资产计算的。""上帝也授予父亲一项权力和自由,使他可以把支配子女的权力转让与他人;所以我们发现在人类历史初期,出卖和赠与儿女很为盛行,那时,人们把他们的奴仆当作一种占有物和继承品,就像其他的货物一样,我们也看到古代经常流行阉割和使人成为阉宦的权力。""法律不过是反映至高无上的父权者的意志。""上帝规定亚当的最高权力必须是无限制的,其范围与基于他的意志的所有一切行为一样广大,亚当如此,其他所有一切具有最高权力的人们也是如此。"

我之所以引用我们的作者自己的话来烦扰读者,是因为在那里可以见到散见于他的著作中的他自己对于他的"父亲的威权"的说明,他认为这种威权最初授予亚当,其后按理应属于所有君主。这种"父亲的威权"或"作为父亲的权力",照我们的作者的意思,就是一种神圣的、不可变更的主权,一个父亲或一个君主对于他的儿女或臣民的生命、自由和财产据此享有绝对的、专断的、无限的权力,因而他可以任意取得或转让他们的财产,出卖、阉割和使用他们的人身……因为他们本来全都是他的奴隶,他是一切的主人和所有者,他的无限的意志就是他们的法律。

我们的作者既然把这些庞大的权力交给亚当,并在这个假设之上确立了君主的一切统治和一切权力,我们就应有理由希望他应当以明白、确凿而与问题的重要性相当的论据来证明他的说法。人们既然什么都被剥夺了,他们在奴隶处境下也应该能得到关于奴隶制是必然的确实证明,以便使他们心悦诚服,并使自己冷静地屈服于他们的统治者们所拥有的对他们行使的绝对统治权;不然,我们的作者创立了这样一种无限权力,除了谄媚人们天生的虚荣心和野心——这种虚荣心和野心随着权力的掌握而特别容易肝膨胀外不会有什么好处,或者有什么好处的借口呢?而如果对于那些由于取得同族人们的同意,在很大程度上是有限的程度上爬上了权力阶梯的人们进行劝说,使他们相信因为他们获得被给予的那个部分,便有权得到没有给予他们的一切,因而便可以因为他们的权力大于别人而随意行动,这就会把他们引诱去做一些既无益于他们自己也无益于他们管辖下的人们的事,其后果便只会带来极大的祸害。

　　亚当的主权既为我们的作者作为建立他的强大的绝对君主制的基础,我想在他的《先祖论》一书中,他必然会提出这样一种根本的教义所需要的一切论据来证明和树立他的这一主要假设,我还设想他必会在这件关系重大的事情上拿出充分的理由来支持他对这一假设所具有的信心。但是在他的全篇论文中,我找不到这样的东西;他把事情不加说明地视为理所当然,以致当我认真读了这篇论文之后,发现一个那么大的结构却建立在这样一个简单假设的基础之上时,我已经不能够相信我自己;因为在他那篇以驳倒人类的"天赋自由"这一"谬误原则"自许的论文中,他只是以"亚当的威权"这一简单假设来论证,而没有对这个"威权"提出任何证据,这真令人难以相信了。他倒是满怀信心地说:"亚当享有王权,""绝对的统治权和掌管生杀之权,""一个普遍的君主制""生杀的绝对权力"。他经常作出这些肯定,但是令人惊讶的是在他在《先祖论》的全篇论文中,我找不到一个他自认为足以作为建立他的政府之上大基础的理由,也找不到看起来像是一种论证的任何东西,有的只是这些话,像:"为确保王权的这种自然权利,我们在《十诫》中,发现那教人服从于君主的法规,是用这样的字句来表达的:'尊敬你的父亲',好像一切权力本来都是属于父亲的。"那么为什么我不能同样说明,在《十诫》中,教人服从王后的法规是用"尊敬你的母亲"的字句来表达的，好像一切权力本来都是属于母亲的呢？罗伯特爵士所用的论证既可适用于父亲，应当也可适用于母亲，但是关于这一层，等到适合的地方再详细地说吧。

在这里我所见到的是，我们的作者在这书的第一章或其余各章中用来证明他的主要原则"亚当的绝对权力"所说的全部证据，就只能是这些，可是他仿佛已经用确凿的证明把这件事妥善处理了一样，接着又用"根据从《圣经》的权威中所得到的证据和理由"这些字句来开始他的第二章。至于有关亚当的主权的"证据和理由"在什么地方，我承认，我找不出除了上面写到的"尊敬你的父亲"之外的话，除非把他所说的："在这些话中，我们见到种明白的自认，（即贝拉民的自认），承认神创造人，使他成为其后裔的君主"当做是从《圣经》取得的证据和理由，或作为是任何一种证据来看待而不管他紧跟着又使用一种新的推论法，由此作出结论说："的确，亚当的王权"就充分地体现到他身上了。

如果作者在那一章里面或在全篇论文的任何地方，对于"亚当的王权"除了每次重复（这种做法在某些人中就被作为是论证）之外，还提出过任何其他证明的话，我要求任何人替他把地方和页数指给我看，以便我能够知道自己的错误，如果找不到这样的论证的话，我恳求那些对该书大捧特捧的人们考虑一下，看看他们是否援予世人以理由来怀疑他们之所以拥护绝对君主制，不是因为理性和论证的力量，而是出自与利害有关的别的原因，所以他们坚决赞扬著书拥护这一学说的任何作者，而不管他是否用理性。可是我希望，他们不能指望那些有理性的和不偏不倚的人，会因为他们的这个大学者在一篇为了确立"亚当的绝对君权"、反对人类的"自然自由"而有意发表的论著中，说了如此不多的几句话来作为证明，而转过来同意他们的意见，相反可以由此很自然得出一个结论，也就是说没说什么东西。

但是为想弄清我们的作者的全部意思,我不惜一切力量,参照了他的《对亚里士多德、霍布斯的评论》等著作,看看他与别人辩论时,是否利用过任何论证来支持他的"亚当的主权"这一珍爱教义,因为他评论《君主的自然权》那篇论文中只是寥寥数语,不肯多说;而在他的《对霍布斯先生的〈利维坦〉的评论》一文中,我认为他已把他在各种著作中曾经利用过的全部论证具体而微地拿了出来;他的这些话是:"如果上帝只创造了亚当,并从他身上分出一块骨肉来创造女人,如果一切人类都是从他俩生殖繁衍下来,如果上帝还给予亚当以不仅对这个女人和他们两人所生的儿女的统治权,而且还援予他去征服整个世界和世界上的一切生物,这样,只要亚当生存一天,除非得到他的赐予、让与或许可,没有人可以要求或享有任何东西"……在这儿,我们见到他主张"亚当的主权"和反对"天赋自由"的全部论证了,那些论证散见于他的下列其他论文中:《上帝创造亚当》、《上帝给予亚当对夏娃的统治权》和《亚当作为父亲对于其儿女的统治权》……我将专门论究这一切。

(四)论个人统治权

我们既然把前述的一段话说完——我们在那里讨论得那么长,并不是由于论证和反驳得有力,而是由于意义的模糊与字句的混淆不清——现在让我们转到他对于亚当的统治权的第二个论证。我们的作者用塞尔登先生的话告诉我们,"亚当成为万物共同的主人是基于上帝的赐予,他自己原来没有这种个人统治权,正像如果没有他的授予,他的儿女也不能享有这种权利一样。"我们的作者说,"塞尔登先生的这种断言,是与《圣经》的历史和自然的理性一致的"。在《对于亚里士多德的评论》的序言中,他又这样说:"世界上最初的政府是一切人类之父的君主制，亚当受命滋生人类，遍布于地上，制服世界，并取得对一切生物的统治权，因此他就成为全世界的君主；他的后裔除了得到他的授权、许可或者依据对他的继承，都无权获得任何东西；《诗篇》的作者说道：'他把世界给予人类的儿女'，君主从父亲的身份上得来了称号。"

在没有查证这个论点和它所根据的《圣经》原文之前，必须请读者注意，我们的作者按照他常用的方法，在开头所讲的是一个含义，但在结论中所讲的却是另一个含义。他在这里开头时说，"亚当基于神的赐予的所有权或个人统治权"，但其结果是——"这表明君主的称号是从父亲的身份得来的"。

可是让我们来看看他的论证。《圣经》原文的话是这样的："上帝就赐福给他们，又对他们说要生育众多，遍满地面，治理大地，也要管理海里的鱼、空中的鸟和各样在地上走动的生物。"（《创世记》第一章第二十八节）我们的作者由此得出结论道："亚当既取得对一切生物的统治权，因此他就成为全世界的君主。"这话的意思是说，上帝这种赐予，要不是给予了亚当以对大地和一切低级的或无理性的生物予以统治权，或我们的作者所说的"个人统治权"，因而他就成为君主；或者就是给予了他以包括他的儿女在内的对一切地上生物的支配和统治的所有权，所以他就是君主，两种意义必居其一。因为真正如塞尔登先生用正确的字句所说的，"亚当成为万物的共同主人"，我们可以很清楚地认识他的意思，亚当得到的只是统治权，因此他一个字也没有提到亚当的"君权"。但是我们的作者却说，"因此亚当就成为全世界的君主"，实际上这就是指世界一切人的至高无上的统治者，理所当然亚当基于这个赐予，必然被树立为这样一个统治者。如果我们的作者的意思不是这样，他可以非常清楚地说："因此亚当就成为全世界的所有者。"但是关于这点，请读者原谅；因为清楚和明确的说法,不是在什么地方都有利于他的目的的,读者不要指望他像塞尔登先生或其他作者那样写得条理清楚。

因此,为反驳我们的作者"亚当是全世界的君主"的学说,我想指出:

第一,根据这个赐予(《创世记》第一章第二十八节),亚当并没有被赋予以对人类、对他的儿女、对他自己任何直接的权力,因此他并没有基于这种特许而成为统治者或"君主"。

第二,基于这个赐予,上帝给予他的不是他对低级生物的"个人统治权",而是与一切人类相同的权利,所以他也不能由于这里给予他的所有权而成为"君主"。

第一,如果我们把原文的话加以考证,就可以看出来这种赐予(《创世记》第一章第二十八节)并没有给予亚当以对人类的权力。因为一切成文的授予所给予的东西都不能超出明文所表达的意思,现在就让我们看看原文中哪些字句可以理解为人类或亚当的后裔;我认为,如果有的话,只能是这一句话——"所有走动的生物",对于这句话,《圣经》本身是最好的解释者。上帝在第五日创造了鱼和鸟,第六天的开始,上帝创造陆地上没有理性的生物,这件事在《圣经》中是这样记载的:"让大地生出生物,各从其类,地上的生畜,爬虫,野兽,各从其类";又说:"上帝创造地上的野兽,各从其类,牲畜,各从其类,以及一切爬行于地上之物,各从其类"。在这儿,讲到地上兽类的创造时,上帝先用"生物"这一个笼统的名词表示它们全部,其后把它们分作三级:(一)牲畜,即驯服的或可以驯养的动物,因此变为某些特定人们的私有物;(二)在我们的《圣经》里译为"兽",希腊文《旧约·圣经》七十人译本译为"野兽",这就是现在记述给予亚当以这个主要特许的经文中被译为"生物"的同一个字,当这种赐予重新给予亚当,所使用的也同样是这个字,(《创世记》第九章第二节）在那里，同样被说为"兽"；（三）第三级是爬行动物，用剽贮剽一字来代表，这就是这一段原文中使用并被译为"走动"的字，而在前面的章节里则为"爬行"，希腊文《旧约·圣经》七十人译本在这些地方都一律译为阁 ρπτα`，即"爬行动物"，由此得出，我们在翻译上帝的赐予时所译的"走动的生物"一词，就是创世的历史中所指的两种陆栖生物——野兽和爬虫，希腊文的《旧约·亚经》七十人译本也这样译的。

当上帝已经缔造出了世上的非理性动物，照着它们的居地分作三类——"海中的鱼、空中的鸟"和陆上的生物，又把后者再分为"牲畜、野兽和爬虫"之后，上帝便考虑到创造人类，以及人类对陆上世界应有的统治权，然后他把这三界的生物归纳一下；但是在陆界却除掉了第二级动物或野兽，可是在叙到上帝真个实行他的主意和给人类以这种统治权的地方，《圣经》原文便提到"海中的鱼，空中的鸟"及用表示野兽和爬虫的字眼来代表的地上的生物，只不过译为"走动的生物"，牲畜被漏掉了。在上述两处当中，虽然一处省去了表示"野兽"的字样，另一处省略了表示"牲畜"的字样，可是，上帝既在一个地方实行他在另一个地方宣布设计好了的计划，我们只能理解两个地方是一样的，在这儿所引的一段话中所见到的只是说明业已被创造出来，并在被创造时已被区分为"牲畜"、"野兽"和"爬虫"三个不同等级的陆上的动物在这里实际上是怎样照着预料的设计，置于人类的统治权之下。在这些话中，实在没有一点痕迹，可以拿来牵引附会地表示上帝给予一个人以统治别人之权，亚当统治他的后裔之权。

在《创世记》第九章第二节中记叙上帝重新给予亚当和他的儿子们以这种特许时，又出现了这一类话，上帝给予他们对"空中的鸟"、"海中的鱼"和"陆上的生物"的统治权，后者是用"野兽和爬虫"来表现的，和前面（《创世记》第一章第二十八节）原文中译为"在地上走动的一切生物"的话一样。这一句话决不能理解为包括人类，因为这种赐予是给予当时生存着的整个人类，即亚当和他的儿子们的，而不是给予部分人的，让他们去支配另一部分人的，这一点从紧接着的词句看，便更为知道了，在这个地方，上帝把"一切走动之物"——即第一章第二十八节用过的字句——给予他们作为食物。由上述的一切，我们可以了然，上帝给亚当的赐予（第一章第二十八节）和他的指定，以及他后来再给亚当及其儿子们的赐予，其所包含的，不多不少只能是他在第五日和第六日的开头所创造的生物，如在第一章第二十至二十六节里所说的，即地球上水中和陆地的一切种类的非理性动物，尽管在他们的创造的论叙中用来表示它们的一切名词，在后来任何一次赐予中绝没有全用过，有些词在一个地方被省略，有些词则在另一个地方被省略了。因此，我以为毫无疑问，这些赐予之中不包括为亚当也并没有被予统治他自己同族的任何权力。陆上的一切非理性的生物在被创造时，都被列举了出来，称为"地上的兽"、"牲畜和爬虫"；但是那时人类还没有被创造，自然不包括在这些名词之内，所以无论我们对希伯来文的词句理解得正确与否，这些词句在创世史和紧接着的每节经文中，其中都不包括人类，尤其是希伯来文的贮一字，如果一定要在上帝给亚当的赐予中理解为包括人类，更显然和《创世记》第六章第二十节，第七章十四节、二十一节、二十三节，第八章第十七节和十九节中关于人的说法互相颠倒了。如果按照我们作者的意图，上帝通过给予亚当以对地上一切走动的生物的统治权，使一切人类成为亚当和他的后嗣的奴隶（第一章第二十八节），那么我以为罗伯特爵士完全能把他的君主权力再提高一层，使世人相信君主也能吃掉他们的臣民，因为上帝曾给予挪亚和他的后嗣（第九章第二节）以取食一切走动之物的绝对权力，正如他给予亚当以统治他们的权力一样。希伯来文的文字在这两个地方是完全一样的。

我们能认为大卫对这一段文字中上帝的赐予和君主的权利的理解，类似于我们的作者对这个地方的见解——博学和神明的恩斯卫斯这样称呼它——他在《诗篇》第八篇中不曾找到对君主权力的这种特别。他的话是这样的：“尔把他"——即人类和人类的子孙——"造成比天使低一点，而派他管理尔手所造的，使万物，就是一切的牛羊，田野的兽，空中的鸟，海中的鱼，凡经行海道的，都伏属在他的脚下。"在这些话中，如果有人能指出，除了指全人类对低级生物的统治权外，还含有一个人对于别个人的君主权力的意思，那么在我认为，他可以由于这个难得的发现而够得上充当罗伯特爵士所说的"外表上的君主"。现在，我希望问题能够非常清楚了，即上帝给亚当以"对一切在地上走动的生物的统治权，"并对于给他以对他自己的同族的君主权力。关于这一层，在下面我要指出的第二点中，将更能充分地表现出来。

第二，不管上帝在这个赐予的话中（《创世记》第一章第二十八节）所给予的是什么，他不是把其他人排除在外独自地许给亚当，因此无论亚当由此取得了什么样的统治权，它都不是一种个人统治权，而是一种和其余的人类共有的统治权。这个赐予之不是独自地许给亚当，从原文的字句中即已明确地显露出来，不是只赐给一个人的——因为这个赐予是用复数来表示的——上帝祝愿"他们"并对"他们"说享有统治权。上帝对亚当和夏娃说，让他们享有统治权；由此我们的作者就说亚当是世界的君主；但是既然这个赐予是许给他们的，即也是对夏娃说的——许多注释者完全认为这句话是在亚当有了妻子以后说的，那么，和亚当是世界的君主一样，夏娃不也应该是世界的女王吗？即使有人说夏娃还是归属亚当，不过我们觉得她之归属亚当，也不致妨碍她对万物的统治权或所有权，因为难道我们可以说上帝许给两人以共同的赐予，而独享其利的只是一个人？

但是或许有人说，夏娃是到后来才被创造的。就算是这样，我们的作者从此又得到什么益处呢？经文更能直接地与他相反，说明上帝在这个赐予中，是把世界给予全体的人类，而不是给予亚当个人。原文中"他们"这个字样当然包括人类，因为肯定无疑的是"他们"不指亚当一人。在第二十六节的记叙中，上帝宣布了他要给予这个统治权的意愿，显然他的意思是指，他想造出一种应该对地球上的不同种生物享有统治权的生物。原文是这样："上帝说，让我们摹拟我们的形象和外貌来造人吧，让他们对鱼……享有统治权。"那么，享有统治权的是"他们"了，是谁呢？正是那些形象如上帝的，上帝正要创造的人的族群中的一切个人；因为如果"他们"这个字样单指亚当，而不包括其余同他一切在世上的人们，那就与《圣经》和一切理性都相违反了。而且如果这节中前一部分的"人"与后一部分的"他们"，不是指相同的东西，怎么说得通呢？我们只有把那里的"人"像通常一样理解为人类，而把"他们"解释为人类中的一切个人；正是在这段原文中，我们就能找出一个理由来，因为上帝"摹拟他自己的形象和外貌"，创造他（人类），使他成为一种有智力的生物，所以有行使统治权的能力。无论上帝的形象表现在什么地方，智力的禀赋当然是它的一部分，并属于全人类所有，所以才使人类有能力享有对低级动物的统治权；所以大卫在上引的《诗篇》第八篇中说："而把他造成比天使低一点，而使他有支配之权。"大卫王在这儿所讲的决不是亚当个人，当然他讲的是人、人的子孙、人的族类。

对亚当所说的赐予，乃是对亚当和全人类的赐予，从我们的作者所引用的《诗篇》的证据中，也看得很清楚。"《诗篇》作者说，'上帝把地上的世界给予人类的子孙'，这话表明这个权利是由父亲的身份而来的"：这是上面所引用的序言中罗伯特爵士的话；他在这里作出了一种奇怪的推论——即上帝把地上的世界给予人类的子孙，所以这权利是以父亲的身份而来的。可惜的是，希伯来文的得当用法，在表示人类的时候，用的是人类的子孙，而不是人类的父亲，我们的作者把这些权利归属于父亲的身份，确有可能从字音上受到支持；但是因为上帝把地上的世界给予人类的子孙，就作出结果，是父亲的身份取得这个世界的权利，这是我们的作者的一种特有的论证方法，一个读者必须要先有高度的聪明，从他所用的字的声音和意义的反面去理解，才能够弄清这一点。但是它的意义却是更加深远，而且距离我们作者的目的更加遥远了。因为他在序言中所写的只是为了要说明亚当是君主这一论点，他的结论是这样：上帝把地上的世界给予人类的子孙，因此，亚当是世界的君主。我敢说没有任何人能作出比这个更加滑稽的、荒唐绝顶到了无可原谅地步的结果论，除非能够证明人类的儿女所指的恰恰就是那个没有父亲的亚当。但是不管我们的作者怎样说明，《圣经》是不会作这种无稽之谈的。

为了维持亚当的这个所有权和个人统治权，我们的作者设法在下一页里推翻了那在另一类似的地方（《创世记》第九章第一、二、三节）赐予给亚当和他的儿子们的共同体，他是从两方面来达到这种目的。

第一，在直接违背《圣经》明文的情况下，罗伯特爵士想说服我们，使我们相信，这里授予亚当的东西，并不是同样地也授予了他的儿子们；他的原话是这样："至于这个塞尔登先生想要赐给他们的亚当和他的儿子们之间的共同体（《创世记》第九章第二节），在《圣经》的原文上没有根据。"如果这不可能作别种理解的简单明确的圣经文字还不能使我们这位自诩完全以《圣经》作为根据的人满足，我们的作者到底想要什么样的依据，真是难以想象。原文说：

"上帝祝福挪亚和他的儿子们,并对他们说",照我们的作者的意思,本应该是"对他说,""因为"我们的作者说,"纵然在祝福时儿子们和亚当一道被提及,但是最好解释为含有从属的意思,或解释为继承的祝福。"对我们的作者说来,最适合他的目的的解释,才是最好的解释;但在别人看来,最与原文句子的浅显结构相一致,而又来源于这个地方的明确意义的解释才是最好的解释;因此,把上帝在他的赐予中自己没有说出这种意思或提到任何这一类限制的话,解释为含有从属的意思或继承的祝福,是不能算做最好的解释的。但是为什么最好作这样的解释,我们的作者还有别的理由。他用以下的话说道:"这个祝福的确可以实现,如果儿子们在他们的父亲之后,享有一种个人统治权的话",也就是说,一种明文给予现在的共同权利的赐予——因为原文说,"把它们都交付你们的手里"——最好解释为包含有从属的意思或继承的意思,因为在从属或继承的情况下可以享有这种权利,这无异于说,个人对现在占有的任何东西,最好都理解为对继占权的赐予;因为一个人也许可以活着在将来享有它。倘若这种赐予真的是许给一个父亲和他的儿子们,而父亲是那样的仁慈,肯让儿子们立刻和他共同享有它,那么在这件事情上的确可以说两种情况没有什么不同,但是如果认为把明文赐予的共同享有的占有权最好理解为将来可以继占的话,那是绝对不正确的。他的一切推理的结论等于说,上帝没有把世界给予挪亚的儿子们,让他们和他们的父亲同样地享有,因为他们在父亲之下或身后有可能享有它——好一个与《圣经》原文相反的漂亮结论啊!但是尽管是上帝自己说过的话,当他说他自己要做的事情同罗伯特爵士的假说不相符合时,连上帝也一定是不能相信的。

很显然,无论我们的作者怎样把他们排除在外,这段祝福中罗伯特爵士想要解释为继承的那部分必须认为是许给儿子们,而绝不可能许给挪亚的。上帝在这次祝福时说"你们要生育众多，布满大地"这一段祝福词，从上下文可以看出，与亚当本人绝无关系，因为我们从来没有读到过他在洪水之后生过孩子，而在下一章计算他的后裔时，也没有提及，于是这种继承的祝福就必须在三百五十年以后才能发生，为要挽救我们作者幻想中的君主制，世界上人类的繁衍也就不得不推迟三百五十年；因为这部分的祝福词也不能够解释为含有从属的意思，除非我们的作者认为，亚当的儿子们非要得到他们的父亲的许可，才可以和他们的妻子同居。但是在这一点上，我们的作者的观点在他的一切论著中都是始终如一的，他所关心的只是世界上应有君主，对于人民，他却不大在意。他的这种统治办法，决不会是使世界人类繁衍的办法，因为绝对君主制是怎样有助于实现万能上帝的这个重大和首要的祝福："你们要生育众多，布满大地"——其中也包含艺术、科学和生活设施等方面的改进——从现在有幸受治于土耳其政府之下的广大富裕的国家的情况，就可以看得出来。如果读者把现在那些地方的人口统计与古代的历史比较一下，就可以看出，现在那里的人口不及古代的三分之一，在许多地方——即使不是大部分地方——不到三十分之一，也许我还能说，甚至不到百分之一。但是这点我很快还要再谈。

这个祝愿或赐予的其他部分，更为明显，他们必须理解为属于挪亚的儿子们——不但没有从属或继承的意思——而且在程度上是和与亚当自己同样广泛和平等的。上帝说，"我使一切的兽类都惊恐和畏惧你们……"除了我们的作者之外，还有没有人说，没有得到亚当的许可或等到他死后，兽类只畏惧亚当一个人而不畏惧他的子孙呢？接着又说，"我把它们都交付你们的手里"，这句话是不是要像我们的作者所说的那样，被解释为，如果你们的父亲高兴，或者被理解为，要等到以后才把它们交给你们呢？如果这是根据《圣经》来论证的话，我不知道还有什么不能用《圣经》来证明的东西，而且我几乎不知道这种论证与虚构和幻想有多大的区别，我也很难看出，比起我们的作者在他的序言中大加指斥的哲学家和诗人们的见解来，他的根据在多大程度上更为确实可靠。

但是我们的作者还往下证明说"最好理解为含有从属的意思，或解释为继承的祝福，因为（他说）上帝给予亚当的，并基于亚当的赠予、指定或让予而给予他的儿子们的个人统治权是不可能被取消的。把一切东西给予亚当和他的儿子们共有，也是不大可能的。亚当是剩下的人类的唯一继承人，为什么竟有人以为上帝会剥夺他生而获有的继承权，并能使他在世界一切人中成为与他的儿孙们同等的仅有业主呢？"

我们自己根据不足的偏见，无论作者怎样称它是有可能的，都不能给我们以权利，违反原文的直接而明确的意义去理解《圣经》。我承认亚当的个人统治权在这里被取消是不大可能的事，这是因为它是超过不可能的事，因为我们绝不可能证明亚当曾经有过任何这种个人统治权。因为《圣经》上有些相似的地方，最可能使我们知道要怎样去解释才好，所以只要把这里在洪水之后给予亚当和他的儿子们的祝福词同创世后给予亚当的祝福词（《创世记》第一章第二十八节）一加比较就可以使任何人确认，上帝并没有给予亚当以这种个人统治权。我承认，在洪水之后，挪亚享有亚当在洪水以前享有的同样称号。相同所有权和统治权是可能的，但是由于个人统治权与上帝给予亚当和他的儿子们共同享有的祝福和赐予是不相一致的，所以我们便有充分的理由来断定亚当没有这种个人统治权，特别是在给他的赐予中没有表达这种意思的话，或者至少是赞成这种意思的话。那么既然在《圣经》中的任何一个地方，没有加以肯定——更不要说上文已经证明，原文本身证明和它相反——在另一个地方，文字和意义都直接和它相反，在这种情况下，到底怎样才是最好的理解办法，我让读者去判断好了。

但是我们的作者说："亚当是人类的唯一继承人，为什么有人竟以为上帝会剥夺他生而获有的继承权呢？"当然，继承人在英国是指根据英国的法律应享有他的父亲的全部地产的长子而言；可是上帝在什么地方曾经指定过任何这种"世界的继承人"，上帝又是怎样"剥夺了他生而获有的继承权"，或者如果上帝给了挪亚的儿子们一种权利来利用地上的一部分，以供养他们自己和家庭，这对亚当会造成什么损害，因为全部世界不仅足供挪亚自己之用而有余，即使儿子们全体使用也还是用之不息，一方的占有是丝毫也不会妨害另一方的占有或使用的。对以上这些问题，如果我们的作者能够给我们一些说明，那该有多好！

我们的作者或许预料到他这种劝诱别人使他们糊涂起来的伎俩不会获得很大的成功，而且无论他怎样认为，人们总是容易相信《圣经》上那些浅显明白的话，并按照他们所见到的情况而认为上帝的赐予是对亚当和他的儿子们一起说的……于是他就做出暗示，似乎对挪亚说的赐予并不包括所有权和统治权，因为制服地上世界和对生物的统治权在那儿都被省略了，地上世界连一次也没有被谈到过。他说："因此这两处原文是很有差别的。第一次祝福给予亚当以一种对地上世界和一切生物的统治权，第二次祝福则允许亚当享有利用生物作为食物的自由。在这儿，他对万物的所有权没有改变或缩小，只把他的食粮的范围扩大。"那么按我们的作者的意思，这里对挪亚和他的儿子们所讲的一切话，并没有给予他们以统治权或所有权，本只是扩大了食粮的范围——应该说"他们的"食粮的范围，因为上帝说"这一切我都赐给你们"，但是我们的作者把"他们的"，改作"他的"，于是亚当的儿子们，由于罗伯特爵士的规定，在他们的父亲在世前，一定得过禁食的日子。

除了我们的作者以外,任何一个在给亚当和他的儿子们的祝福词中,除了粮食范围的扩大以外,其他的东西也看不见的人,都会被大大地怀疑为是受到了偏见的迷惑。因此,就我们的作者认为被剔除了的统治权而论,我认为上帝说的"我使一切兽类都必惊恐和畏惧于你们"一语就表示了统治权,或者人类对其他生物的极大优越地位被确定了的意思。因为在这种"惊恐"和畏惧之中,大约主要存在着给予亚当高于低级动物的权力,无论亚当是怎样的一个绝对君主,他也没有为了充饥而去与一只云雀或兔子战斗的胆量,而只有跟兽类一样去吃草本植物的本领,这一点在《创世记》第一章第二节、第九节和第三十节,可以看得很清楚。其次,很明显的,在这一次给亚当和他的儿子们的祝福中,所有权不但是用明白的文字给予的,而且其范围比给予亚当的还大。上帝对亚当和他的儿子们说"我把它们都交付你们的手里",这句话,如果说不表示给予所有权——不,占有权——那就很难找出别的言语来表示了。因为除了说"交付他们的手里"以外,再也没有别的更自然更确实的方式来表示一个人占有一件东西这种情况了。为了表达他们已被给予人类所能有的最大限度的所有权,也就是,无论对什么东西,都有可能使用它而消耗它的权利,上帝说:"凡活着的动物,都可以作你们的食物",而这是给予亚当的特许中所没有的。我们的作者把这个理解为"利用它们作为食物的自由,它只是食粮范围的扩大,而不是所有权的变更"。除了"使用它们的自由"以外,人类在动物身上还有什么别的所有权,这是很难解释的。因此,正如我们的作者所说的那样,"如果第一次祝福给予亚当以对生物的统治权,而对亚当和他的儿子们的祝福所给予他们的是亚当所没有的"利用它们的自由,那么给予他们的定然是拥有全部统制权的亚当所缺乏的某种东西——这种东西,人们可能会把它当作是另外一种较大的所有权；因为即使对于野兽，亚当也确信没有绝对的统治权，而且他对它们的所有权是很狭小的、有限的，不能像上帝许可别人那样使用它们。如果有一个国家的绝对君主，吩咐我们的作者去"制服这地上世界"，并给予他以对世界生物的统治权，但又没有允许他从羊群中取走一只小山羊或小绵羊来充饥，那么我猜想他恐怕不会把自己当作那个地方或在那个地方的畜群的主人或所有者，而会看作一个牧羊人可能享有的支配权和作为一个所有者所享有的完全所有权之间的区别。因此，如果是罗伯特爵士自己的事，我相信他就会这里存在着一种变更——不，一种所有权的扩大，并认为亚当和他的儿子们基于这个赐予不仅得到了给予他们的所有权，而且得到了亚当不曾有的对生物的所有权。因此，以彼此间的关系而论，人类虽然可以被允许对生物的某些部分享有所有权，但从作为天地的创世者和全世界唯一的主人和所有者的上帝而言，人类对生物的所有权只能是上帝允许过的"利用它们的自由"。所以正如我们在这个地方所见到的，在洪水以后，人类的所有权就被变更和扩大，以前不许可的用途现在也许可了。从上述的一切，我认为很明显亚当和挪亚都不享有任何"个人统治权"，也不享有任何不包括他的后裔在内的对生物的所有权，只是当他们相继增长而需要它们并能够利用它们时，他们才享有这种权利。

这样，我们已经考证了我们的作者根据上帝所宣布的祝福词（《创世记》第一章第二十八节）而主张的亚当享有君权的论证。在这里，我以为任何头脑清醒的读者，除了见到把人类在我们这个可居住的地球上的位置提高到其他种类的生物以上以外，不可能发现别的意思。这不过是给予人，即作为代表他的创造者的形象而成为地上主要居民的整个人类以对其他生物的统治权而已。在经文的肤浅文字中，这个意思是非常明显的，除了我们的作者之外，没有任何人会认为有必要去证明这些意思完全相反的文字如何给予亚当以对其他人类的绝对君权,或对一切生物的唯一的所有权。我以为在他用来作为基础,把一切下文建立在其上面的这样一件重要事情上,他除了简单地引用一些明显同他的意思相反的文字以外,还应该做更多的工作。我承认,在这些文字中我看不到有倾向于"亚当的君权或个人统治权"的任何东西,而恰恰与此相反。我不会叹息自己对此理解的迟钝,因为我看到其他信徒也和我一样,似乎对于亚当有这样的个人统治权没有任何概念,他说,"上帝给予我们的一切东西很丰富,供我们享受",假如一切东西都已交给了君主亚当,以及其他君主们和他的子嗣与继承者们,那么信徒就不可能这样说了。总而言之,这段经文不但远远不能证明亚当是唯一的所有者,而且正好相反它证实了一切东西最初都是人类共有的,这从上帝的这个赐予以及《圣经》的其他地方都可以看出来,因此建立在个人统治权之上的亚当的主权,既然没有支持它的任何基础,必然是站不住脚的。

但是归根到底,如果有人一定要这样做,认为由于上帝的这次赐予,亚当已成为全世界的唯一的所有者,那么这与他的主权有什么关系呢?对于土地的所有权,甚至是对全世界的土地所有权,怎样能可以给予一个人以支配别人人身的至高无上的专断权呢?更加荒谬和似是而非的说法是,作为全世界所有者的那个人,对于那些不承认他的主权、不服从他的意志的其余人类,可以随心所愿地不给他们食物,而让他们饿死。假如真是这样的话,倒是一个很好的论据,证明从来没有过这样的所有权,上帝从来没有赐予过任何这样的个人统治权。相反,这种想法倒更要合理一些,既然上帝吩咐人类生育繁衍,他自己就必须给予全体人类以一种利用食物、衣服和其他生活必需品的权利——这些东西的原料上帝已为他们作了那样丰富的供应——而不是使他们的生存从属于一个人的意志,这个人具有随意毁灭他们全体的权力，而他由于不比别人好些，往后因为贫乏和只靠微薄产业维持生活，更没有可能会迫使他们去从事苦役，慷慨地给予他们生活必需品以促进上帝嘱咐人类"生育众多"的重大意图。谁要怀疑这一点，就请他把世界上的绝对君主国考察一下，看看在那里的生活用品和人民大众变成了什么样子了。

但是我们清楚，上帝从来没有让一个人处于唯命是从的地位，以致于只要高兴，就可以随便将他人饿死。作为一切人类之主和父亲的上帝，没有给予他的任何一个儿女以对世界上的特定一部分东西的这种所有权，反给予了他的贫困的兄弟以享受他的剩余财物的权利，以便一旦他的兄弟有迫切的需要时，不会遭到不正当的拒绝。所以一个人不能够基于对土地的所有权或财产权而取得别人生命的正当权力，因为任何有财产的人如果不能从他的丰富财物中给予他的兄弟以救济，任他饥饿而死，这将永远是一种罪恶，正如正义给予每个人以享受他的正直勤劳的成果和他的祖先传给他的正当所有物的权利一样，"仁爱"是也给予每个人在没有其他办法维持生命的情况下以分取他人丰富财物中的一部分，使其免于极端贫困的权利。一个人如果乘人之危，利用拒绝拿出上帝要求他提供给贫困兄弟的救济的办法，强迫他成为自己的臣属，这种行为之不义，不差于一个力量较强的人进攻一个弱者，逼他服从，拿着匕首对着他的咽喉，威胁他不当奴隶就得死亡。

纵使有人那样地滥用上帝以其大方之手赐予他的祝福，纵使有人残酷不仁到那样的极点，这一切仍不能证明土地的所有权，即使在这个例子中，能给人以支配别人人身的权力，而只有契约才可以给予人这种权力。因为富裕所有者的权威和穷困乞丐的从属地位，并不是起源于主人的所有权，而是起源于穷人在宁愿做主人的权仆而不想挨饿的情况下所表示的愿意。他像这样对之表示服从的那个人，只能在不超过他在契约中愿意的限度内对他拥有权力,其根据是这样:一个人在物资奇缺时拥有丰富的积储、口袋里有钱、在海上坐着船、能够泅水等等,都可以像作为全世界一切土地的所有者一样,变为支配和统治权的基础,因为这许多条件中的任何一个条件都能以使我拯救另一个人的生命,而只要我不肯给予他这种救助,他就会死亡。根据这条规则,只要任何东西,能满足别人保全其生命或保全他视为珍贵之物的需要而成为一个条件,使他不惜以其自由作为代价来进行交换者,都可以成为主权和所有权的基础。由上述,我们明白,纵使上帝曾给予亚当以个人统治权,这种个人统治权也不能给予他以主权。可是我们已经充分证明:上帝并没有给予他以这种个人统治权。

(五)论丈夫享有的主权

我们看到,我们的作者以作为他的亚当君权说之根据的另一处《圣经》,就是《创世记》第三章第十六节:"你必恋慕你的丈夫,你的丈夫必管辖你。"作者说:"这就是政府的最初授予",于是他在同页的后面就作出论点说:"最高的权力是落在父亲的身上,并且只限于一种形式的政府,这就是君主制。"无论前提怎样,结论总是这一个;只要在任何经文上一提及"治理","绝对君主制"便基于神权而建立起来了。任何人只要细心看看我们的作者所作的推理,并且除了其他一些问题,查证一下他在那里加进去的"亚当的支派和后裔"这句话,就会发现要了解他的意思是相当困难的;所以我们目前暂且不管他特别的写作方法,先来考察一下手头的经文吧。这些话是上帝对女人的诅咒,因为她是最先又最急进地违反意旨的。如果我们想想上帝在这里对我们始祖说话的地方,考虑一下正是他对他们俩违反意志的行为宣布判词和表示愤怒,我们就不能认为上帝是在这个时候给予亚当以特权和特许，授予他以尊严和威权，提高他到享有统治权和君主权的地位；因为夏娃作为诱惑的一方和共同犯规者，虽然被置于亚当之下，而亚当因为她受到较大的处罚，巧合地取得了比她优越的地位；但是他在原罪"堕落"中也一样有份，从下面的经文中可以看出他也是被处罚了的；那么很难指出上帝竟会在同一个时候使他成为全人类的普遍君主，又是终身的劳动者。把他赶出乐园去"耕种土地"，而同时又赐给他以王位和属于绝对权威的一切特权与舒适生活，有这样的事吗？

所以这不是亚当可以希望从他被激怒了的创造主那里得到任何恩宠和任何特权的时候。即使同我们的作者所说的那样，这就是"政府的最初的授予"，而亚当成为了罗伯特爵士所希望那样的君主，很明显，上帝也不过只是让他成为一个很可怜的君主，其可怜的程度，使我们的作者自己也不会把这样的君位看作是什么大的特权。上帝命他去做工来养活自己，好像只是把一把锄头交给他手里，让他去制服土地，而不是交给他一个王笏去治理地上的居民。上帝对他说："你必汗流满面才得糊口。"也许有人会说，这是不可避免的，因为那时他还没有臣民，还没有人了。然而上帝说："不然，除了你的妻以外没有别人帮助你，而且你一天活在世上，你一天要靠自己的劳动生活。""你必汗流满面才得糊口，直到你归了土，因为你是从土里面而出的，你本是尘土，仍要归于尘土。"也许又会有人代替我们的作者答复说，这些话不是针对亚当个人说的，而是把他当作一切人类的代表而对他说的，这是上帝由于原罪堕落而对人类的诅咒。

我相信上帝讲话跟人类不同，因为他所讲的更具理性、更为确实；但是当他乐于对人类说话的时候，我认为他不会破坏人类惯用的语言规则，用与人类不一样的方法说话。当他屈身对他们讲话的时候，他如果这样说，倒不会使他降低到人们低微的理解能力，而是因为他所讲的话人们不能理解，达不到他的目的。但是如果为了支持我们作者的学说的需要而作的《圣经》解释一定要被当作正确的来接受，我们便不得不认为上帝是这样子讲话的，因为依照语言的通常规则，假如他在这儿用单数对亚当说的话，一定要当作是对全人类说的，他用复数说的话（《创世记》第一章第二十六和第二十八节），一定要当作是对亚当一个人说的，而不包括其他人，而他对挪亚和他的儿子们一起说的，又一定要当作是只对挪亚一个人说的（《创世记》第九章），那么要理解上帝的话就十分困难了。

还有一点需要注意的，这里所引用的《创世记》第三章第十六节的那些话，即作者称之为"政府的最初的授予"并不是针对亚当说的，那些话里面的确也不曾许给亚当任何授予，而只是作为对夏娃的一种责罚。假如我们依照这些话的原意把它们理解为专对夏娃说的话，或者通过她作为代表对一切女人说的话，那么它们最多也只是与女性有关，其所包含的意思也不过是女人们通常应对丈夫的服从，然而或者由于她自己的条件，或者由于和她丈夫所订契约的关系使她可以免去这种服从，那就不能说这里存在着什么强迫妇女要接受这种压制的法律，就像若有办法避免生育儿女的痛苦，也没有什么法律规定她非得受这种痛苦不可，这也是上面所说的对她的同一诅咒中的一部分。原文是这样的，"又对女人说，我必多多加增你怀胎的苦楚，你生产儿女必多受苦楚，你必恋慕你的丈夫，你的丈夫必管辖你。"我以为除了作者之外，谁要在这些话中找出许给"亚当以君主制政府"的授予，是很不容易的，因为这话既不是对亚当说的，也不是说到他的。我料想也不会有什么人由于这些话而认为女性好像受了一项法律的束缚应当服从话中所包含的诅咒一样，她们就有义务不得去进行避免苦楚的努力了。有没有人说，假如夏娃或任何妇女在分娩时没有感受到上帝恫吓她的那么多的苦楚，就是犯罪呢？又有没有人说，如果我们的女王玛利或伊丽莎白和她们的任何一个臣民结婚，根据这段《圣经》，她们在政治上就应从属于他，或他因此就对她享有"君主的统治权"呢？据我看上帝在这段经文中并没有给亚当以对夏娃的权威，也没有给予男子以对其妻的威权，而只是预言女人可能遭受的命运，即依照上帝的意旨他想要作出规定，让她必须服从她的丈夫，正如人类的法律和各国的习惯规定的那样，我认为世间这种规定是具有一种自然的基础的。

例如当上帝说及雅各和以扫时，谓"将来大的要服事小的"（《创世记》第二十五章第二十三节），没有人认为上帝这话是使雅各成为以扫的统治者，而只是预言将来事实上要发生的事而已！

然而如果这里对夏娃所讲的话，定要当作一条束缚她和一切其他女人，使之从属的法律的话，这种从属也只是每个妻子对于她的丈夫应有的从属，如果把这个就当作是"政府的最初的授予"和"君权的基础"，那么世界上有多少丈夫就应该有多少君主了。所以如果说这话给了亚当以任何权力的话，它只能是一种婚姻上的权力，而不能是政治权力——在家庭中丈夫作为财物和土地的所有者而具有的处理有关私人事务的权力，以及在一切他们的共同的事务上，丈夫的意志优越于他的妻子的意志；但不是对妻子有生杀之权的政治权力，对其他的人就更谈不到了。

以上是我所确信的看法。假如我们的作者要把原文这句话当作一种"授予，政府的最初授予"，而且是政治性质的政府的话，他就应该提出更加有力的论据来证实它，而不只是简单地说"你必恋慕你的丈夫"这句话就是一条法律，依据这条法律夏娃和由她生出的一切人都应当从属于亚当和他的继承人的绝对君权之下。"你必恋慕你的丈夫"一语的意义特别含糊不清，《圣经》注释者们对它的解释也不一致，不能拿它当成可信的根据，在一件如此重要并涉及全面的问题上更不允许如此。但是依照我们的作者的写作方法,只要一旦把原文提出,他即不加思索,断定原文的意义是像他所想的那样:不管是在正文中或是在页边上,只要一出现"治理"或者"臣民"这些字,它立刻就成了表示臣民对其君主的义务之词,关系也改变了;虽然上帝说的是"丈夫",罗伯特爵士却要把它说成是"君主"。虽然《圣经》没说过一个字,我们的作者也没有拿出一个字来证明,但是亚当却立刻对于夏娃有了"绝对的君权",而且不单是针对夏娃,甚至对"由她生出的一切人",也都有了这种权力。亚当无论怎样都必须是一个绝对君主,从该章末尾直到第一章都是这样。鉴于原文中既未提到"君主",也未提到"人民",除了夏娃作为妻子对她的丈夫的从属外,一点也没有谈到"绝对的"或"君主的"权力,所以在没有提出任何根据来证实我的看法,即这段经文并没有给予亚当以我们的作者所假设的那种"绝对君主权"的情况下,我让我的读者自己去思考,我的这种简单说法是否已经是以拆穿他以简单的断语所肯定的那种权力。即使有的人想对我们的作者所提出的绝大部分根据作简短而充分的解答,并且单纯的否认就满可以把他驳倒,他也会用这种办法来对付我们的作者。对于没有证据的推断,不举出理由加以否定,就已是充分的答复了。所以如果我也不说什么,只是否认根据《圣经》原文,上帝自己已把"最高权力"授予和建立在父亲的身份上,规定了这种权力为君权,并将其赐给了亚当本人和他的继承人,而这些显然都是我们的作者从同一页书中的这些话里得出的结论。如果我请求任何一个头脑清醒的读者把原文读读,并考虑一下,这话是对谁和在什么场合说的,他一定会觉得吃惊,如果不是作者具有超人的能力,从不能指给别人看的地方自己发现出来的,他怎样从那里找出绝对君权来呢。这样,我们已经把我能记起的、我们的作者据以证明"亚当的主权"那种"最高地位"的两处《圣经》原文全部加以考察

一、权力的起源

了,他说这种权力之"应当给亚当无限制地行使,并应大到任由他的意志决定,是上帝的意旨"(见《创世记》第一章第二十八节,第三章第十六节),其实这两处原文的一处,仅仅是指低级动物对人类的隶属,另一处则指妻子对丈夫应有的从属,这两个地方比起政治社会中臣民对于统治者的从属来,都相差很远。

(六)论父亲享有的主权

现在还有一个论点要说,然后,我认为我就已经把我们的作者用以证实亚当的主权的一切证据提供给你们了,这一个论点就是假设做父亲的由于是儿女们的父亲,就具统治其儿女的自然权利。我们的作者很喜欢这个"父亲身份"的权利,差不多在每一页都提到它,而且特别指出:"不光是亚当,连以前的先祖们,基于父亲身份的权利就具有对他们的儿女的主权"。在同一页上又说"这种儿女的服从是一切君权的渊源"等等。他那样屡屡提到此点,使我们认为这就是他取得名望的主要基础,我们期待他会举出明确的理由来,因为他把这当作为达到他的"凡是人一生出来,就很不自由,他一出生便成为生他的父亲的属下"这一目的的必要论点而肯定了下来。那么,既然只有亚当唯一是神所创造的人,而以后任何人都是生出来的,所以没有一个人是生而自由的。如果我们问,亚当怎样获得对他的儿女的这种权力,他在这里就回答说,这是由于他生了他们出来,他又说,"亚当的这个自然统治权"还可以用格老秀斯自己的话证明,格老秀斯教导说:"生育使父母获得对子女的权力"。确实,生育的行为既然使一个人成为一个父亲,他作为父亲对儿女的权利,自然不能从父亲的身份以外产生。

格老秀斯在这个地方没有告诉我们这个父母对于他们的儿女的权

力范围到底有多大,但是我们的作者对这一点却是说得十分明白,他向我们断定它是"最高权力",像绝对君主对于他们的奴隶所享有的权力那样,是生杀予夺的绝对权力。假如有人问他,生一个孩子怎样给予父亲这样一种对于孩子的绝对权力,他就得不到任何回答。我们只应相信他在这里说的话,和在其他几处说的话一样,自然法则和政府宪法的建立与取消都必须视他的话而定。如果他是一个绝对的君主,这种说法可能很合适;因为"根据意志的理由"在那里是可以容许的。但这只是为绝对君主制辩护的一种笨拙的方法,罗伯特爵士只是空口讲讲,很难把绝对君主制建立起来;一个奴隶的毫无根据的意见没有足以取消全人类的自由和幸福那么大的分量;虽然一切人不是像我所想的那样,生来就是平等的,但我相信,一切奴隶生来是平等的,于是我就可以在毫不妄自尊大的情况下以我个人的意见来反驳他的意见,并对我的关于生育儿女并不会使儿女们成为父亲的奴隶,而会使全人类都有自由的说法充满自信,就像我们的作者肯定相反的论断,认为生育儿女使全人类成为奴隶一样。可是,这一论点是主张君权神授者的全部学说的基础,那么为了尽量做到公平对待,在我们的作者没有举出任何证据的情况下,就让我们来听听别人是怎么说的吧。

我所听到的别人用来证明父亲因生育儿女而得到对他们的绝对权力的论证,是这样的:"儿女的生命和存在是从父亲来的,所以父亲享有对他们的儿女的生命的生杀权力",这是唯一可能作出的论证,因为一个人对从来不是他的,也不是由他给予的,而是得之于别人的慷慨赐予,因而权利属于他人的东西,肯定没有理由提出权利要求。我的回答是,首先,凡是给别人东西的人不一定就总有收回这东西的权利。第二,那些说父亲是给予他的儿女们以生命的人们让君权思想弄昏了头脑,以致忘记了他们不应当忘记的一个事实,即上帝是"生命的创造者和授予者"；我们只有依靠上帝才能生活、行动和生存。一个连自己的生命是由甚么构成的都不明白的人，怎么可以认为他给予别人以生命呢？哲学家们虽经过孜孜不倦的研究，也对此感到十分不解，解剖学家们在毕生从事解剖并研究人类的身体之后，也相信他们对于人类身体的许多部分的构造与用处，以及整个说来生命是怎么起作用的这些问题一无所知。那么难道粗鲁的庄稼人或更愚昧的纨绔子弟倒会构造或制成像人这样一台奇妙的机器，然后给之以生命和意识吗？能否这样说，他造成了他的孩子的生命所必需的各个部分呢？或他能否认为自己虽给予生命，却不知道甚么主体适于接受生命，也不知道哪些动作或器官对于接受或保持生命是不可缺少的呢？

所谓把生命赋予不存在的东西，就是指让一个有生之物把它的各部分形成起来，使之适用于它们的用途，并在把它们装配完毕之后，将一个活的灵魂放入其中。能够这样做的人也许真的可以有某些借口来毁灭他自己的手工业品。然而有没有人竟然大胆和妄自尊大到这样的程度，认为自己可以做万能的主——只有万能的主最先和继续创造活的灵魂——的不可思议的工作呢？只有上帝才能吹动生命的气息。假如有人以为自己就是这样一个良工，那么请他把他所造的孩子身体上的各部分数一数，告诉我它们的用处和功能，有生命和有理性的灵魂是在什么时候开始进入这个奇怪的构造之中的，感觉是从什么时候开始的，以及他所制成的这部机器是怎样进行思想和推理的。假如真是他所制造的话，在它坏了的时候，就请他去修理，或者至少要请他指出毛病是在什么地方！《诗篇》的作者说（《诗篇》第九十四章第九节）"造眼睛的难道自己看不见吗"？看看这些人的虚荣心吧！单是一部分的构造已经足以使我们深深相信上帝是一个智力无边的创造者，因此，和他精工制造的手艺品一样，他显然有理由享受《圣经》上这样的一种称呼，"我们的创造者上帝，我们的创造主"。所以纵然从我们的作者为了夸张他的"父亲的身份"起见,乐意说"即使是上帝自己对人类行使的权力也是基于父亲的身份的权利",然而这种父亲的身份却是完全与人间父母的一切权限格格不入的;因为上帝之所以为主,在于他确实是我们人类的创造者,而所有的父母却不能以儿女的创造者自居。

然而假令人类有创造自己儿女的技巧和力量,那也不是一件十分简单的手艺,以致可以想象他们能够不经过设计就被造出来。当生儿育女的时候,在一千个父亲中,有哪一个除了满足他当时欲望外还有什么更长远的理想呢?上帝用他的无限智慧,把强烈的性交欲望安置到人类的体质之中,用此来绵延人的族类,而人类这样做时却大都没有这项意图,而且生育儿女还往往是与生育者的愿望相违背的。诚然,愿意并计划要有儿女的人们只是儿女的存在的偶因,他们在设计儿女时,对于儿女的创造所做的事情一点也不多于希腊神话中雕卡力昂和他的妻子向后抛掷石子来创造人类所花费的力气。

但是即使承认父母创造了他们的儿女,给予他们以生命和存在,因此,就有了绝对的权力;这也只能给父亲以与母亲共同支配儿女的权力;由于任何人也不能否认,母亲长期间在自己的身体中以自己的血肉来养育孩子,她即使不取得更大的权利,至少不能否决她与父亲有同样的权利。孩子在母亲怀里成形,从她的身上得到躯体的物质和生命根源;很难想象,当父亲一经完成他的那份生育行为之后,理性的灵魂就会立刻进入那个还没有成形的胚胎之内。如果我们一定要认为孩子有些东西是从父母来的,那么可以肯定,它的大部分是从母亲来的。不论如何,对于儿女的生育,不能否认母亲与父亲有同样的功劳,因此父亲的绝对权力是不会从儿女的生育这件事来的。我们的作者却却有另外一种想法,因此他说:"我们知道上帝在创造人类时就给了男人以对女人的主权,因为男人在生育中是较高贵的和主要的参与者"。我并不记得我的《圣经》上有这样的话。当有人把这个地方——即说上帝"在创造人类时"给了男人以对女人的主权,其理由是因为"他是在生育中较高贵的和主要的参与者"——指给我看时,我将会有充足的时间来考虑和给予其答复。但是我们的作者把自己的幻想对我们说出来,当作确凿的神圣的真理,这已经不是什么新鲜事情,尽管他所说的和上帝的启示往往有天渊之别,因为上帝在《圣经》中说:"生他的是他的父亲和他的母亲"。

有些人以为人类"遗弃或售卖"自己儿女是他们对儿女的权力的证明,这些人与罗伯特爵士同样是绝妙的辩论家,他们只是把人性可能作出的最可耻的行为和最伤天害理的谋杀拿出来作为他们的观点的根据。连狮子洞里和豺狼窝中都没有这种残忍的事。虽然这些在荒野上居住的野兽服从着上帝和自然,但对自己的后代慈爱关切。它们为了保存幼儿而去猎夺、警戒、斗争,甚至忍受饥饿,在幼儿不能自立以前,绝不离开或者舍弃它们。难道唯独人类有特权比最犷野不驯的动物还要反乎自然地从事活动吗?上帝不是用死刑这样严厉的刑罚管制我们,假使在被欺侮时也不得伤害一个人——一个陌生的人——的性命吗?上帝是允许我们把那些交给我们照料并要求我们按照"自然"和理性的命令以及上帝启示中的训诫予以保存的人们,加以毁灭呢?上帝在创世的过程中特别注意繁衍某几种生物,使每一个体为这个目的而尽力地行动,以致它们有时竟不顾自己的利益,竟然忘记了"自然"教导万物的一般原则……自我保存的原则,而保存它们的幼儿却成了它们的最强有力的原则,胜过它们独有的天性。所以当幼儿需要保护的时候,我们看到懦怯者变得勇敢,而强暴和野蛮者变得仁慈,贪婪者变得温柔和宽大。

理性把一个人提高到差不多与天使相同的地位,当一个人抛开了他的理性时,他的杂乱的心灵可以使他堕落到比野兽还要残暴。人类的思想比恒河的沙还多，比海洋还要宽阔，假使没有理性这个在航行中指示方向的唯一的星辰和罗盘来指引，幻想和情感定会将他带入许许多多奇怪的路途。想象总是不断地活动着，产生出形形色色的思想来，当理性被抛到一边时，人的意志便随时可以做出各种无法无天的事情来。在这种情况下，走最极端的人就会被众人视为最适宜于做领导的人，并且一定会得到很多的追随者。由愚昧或狡黠开始的事情一旦成了风尚，习惯就使它神圣化，违背或怀疑它，就要被人视为大胆或疯狂。一个以公平无私的态度来考察世事的人，将会看到世界上一部分国家中有那么多的宗教、政府和习俗就是以这种方式成立和继续下来的，因此他也就不会对于盛行在人世间的这些习俗加以重视，倒是有理由认为那些因顺从自然而生存得很好的非理性的和没有教养的栖居者所在的山林，比起那些在别人的影响之下逾越常轨而自称文明和有理性的人们所居住的都市和宫殿来，更适合于作为我们行为与生活的榜样。

那么就算像罗伯特爵士所讲的那样，"在古时"人们"时常""出卖和阉割他们的孩子"。就算他们遗弃儿女；假如你喜欢的话，还可以进一步说——因为这是更大的权力呵！——他们生育儿女为的是把他们育肥之后做餐食吃的。假如这些例子就证明有这样一种权利的话，我们可以利用同样的论证，证明奸淫、乱伦和鸡奸全是合理的，因为无论古今，都同样有这样的实例。我认为罪恶的严重性在于他们妨碍了"自然"的重要意图；"自然"要求在高度完善的情况下使人类滋生和种族繁衍，而在保障婚姻关系下的家庭界限则又是达到以上要求的必备条件。

为要证实父亲的这种天赋威权，我们的作者从《圣经》里上帝的知诫中提出来一个蹩脚论证；他说："为确证王权是自然权利，我们看到在十诫中训诫人们服从君王的条律是用'孝敬你的父亲，一语来表达的；虽然有许多人认为，只有抽象意义上的政府才能是上帝的命令，但除了父权之外，他们却拿不出别的东西来证明《圣经》中的任何这种命令；因此，我们看到在十诫中上帝用'孝敬你的父亲，一语来教人服从长上，这样，不单是政府的权威和权利，而且连统治权的形式和享有这个权力的人，全是上帝的规定的。最初的父亲所享有的不仅是单纯的权力，而且是君主的权力，由于他是直接来自上帝的父亲。"在别处几个地方，我们的作者为了同样的目的引用了同样的条律，并且使用了同样的方法——即把"和母亲"三字视作不足为凭的经文而经常把它们删去。这真是我们作者的独特的伟大论证，他的主张的正确性，要求拥护这种主张的人具有足以歪曲上帝训诫中的神圣规则，使其适合于他现在需要的那样一种达到炽热程度的热情。这种办法对于那些不是因为真理是理性和神所提供的，才加以接受，而是为了不同于真理的目的，去支持某些教义和派别的人们不是不常用的。这样做了之后，他们就下定决心不管怎样地为它们辩护，随意歪曲作家们的原话和意义，来附合他们的目的，正像普罗库斯特对他的客人所做的那样，为了使他们能够最适合于自己心目中所要的尺寸而去其顶尖或加以拉长，结果这些论证往往就像那些被这样处理过的人一样，变为畸形。

因为假如我们的作者不加窜改地将这一诫条按上帝的原话引出来，把"母亲"同父亲连接起来，每一个读者都会看到，这话是与他的主张相反的，它不但不能够确立"父亲的君主权力"，而且把母亲与父亲放在一样的地位上，其所训诫的都是对父亲和母亲双方的应尽之责，因为这已是《圣经》的老话，"孝敬你的父亲和你的母亲"（《出埃及记》第二十章）："打父母的必要把他治死"（同上第二十一章第十五节）；"凡咒骂父母的总要治死他"（《利未记》第二十章第九节）和我们的救主都复述了这句话（《马太福音》第十五章第四节);"你们各人都当敬畏你的母亲和父亲"(《利未记》第十九章第三节);"人若有顽梗悖逆的儿子不听从父母的话,他们虽惩治他,他仍不听从。父母就要抓住他……对长老说,我们这儿子顽梗悖逆不听从我们的话"(《申命记》第二十一章第十八至二十一节);"轻慢父母的,必受咒诅"(同上第二十八章第十六节);"我儿,要谨守你父亲的诫命,不可离弃你母亲的法则",这是梭罗门的话,他不是一个对自己作为一个父亲或君主应拥有什么权力一无所知的人,但他在所写的《箴言》中从头到尾对儿女的全部教训总是把父亲和母亲相提并论,"凡是对他的父亲说,'你生出什么?,或对母亲说'你养出什么?'的人都受灾殃"(《以赛亚书》第十一章第五节、第十节)"他们在主里轻慢父母"(《以西结书》第二十八章第二节);"若再有人说预言,生他的父母必对他说,你不得存活,因为你托耶和华的名假说预言,生他的父母在他说预言的时候要将他刺透"(《撒迦利亚书》第十三章第三节)。这里,拥有权力的不只父亲一人,而是父亲和母亲一起同享,而在这个地方,所指的还是生杀之权。《旧约》的规条是如此的,在《新约》中,关于他们的儿女对他们的服从,他们也同样是连接在一起的(《以弗所人书》第六章第一节)。这规条就是"你们作儿女的要听从你们的父母",我不记得我在哪里曾读到过"你们作儿女的要听从你们的父亲"而没提到母亲。《圣经》在说到儿女的孝顺时,也把"母亲"同父亲等同起来,假如《圣经》原文中有哪一个地方说儿女单对"父亲"一人孝敬或服从的话,自诩为一切都以《圣经》为根据的罗伯特爵士是不会把它漏掉的。而且《圣经》不单使"父亲和母亲"对于其所生的儿女享有同等的威权,在某些地方甚至还忽略了通常被认为应属于父亲的优越地位,先提"母亲"然后才提"父亲",例如《利未记》第十九章第三节。《圣经》全书既常把父亲和母亲联在一起,我们所以可以断言他们从自己的儿女那里应受到的孝敬，是一种平等的、属于他们两人的共同利益，既不允许由一人完全独占，也不能有一个人被排除。

那么人们对我们的作者怎样从第五诫中推断出一切权力最初都在父亲身上会感到不可思议。他又怎样会以为"孝敬你的父亲"和你的母亲这一告诫所规定与确立的乃是政府的君主权呢？假如十诫所规定的儿女应尽的孝敬，不问其内容如何，只是"父亲"的个人权利，如我们的作者所说，父亲"在生育中是较高贵的和主要的参与者，所以享有对女人的主权"，那么上帝为什么在后来老是把"母亲"与他相提并论，分享这种孝敬呢？父亲是否基于他的这种主权取消孩子对他"母亲"的"孝敬"呢？《圣经》没有把这种特许给予犹太人，但是夫妻之间往往会发生破裂，甚至达到离婚和分居的程度；我相信没有人会说一个孩子可以对他的母亲不孝敬，或像《圣经》说的那样，"轻慢她"，纵使他的父亲命令他这样做，正像母亲不能免除她的孩子对他的父亲的"孝敬"一样。所以很显然，上帝这一诫命没有给予父亲以主权和最高地位。

我同意我们作者的说法，享有这种"孝敬"的资格是由自然赋予父母的，是一种基于他们曾生育儿女而归他们享有的权利，上帝在很多次明白的宣告中，确认了他们享有这种权利。我也同意我们的作者的这一条规定，"像父亲（我想添上'和母亲'的字样，因为上帝是把父母联结在一起的，不要把他们分开）的权力这样一种来自于上帝或自然的赐予和授予物，人类较低级的权力不能加以限制，也不允许制定同它们抵触的任何法律"。那么根据上帝的这种条律，母亲享有她的儿女的孝敬的权利，而不受她的丈夫的意志的拘束，因此我们看到"父亲的绝对君权"既不能以此作为根据，也不能与此相关。如果一个父亲以外的人对于父亲的从属地位享有与他同样的权力，并具有相同的资格，那么他所享有的权力就远远不是"君主的"，和我们的作者所主张的那种绝对性也相差很远了。因此，连我们的作者自己也不得不这样说，"他不知道有什么人的儿女怎么可以不服从他们的双亲"，所谓"双亲"，用普通的话来讲，我认为是指"母亲"和父亲，假如"双亲"一词在这里单指父亲，那就是我破题儿第一遭知道有这样的用法了，采取这样的用字法，人们便可以什么话都能说了。

按照我们的作者的学说，父亲由于对于儿女享有绝对管辖权，因而对于他们所生的，也享有同样的权力，假如父亲享有这种权力这一点是真实的话，那么这个推论是正确的，但是我想要问问我们的作者，祖父基于他的主权，可否取消他的孙子根据第五诫对于他的父亲应尽的孝敬；假如祖父"基于父亲身份的权利"享有唯一的最高权力，而"孝敬你的父亲"一语是规定对于君主的服从，那么祖父的确可以免除孙子对于他的父亲的孝敬。但是依照常识他显然是不能这样做的，因此"孝敬你的父亲和母亲"一语，显然不能理解为对于一个最高权力的绝对服从，而是另有所指。所以父母基于自然并为第五诫所确认归他们享有的权利，不可能是我们的作者想从那里推论出来的那种政治统治权，因为这种权力在一切公民社会中是最高的，它会取消任何臣民对于任何一个其他臣民的政治上的服从。然而有什么统治者的法律能给一个孩子以自由，能不"孝敬他的父亲和母亲"呢？这是一个永恒的条律，虽然关于父母和儿女间的关系，其中绝不含有统治者的权力，也全不从属于它。

我们的作者说，"上帝给予了父亲以把对儿女的权力割让给别人的权利或自由"。我怀疑他能否全部"割让"受儿女"孝敬"的权力。然而不管怎样，我确信他对于同一权力不能既"割让"又保留。因此，假如统治者的主权，像我们的作者所说，"只是作为一个最高无上的父亲所享有的威权"，而统治者享有这种父权的全部——假如

一、权力的起源

"父亲的身份"是一切威权的源泉的话,统治者必然享有这样的权力——就不能避免地会出现,他的臣民即使是父亲,也不能享有对于他们的儿女的权力,不能享有受他们孝敬的权利,因为全部东西在别人手中,一部分仍归属自己是不可能的事情。因此根据我们的作者自己的学说,"孝敬你的父亲和母亲"一语不可能理解为政治上的隶属或服从,因为不论在《旧约》还是《新约》中,告诫儿女们"孝敬和服从他们的双亲"的条律,全是对那些父母也在这种政府之下并且在政治社会中同他们一起充当臣民的儿女们而说的。这样,按照着我们的作者的意思去命令他们"孝敬和服从他们的双亲",就意味着命令他们去做那些不享有这种权利的人们的臣民,由于这种享有臣民服从的权利已被全部赋与别人了;因此这种说法,不单不是叫人服从,反而由于是在不存在权力的地方树立权力而引起骚乱分裂;假如"孝敬你的父亲和母亲"这一诫命是指政治上的支配,它便直接推翻我们作者的君权。为什么呢?由于这是每一个孩子对他的父亲应尽的义务,甚至在社会中也是如此,那么每一个父亲就肯定享有政治的支配权,这样一来,有多少父亲,就会有多少统治者。除此以外,母亲也有这种权力,这就破坏了单一的最高君主的统治权。然而如果"孝敬你的父亲和母亲"一语所指的是与政治权力完全无关的别的什么意思——事实上必然是这样——那就不是我们作者的事情,对他的目的也毫无作用了。

我们的作者说:"教人服从君主的规条是用孝敬你的父亲一语来表达的,就仿佛一切权力本来都在于父亲身上一样。"但我说,这规条也包含在"孝敬你的母亲"一语中,就仿佛一切的权力本来都来源于母亲身上一样。我要求读者考虑这一方的论证是否和那一方的论证一样有道理,在《新约》和《旧约》中劝诫子女孝敬服从的地方,"父亲"和"母亲"都是相提并论的。其次,我们的作者告诫我们说,"孝敬你的父亲,这一诫命授予治理之权并使政府的形式成为君主政体"。对于这话,我的回答是,假如"孝敬你的父亲"一语是指对官长的服从,它便不涉及我们对我们的生父应尽的责任,由于依照我们的作者的学说,我们的生父已因权力全部归于君主而被剥夺了一切权力,这样他们与他们的儿女同样都是臣下和奴隶,既使是生父,也没有享受那含有政治隶属意味的"孝敬和服从"的权利。假如按照我们救主的解释(见《马太福音》第十五章第四节及上述其他一切地方),"孝敬你的父亲和母亲"是指我们对我们的生身父母应尽的责任,很明显这是对的,可是这样它便与政治服从无关,而只是对那些既没有享受统治权的资格,又没有像官长支配臣民那样的政治权力的人们应尽的一种义务。由于具有父亲身份的个人,与最高官长享有的服从权是两种格格不入的东西,所以这一诫命必然涉及我们的生身的父亲的个人,是指我们对生父应尽的职责,区别于我们对官长的服从,这种服从是极端专制的君主权所不能解除的。究竟这种职责是什么,我们在该讲到它时再加以考察。

  我们的作者假设亚当有"绝对无限的统治权",所以人类从来都是一生下来就是"奴隶",绝没有任何自由的权利。他提出来的似乎可以作为他的假设之论证的一切东西,我们终于全部考察过了。然而如果上帝的创造,只给予了人类以一种存在,而不是把亚当"造成""他的后裔的君主,"假如亚当(《创世记》第一章第二十八节)不是被确立为人类的主人,也没有被赋予一种除了对他的儿女外的"个人的支配权",而只是被给予了凡是人类子孙都共同享有的支配土地和下级动物的权利和权力,如果上帝(《创世记》第三章第十六节)也没有给予亚当以支配他的妻子和儿女的政治权力,而只是作为一种处罚,使夏娃服从于亚当,或者只是在有关家庭共同事务的处理上对女性的从属地位作了预测,但不曾因此而给予作为丈夫的亚当以必然属于行政官长的生杀予夺之权；如果父亲们不能因生育儿女而取得对他们的这样的支配权；假如"孝敬你的父亲和母亲"这一诫命也没有授予这种权力，而只是责成人子对双亲同样地应尽责任，不论他们是不是臣民都一样，并且对母亲也与对父亲一样；假如上述诸点都是对的……在我想来，根据上面所说的论证，这是十分清楚的……那么，不管我们的作者怎样坚决否认，人类确实具有一种"天赋的自由"。这是由于一切具有同样的共同天性。人从本性上说都是生而平等的，都应当享受共同的权利和特权，除非能把作为万物之主，并永受祝福的上帝用明白语言所表达出来的选任提供出来，用以表示某一个特定个人的优越性，要不然就应拿出一个人对一个上级表示服从而自己作出的承诺。这一点很显然，就连我们的作者自己也承认："王权的有力拥护者约翰·黑沃德爵士（Sir John Heyward）、布莱克伍德（Blackwood）和巴克利（Barclay）三人也不能否认，而异口同声地承认人类天赋的自由和平等"，认为这是无可置疑的真理。我们的作者所提出的任何论据，都远不能证明他的伟大主张——"亚当是绝对的君主"，所以"人类不是生而自由的"。他自己的论据也打了他自己的嘴巴，因此，用他自己的论证方法来说，"最初的谬误原则一旦失败，这个绝对权力和专制制度的庞大机构也就随之坍塌了"，至于对他在如此谬误和脆弱的基础上建立的一切理论，也就没有太多的必要给予答复了。

然而为省去他人的麻烦，在有必要的时候，他又不惜用他自己的矛盾来揭示自己主张的弱点。亚当的绝对和唯一的支配权是他无处不说到和一直拿来做依据的论点，可是他又告诉我们说，"亚当既然是他的儿子的君主，所以他的儿子们对他们自己的儿子也有支配力和权威。"这样，照我们的作者的推理方式，亚当的父亲身份所享有的无限和不可分割的统治权，只能维持很短的时间，只存在于第一代；当他一有了孙儿，罗伯特爵士便讲不通了。他说，亚当作为他的儿子们的父亲，"对于他们拥有绝对无限的王权，因此，对于他们所生的，仍至世世代代都有支配权，"可是他的儿子们——即该隐和塞特——同时对于他们的儿女也享有父权，所以他们同时既是"绝对的主"又是"臣下"和"奴隶"，亚当作为"他一族的祖父"拥有一切权力，但是他的儿子们作为父亲也有一份权力。亚当由于生育了他们，对他们和他们的后裔，具有绝对权力，但是他们根据同一资格，对他们自己的子孙也享有绝对的权力。我们的作者说，"不然，亚当的儿子们在他之下有权力支配他们自己的子孙，但仍须从属于最初的父母亲。"这种区分听起来十分好听，可惜却没有什么意义，与我们的作者的话也不协调。我满可以承认，假设亚当对他的后裔有"绝对的权力"，他的任何一个子女都可以从他那里得到对其余全体或一部分人的一种委托的，所以也是"从属的"权力。然而那却不可能是我们的作者在这儿所说的那种权力。这种权力不是一种由授予或委托而来的权力，而是相信一个父亲对儿子们应有的自然的父权，因为第一，他说，"亚当既然是他的儿子们的主宰，因此他的儿子们，在亚当之下，对于他们自己的儿子们，也有支配权"，那么他们按照同样的方式，也根据与亚当同一的资格——即是依据生育儿女的资格，父亲的身份——同样也是他们自己的儿子们的主宰；第二，很显然我们的作者的意思是指父亲们的自然权力，因为他把这种权力限制为只"对他们自己的儿子们"；而一种委托的权力是没有这种只对他们自己子女的限制的，除了对自己的儿女们以外，它还能支配别人；第三，如果它真的是一种委托的权利，它一定会见之于《圣经》，但在《圣经》上没有证据可以证明亚当的儿子们除了自然的父权外，对于他们自己的儿子，还有任何别的权力。

但是，他在这里只是指父权，而不是指其他权力，从他在后头紧跟着推论出来的话中是毫无疑问的。他说，"那么，我不知道亚当的儿子们，或任何人的儿子们，怎样可以免去对他们的父母的从属"，由此可见，我们的作者在这里所讲的一方面的"权力"和另一方面的"从属"，只是父子之间那种"自然的权力"和"从属"，由于每一个人的子女应当忠于的权力，不可能是别种权力，而我们的作者也常断定这种权力是绝对的和无限的。我们的作者说，亚当对于他的后裔享有父母对于他们的儿子应有的自然"权力"；我们的作者又说，这种父亲支配儿子们的权力，当他在世时他的儿女们对他们自己的儿女们也具有。于是，亚当依据父亲的自然权利，对他的一切后裔，都享有绝对无限的权力，而在同时，他的儿子们根据同一的理由，对于自己的后裔也有绝对无限的权力。于是这里就同时存在着两个绝对无限的权力，我倒愿意见到有人能把它们协调起来，或者使之合于常识，至于他插入"从属"的字眼，只能使他的话变得更不合理。让一种"绝对的，无限的"甚至是"不可限制的权力"，去从属于另一个权力，很明显是矛盾到无以复加的事情。"亚当是绝对的君主，具有父亲身份的无限权力，可以支配他的一切后裔。"那么他的一切后裔，都绝对是他的臣民，正如我们的作者所说的那样，是"他的奴隶"。"儿子们和孙子们同样处于这种从属和奴隶的状态之中"，但是我们的作者又说，"亚当的儿子们对他们自己的儿子们享有父权（绝对的、无限的权力）"，用简单的英语来说，这就是，他们在同一政府中，同时既是奴隶，又是绝对的君主，一部分臣民根据父亲身份的自然权利对另一部分人享有绝对无限的权力。

假如有人站在我们的作者一边，认为他在这里所说的意思是，本身从属于自己父母的绝对权力之下的人们，对于自己的儿子们仍然保有一部分权力，我承认，他这样的说法比较接近于真理，但是他这样做不会对我们的作者有任何帮助，由于我们的作者凡是在说到父权的地方，总是指绝对无限的权力，除非他自己对这种权力加以限制，并且指出它所能达到的限度，不然我们不能设想他会有任何别的理解。他在这儿所说的是指广泛的父权，由下面紧接着的话中可以看得很明白：他说，"儿子们的从属是一切王权的根源"。那么他在上面讲的"每一个人对他的父亲的从属"，因此也是亚当的孙子们对他们的父亲们的"从属"，这些都是作为一切"王权"——照我们作者的话，是绝对的，不能限制的权——根源的从属。这样，亚当的儿子们对自己的儿子们就享有"王权"，而他们同时又是他们的父亲的臣民，与自己的儿子们一样是臣民大众。但是让他喜欢怎样解释就怎样解释吧，很明显，他让"亚当的儿子们同其他一切父亲们对自己的儿子们享有父权一样享有父权"。由此，下面两种情况之一必然会出现：或者是亚当的儿子们在亚当在世时就和其他父亲们一样——用他的术语来讲——"根据父亲身份的权力，对于自己的儿子们享有王的权力"；或者是"亚当根据父亲身份的权利并不享有王的权力"；因为对于具有父亲权力的那些人来说，父权不是给予他们王权，假如他不给予的话，那么亚当就不能因父亲的身份而成为统治者，别人也不能如此，这样一来我们作者的全部政治学便立刻寿终正寝了；假如它确实给予王权的话，那么凡有"父权"的人都有"王权"，于是根据我们作者的父权制政府论，有多少父亲，就有多少君主。

这样，他确立了什么样的君主制，让他和他的信徒们自己去定义吧。君主们当然有很大的理由感谢他的这种新政治学，由于这种政治学在每一个国家里有多少父亲就有多少君主。可是依照我们的作者的原理来立论，这是不能避免的，谁能因此而谴责我们的作者呢？因为既然把一种"绝对权利"交给了"根据生育权而来的父亲们"，他特别难决定儿子对于自己生下的儿子们所享有的这种权力应当是多大，结果像他所做的那样，把一切权力都授予亚当，而当亚当在世，他的儿子们已做了父亲的时候，又要让他们享有我们的作者无法加以否认的一部分权力，这就成了一桩十分难办的事情了。这种困难使他在用语上非常模糊，在把他称为父权的这种绝对自然权安置在什么地方的问题上犹豫不决。有时只亚当一个人享有这样的权力。

有时："双亲"都具有这种权力，而"双亲"一词很少是仅仅指父亲一人的。

有时：父亲在世时的"儿子们"。

有时："家族中的父亲们"。

有时：泛指"父亲们"。

有时："亚当的嗣子"。

有时："亚当的后裔"。

有时："元祖们，挪亚的一切儿子们和孙子们"。

有时："最年纪大的双亲"。

有时：一切的王。

有时：一切有最高权力的人。

有时："最早的祖先——他们当初是全人类的生身父母——的嗣子"。

有时：一个选王。

有时：治理"国家"的人们，不管其是少数几个人，或是一群人。

有时：可以攫取这种权力的人——一个"篡位者"。

就这样，这个具有一切的权力、威力和治理权的"新的乌有先生"——这个用以指定和确立人民必须服从的君主和君位的"父的身份"——按照罗伯特爵士的见解，可以通过任何方式，归任何人所有，按照他的政治学可以把王权给予民主制度，能使篡夺者成为合法的君王。如果他的政治学竟能拥有这样巧妙的奇功的话，我们的作者和他的信徒们靠着他们万能的"父的身份",便做了大大的贡献,由于这个"父的身份"除了把世界上一切合法的政府推翻、摧毁,并代之以动乱、专制和篡夺以外,是没有任何别的作用的。

(七)论统治权的共同根源

在上面几章,我们已经看到我们作者心目中亚当的君主政治是什么,他所建立的君主政治是以什么权利为依据的。他着重强调的理论基础——即他认为最足以替将来的君主们引伸出君主专制的那些基础——有两项,那就是"父权"和"财产权";所以他提议用来"排除天赋自由说之各种谬误与障碍"的办法就是"维持亚当的自然的和个人的支配权"。依据这一点,他告诉我们,"统治的根据和原则必然要依赖财产权的起源"。"儿子对他们的父亲的从属是任何王权的根源";"世界上的一切权力或者是从父权派生,或是篡夺父权而来,此外再也找不出任何权力的其他起源。"至于怎样既说"统治的基本根据和原则必然依靠财产权的起源",又说"除父权之外没有任何权力的根源"而又不使自己陷入自相矛盾,我在这里且先不讨论。很难理解怎样会除了"父权"之外就"没有别的起源",而又说"统治的根据和原则依靠于财产权的起源"。因为"财产权"与"父权"是毫不相同的两码事,正如领地的主人不同于儿子们的父亲一样。我也看不出这两个论点中有哪一个与我们的作者所讲的关于上帝责罚夏娃的话(《创世记》第三章第十六节)"那就是授予治理权的原始的诺言"有什么一致之处。假如那就是治理权的起源的话;治理权的起源——根据我们的作者的自白——便既不是来自"财产权",也不是来自"父权",于是他引来证实亚当有支配夏娃之权的这句经文,必然与他所说的"为一切权力之唯一源泉"的"父权"相抵触;假如亚当对于夏娃具有像我们的作者所主张的那样的王权，那它必然是根据别的什么资格，而不是根据生育儿女的资格。

然而我让他自己去解决这些以及其他许多自相矛盾的地方罢，只要稍微留心读他的著作，任何一个读者都能找出很多这样的矛盾。现在让我们进而考察一下，看看"亚当的自然的和个人的支配权"这两种统治权的起源怎样能相互一致起来，以及怎样用它们来解释和确立后世君主的资格，按照我们作者的规定，这些君主只能从这些源泉中获得他们的权力。我们假定可以：亚当因上帝的赐福而成为全部地上世界的主人和唯一的所有者，其权限之广大，如同罗伯特爵士所期望的一样，让我们再假设：亚当凭着父亲的权利，而成为他的儿女们的绝对统治者，拥有无限的最高权力。我试问，在亚当死后，他的"自然的"和"个人的支配权"变成什么样呢？我确信我们的作者会答复说，它们要传之于第二代的子嗣，他在他的著作中有好几处地方就曾这样说过。然而这个办法可能做不到把他的"自然的"和"个人的支配权"传给同一个人；因为如果我们承认父亲的一切所有权、一切财产都应当传给长子（这一点还需要一些证据才能确定），于是长子依据这一个资格，继承父亲的一切"个人的支配权"，但是父亲的"自然的支配权"——父权却不允许由继承传给他；因为这是一种只凭"生育"儿女才获得的权利，对于不是自己生育的人，任何人都不能够享有这种自然支配权，除非我们假定一个人可以在不满足某种权利据以成立的唯一条件的情况下，对一切东西享有权利。因为，一个父亲，如果别无其他理由，只是因"生育"儿子一事，对于他的儿子们具有"自然的支配权"，那么没有生育这些儿子的人，自然不允许对于他们享有这种"自然的支配权"。因此，我们的作者说，"凡被生育出来的人，就因为他的出生一事，而成为生育他的人的属下"，这话无论对与否，都必然取得如下的结论，即一个人根据他的出生不能成为不曾生育他的兄长的属下，除非我们能够假定一个人可以根据同一理由而同时处于两个不同的人的"自然的和绝对的支配"之下，或假定这种说法是有道理的，即一个人只是因为是他父亲所生，因此由于出生应受他的父亲的"自然的支配"，同时，一个人虽然不是他的长兄所生，因为出生也要受他的长兄的"自然的支配"。

那么假如亚当的"个人的支配权"，他对万物的所有权，在他死后，是完全传给他的长子，他的子嗣的话（因为，如果不是这样的话，罗伯特爵士的君主制和"自然支配权"马上就垮台了），父亲因为生儿育女而获得的对子女的支配权，在亚当死后，他的已生育儿女的儿子们便根据与他们的父亲取得这种权利的相同资格，立刻平均分配这种统治权，这样基于"财产权"的统治权同基于"父权"的统治权，便被分离了，由于该隐作为子嗣，独自取得了基于"财产权"的统治权，而塞特和其他的儿子们则跟他平均分配了基于"父权"的统治权。这是对我们作者的学说所能作的最好的解释，在他赋予在亚当身上的两重统治权利中，如果不是其中之一全无意义，就是假如两种权利都必须同时成立的话，它们只能起到混淆君主权利，并在他的后代中把政府弄得乱七八糟的作用。因为他的理论是建立在两种统治的权利之上，这两种权利不能一起传袭，他也承认是可以分离的，因为他曾经同意"亚当的儿子们根据个人的支配权，各有不同的领土"。他使人对他的原则永远发生疑问，不知统治权究竟在什么地方，或我们究竟应服从谁，"父权"和"财产权"既是两种不同的权利，而且在亚当死后，便立刻落在不同的人的身上。两种权利中究竟哪一种应当让路呢？

关于这点让我们把他自己对我们所作的说明来加以检验。他引用格老秀斯的话告诫我们说："亚当的儿子们在他没有死以前，因为亚当的赏赐。指定或者某种的让渡，借着个人的支配权，已各有自己的权利领域；亚伯得有他的羊群和牧地，该隐得有他的田地和挪得的土地，在那儿建立了一座城"。讲到这里，当然需要问起，在亚当死后，这两人中究竟谁是统治者。我们的作者回答说是"该隐"。但他是根据什么条件呢？我们的作者讲："他是元祖们的许多继承人中的一个继承人；这些元祖是同族人们的自然的父母！他们不仅是自己的子孙的君主，而且是他们的兄弟们的君主。"但是该隐继承的是什么？他没有继承全部所有物，也没有继承亚当的全部"个人支配权"；由于我们的作者承认，亚伯由他的父亲分得权利，"借着个人的支配权，自己领有做牧地的土地"。那么亚伯根据"个人的支配权"而得到的东西，就不在该隐的支配权之内，因为他不能对于已经处于别人支配权下的东西，再具有"个人的支配权"，因此该隐对于他的兄弟的支配权，便随着这个"个人的支配权"而一道消失了。于是便暂时存在着两个统治者，而我们的作者所虚构的"父权"资格便归无用，该隐也不是他的兄弟的君主，要不然的话，假如在亚伯有"个人的支配权"的情况下，该隐仍旧拥有他对亚伯的统治权，其结果将是，不管我们的作者怎样持相反的意见，"治理权的第一个根据和原理"与财产权便没有别的关系。虽然亚伯在他的父亲亚当死去之前就先死了，但是这与论点无关，因为不论是说亚伯也好，塞特也好，或者任何一个不是由该隐所生的亚当的后裔也好，都能用这一论点来批驳罗伯特爵士。

当他说到"挪亚的三个儿子，由他们的父亲把全世界分配给他们"时，他也遇到同样的难题。试问在挪亚死后，我们在三个儿子中哪一个身上发现了"王权的建立"呢？假如三个儿子都有王权——我们的作者似乎是这样说的——那么王权是基于土地的所有权，是根据"个人的支配权"，而不是基于"父权"或"自然的支配权"了。

于是父权作为王权的源泉之说便要倒台，那大肆夸张的"父亲身份"也就完全消失了。假如把"王权"传给作为挪亚的长子和继承人的闪（Shem），那么我们的作者所说的"挪亚以抽签分配世界给三个儿子"一事，或者"他周游地中海十年，将每个儿子应得的土地指定"一事，都是白花气力。而且他把世界分配给三个儿子，是得不到任何好处或是达不到任何目的的，因为挪亚死后不管他生时的诺言怎样，闪都应成为他的兄弟们的君主，那么挪亚分给含和雅弗土地的诺言便没有什么价值了。要不然，如果这个授予他们以对于分得的土地的"个人支配权"的承诺是有效的话，于是便建立起了两种不同的权力，彼此互不从属，从而引来了他们收集起来用以反对"人民权力"的全部困难。关于这点，我想用他自己的话来讲，只把他的"人民"两个字改为"财产权"罢了。"地上世界的一切权利，或是从父权派生，或者是由父权的篡夺而得，除此之外，无论什么权利都没有任何别的起源；因为如果承认有两种权力，双方不相从属，那么谁是最高的权力，便发生永远不停的争议，两个最高的权力是永远不能协调的。如果父权是最高的，基于个人的支配权的权力便不得不从属和依存于它，反之，如果基于财产权的权力是最高的，父权便不能不屈居其下，没有财产所有者允许便不能行使，但这事必然会破坏自然的部署和进程。"这是他自己反对两种不同的独立权力的议论，我用他自己的话来说，只把源于财产权的权力替代了"人民的权力"而已。当他在这儿把他自己极力反对两种不同权力的论证答复了之后，我们可以更明白地理解他怎样能够从"亚当的自然的和个人的支配权"，从并不总是集中在同一个人身上的两种不同资格"父权"和"财产权"中，在一切可以接受的意义上，探寻一切王权的根源。从我们作者的自述中显然可以看出，在亚当和挪亚两人死后，继承问题发生的时候，这两种权力便立刻分开了。可是我们的作者在他的著作中，常常把它们混在一块,当他觉得它们适合于他的目的时,决不放过利用它们之中任何一个的机会。这种荒唐的理论,在下一章里将更加充分地显现出来,在下一章中,我们将对亚当传授统治权给后世国王的方法加以考察。

(八) 论最高君主统治权的转移

罗伯特爵士提出来作为亚当统治权的那些证据既不十分确切,他的关于统治权转移给后世君主之说,其遭遇也不一定好多少,如果他的政治学说是对的话,那么这些后世君主们都必须从亚当那儿取得他们的权力。他所拟定的转移权利的方法,散见于他的著作中,我用他自己的话说出来。他在序言里告诉我们说:"亚当是全世界的君主,他的后裔除得到他的授予或许可,或继承他之外,任何人都没有取得一切东西的权利。"在这句话中,关于亚当所有一切东西的转移,他提出两种方法,这就是"授予"和"继承","任何的王都被认为是或将被认作是最初的祖先——他们最初是全人类的生身父母——的逐代最近的继承人","不论是有多少人的一个人群,就其本身而言,其中必然有一个人被认为是亚当的最近的继承人,而自然具有做其余人们的君主的权利。"在这两处地方,他相信"承袭"是把君权转移于后世君主的唯一的方法。"地上世界的一切权利或是从父权派生出来,或是由篡夺父权得来。""现在和以往的一切君主是,或曾经是他们的人民的父亲,或者是这些父亲的继承人,或者是一些篡夺这些父亲的权利的人。"在这句话中,他把"承袭"或"篡夺"当作君主们获得这种根本权力的仅有的两种方法,但是他又告诉我们说:"这个父权的帝国,由于其本身原是世袭的,所以也可以由特许而让渡,也但是为篡夺者所夺取。"由此可见,承袭、授予、篡夺都能转移君主的权力。最后,最使人惊叹的,就是他说了这样的话:"君主们以什么方法——或是选举,或是授予,或者是继承,或是任何别的方法——取得他们的权力都无关紧要,由于使他们成为真正君主的,并不是获得王位的方法,而是以最高权力进行统治的方式。"我相信这句话是对他的关于以亚当的王权作为一切君主获得王权之源泉的全部"假设"和议论的一个充分的回答。如果要使一个人成为"真正的君主",只要"以最高权力统治,而与他获得权力的方法无关",那么他就可以省去很多麻烦,不必像他所做的那样,在书中各处,把继承人和承袭大讲特讲地讲了那么许多。

借着这种令人注意的方法,我们的作者可以使倭利佛或他随便想到的任何一个人成为"真正的君主",假如他自己有福气生活在马桑尼罗的政府之下,依照他自己的这个原则,他想必会忍不住对马桑尼罗输诚效忠,祝福他"吾王万岁!"由于马桑尼罗在前一天虽还是一个真正的渔夫,然而他以最高权力进行统治的方式使他成为一个"真正的"君主了。再者说,假使唐·吉诃德教导他的随从者以最高的权力进行统治,我们的作者肯定会成为桑乔·潘萨所居住的那个岛上一位最忠诚的臣民,而且在这个政府中,他一定拥有某种优遇,因为我认为他是第一个这样的政治家,他一方面自称把政府奠定在真正的基础之上并建立了合法的君主王位,同时又告诉全世界说,"凡是以最高的权力统治的人,不过问其取得权力的方法怎样,就是一个真正的君主"。用简单的英语说,这即是说,无论用什么方法,谁只要能够取得王权和最高权力,这王权和最高权力就真正地和正当地归他所有。假如这样就成为"一个真正的君主"的话,我真不知道他怎样还会想到有"篡夺者",以及到什么地方去寻找一个"篡夺者"。

这是一个如此奇特的论说,以致我惊异万分,连他陷入的许多自相矛盾的地方也匆匆掠过,并没有加以适当的考虑,这些矛盾包括他认为亚当的君主"威权"——最高的统治权——有时能够单靠"承袭",有时兼靠"授予"和"承袭",有时只靠"承袭"或"篡夺",有时又同时靠这三种方法,最后,还要加上能靠"选举"或"别的其他方法来传给后世的君主和统治者,使他们享有取得臣民的顺服和从属的资格"。这些矛盾是那样的明显,有普通理解力的人只要把我们作者的话念过一遍,就可以发现。我所引用的他的话——已远比他原来的话更连贯,更语调一致得多——虽则可以作为理由不必在这种论证上再去下太多的工夫,不过,我既以考察他的学说的主要部分自任,即令已有空前有力的证明,证实亚当曾经是全世界的绝对君主和主人,我还是要略为详细地考察一下,看看"承袭"、"授予"、"篡夺"或"选举"怎样能够依照他的原理在世界上以任何方式建立政府,或者怎样能够从亚当的这种王权中得到受人服从的合法地位。

(九) 论世袭下来的君主制

既使世界上应当有政府是极其明白的事;纵使所有的人都赞同我们作者的意见,认为神的意旨已把政府规定为"君主制",但是由于人们不能去服从那些不能命令指挥的人,而幻想中的政府概念尽管圆满正确到了无以复加的地步,它也是既不能颁布法律,也不能为人们的行动订立规章的;因之,要用它在人们中间维持秩序和建立政府以行使政权是不行的,除非同时教给人们一种方法怎样去认识谁是握有此种权力和行使这种支配他人之权的人。只是谈服从和顺从,而不告诉我们谁是我们应该服从的人,那是没有用的。因为即使我已完全心悦诚服地相信世界应有统治机构和法规,然而在有权利取得我的服从的人出现以前,我还是可以随意行动的。如果没有一种标志使人能认识他,并把具有统治权的他同别人区别开来,那么任何人以至我自己都可以是这样的人了。所以服从政府虽是每一个人的义务，可是这种服从只是服从那种有下命令的威权的人的指导和法律，而不是别的，因此，单使一个人相信世界上存在着"王权"，还不够以使一个人成为臣民，而必须有方法去指定和认识这个具有"王权"的人。一个人除非充分了解谁是有权对他行使支配权力的人，否则，他在精神上肯定不会感到有服从任何一种权力的约束力量。要不然，海盗与合法的君主之间便没有分别；一个强有力的人可以毫不费劲地受人服从，皇冠与王笏将会成为强暴和掠夺的遗产；假如人们不知道谁有权指挥自己，自己有义务应该服从谁的指示，那么人们也就可以随时和幼稚地更换他们的统治者，如同他们改换自己的医生一样。所以为使人民心悦诚服地尽他们的服从的义务，他们不但必须知道在世界上总是有一种权力，而且必须知道是哪一个人具有支配他们的权力。

我们的作者在亚当身上建立一个"君主的绝对权力"的愿望有多大的成绩，读者从上面说过的话里已可得出判断。但是纵使这个"绝对君主制"像我们作者所希望的那样一清二楚——我是持相反见解的——除非他同时也证明下述两件事，不然对于世界上现有的人类政府还是没有用处的：

第一，"亚当这种权力"不随他的死亡而结束，而是在他死后便全部转移给其他某一人，直到子孙万代都是这样。

第二，现在世上的君主和统治者是通过一种正当的转移方式得到这种"亚当的权力"的。

假如第一个条件不能成立，"亚当的权力"纵然庞大无比，对于现在的政府和社会也一点没有意义；我们不能不于亚当的权力之外，为一些国家的政府寻求别的权力根源，否则世界上便根本不存在政府。假如后一个条件不能成立的话，这就会摧毁现在的统治者的权威，解除人民对于他们的服从，由于他们跟别人相比，既然没对作为一切权威之唯一源泉的那种权力提不出更多的要求,自然也就没有统治人民的资格。

我们的作者曾经在亚当身上虚构一个绝对的统治权,提出几种将它转移给他的后继君主们的方法,然而他特别强调的是"承袭"的方法,这一点在他的几篇论文中经常都能见到,我在上章又已引过其中的几段,我不用在这儿再重复了。前面已经说过,他把这种统治权建立在一种双重基础之上,即"财产权"与"父权";前者被认为是针对万物的权力,即享有土地和地上的野兽以及其他低级生物,专供自己个人之用,把其他任何人都排除在外;后者被认为是他享有的治理和管辖人们,即除他以外任何人类的权力。

这两项权利,既被认为是别的一切人都没有的,则亚当一人必有其特殊的理由,作为掌有这两项权利的根据。

我们的作者假设,亚当的"财产权"是来自上帝的直接的"赐予"(《创世记》第一章第二十八节),而"父权"的权利则是从"生育儿女"的责任而产生的。就一切种类的承袭而论,如果继承人不继承他的父亲的权利所根据的理由,他就不能继承那以此为依据的权利;例如,亚当根据万能的上帝——万物的主人和所有者——的"授予"和"恩赐",对于万物具有一种所有权;就算这是像我们的作者所讲的那样,但是在亚当死后,除非拥有同样的理由——即上帝的"赐予"——也赋予了亚当的继承人以这种权利,则他的继承人不能有支配万物的权利,不能对万物取得"所有权"。因为假如亚当不得到上帝的正式的"赐予",就不能对万物享有所有权和使用权,而这种"赐予"又只是给予亚当个人的,这样亚当的"继承人"就不能具有继承它的权利,而在亚当死后,这种权利肯定再归还上帝——主人和所有者。因为正式的授予所给予的权利不能超过明文所载,这种权利也只有根据明文所载,才能得以保持,那么像我们的作者所主张的那样,那种"赐予"只是给亚当个人的,他的继承人不能继承他对万物的所有权,而假如这种权利是授予亚当以外的任何人的,就应该指明这种权利是只传给我们作者心目中的继承人即传给他的儿子们中的一个,而排除其他的儿子在外。

  然而我们不要跟着我们的作者走得离题太远了,事情明显是这样的:上帝既创造人类,便在他身上,正如在其他一切动物身上一样,种下了一种强烈的自我保存的愿望,也在这世界上准备了适于人类衣食和其他生活必需的东西,既能按照着上帝的旨意,使人类能在地面生存相当的时期,而且不要让一件如此奇妙的工艺品因为其自身的大意和必需品的缺乏,在生存不久之后便告死亡。我以为上帝创造了人类和世界之后,这样对人类说过——即是,指导人类通过他的感觉和理性(就像上帝通过扎根在下等动物身上的感觉和本能来达到相同的目的那样)来利用那些可供生存所需的东西和给予他以"自我保存"的手段。所以我毫不怀疑,在上帝宣布这些话以前(纵然假如这些话一定要理解为是用文字说出的),或者连这种文字形式的"赐予"都没有的时候,人类凭借上帝的旨意和特许就已经有了使用万物的权利。由于上帝既然已亲自把保存自己生命和存在的欲望(十分强烈的欲望),作为一种行动的原则,扎根于人的身上,"作为人类心中的上帝之声的理性"就只有教导他并且使他相信,按照他所具有的自我保存的自然趋向行事,就是服从他的创造主的旨意,因此对于那些通过他的感觉或理性发现出来并足以养生的东西,他就有权利使用,这样说来,人类对于万物的"财产权"是基于他所具有的可以利用那些为他生存所必需,或对他的生存有用处之物的权利。

  这就是亚当的"财产权"所根据的理由和基础,基于同一基础,这不但在他死后,而且在他生前,也给予他的一切儿子以相同的权利。因此,亚当的嗣子没有超过他的其他的儿女的特权,使他能够排除他们，不让他们享有利用下等生物来保存自己舒适的生存的相同权利，这种权利就是人类对于万物的"财产权"。这样说来，建立在"财产权"或者——像我们的作者所说的那样——建立在"个人的支配权"之上的亚当的统治权便变成虚气了。不论哪一个人都根据和亚当一样的权利——即根据一切人都具有的自我照顾和自谋生存的权利——有权支配万物。人类都共同享有这种权利，亚当的儿子们也与他共同享有这种权利。然而如果一个人已开始把某一种特定的东西看作了自己的财产（他或任何其他的人怎样能够这样做，将在别的地方说明），对这种东西、这件财产，假如他没有通过正式授予而另外作了其他处理的话，便自然传给他的儿子们，他们有继承和保有它的权利。

这里有理由问一问，在父母死后儿子们如何较他人为先地得到承袭父母财产的权利？父母在死时自己实际上既没有把这种权利转移给他人，为什么它不再归还给人类的共同财产呢？也许可以回答说，公众同意把它给予死者的儿子们。我们知道，公众的做法确是这样处理的；但是我们还不能说这就是人类共同的同意，因为这种同意从来就没有人要求过，实际上也从来没有被表示过。但是假如公众的默许已经确立了儿子的承袭权，那么儿子们继承父亲遗产的权利也只是一种人为的而不是自然的权利；不过在这种做法很普遍的地方，把这种事情看成是十分自然的，也不无理由。我想，其依据是这样的：上帝扎根在人类心中和镂刻在他的本性上的最根本和最强烈的要求，就是保存自己的要求，这就是每一个人具有支配万物以维持个人生存与供给个人使用的权利的基础。然而除此以外，上帝又在人类心中置下了繁殖自己种类和延续后代的强烈的要求，这种要求就给予儿子们以分享父母的"财产权"和承袭他的财产的权利。人类保有财产不只是为了自己，他们的儿子也有享有其一部分财产的权利，当父母死亡，不可以再使用财产，父母与其财产分离的时候，儿子们自己的这种权利便与父母的合并起来，全部财产全部归他们所有，这种情况我们称之为继承遗产。与保存自己一样，人们根据同一的义务有义务保存他们自己所生的后代，于是他们的后代便得有享受他们所有的财富的权利。从上帝的法则看来，儿子们具有这种权利是十分明显的，而人类确信其子女享有这种权利，从国家法律看也是显然的，这两种法律都要求父母供养子女们。

由于自然的过程，儿童生来弱小，不能自己供养自己。上帝既如此规定了自然的程序，他就亲身赋与他们这种权利，要父母养育和扶持他们，这权利不只是限于能够生存而已，而且包括在父母条件可能达到的范围内享受生活的便利和安适。所以当他们的父母离开人世，父母对儿子应有的照顾抚养完全停止时，这种照顾抚养的效果应该尽量长远地使其延续下去，父母在世时预备好的东西，像自然所要求的那样，应该被认为是留给儿子们的。儿子们是父母在自己身后，还有责任必须供应照顾的。纵使父母在去世时没有明白宣布，自然的意旨却指定了儿子承袭父母的财产。于是儿子便有资格，有自然的权利来承袭他们的父亲的财富，这是其余的人所不能妄想的。

要不是因为上帝和自然赋与儿子以享受父母养育扶持的权利，并且作为一种义务，使父母不得不这样做，那么说父亲应承袭儿子的财产，并且比他的孙子有优先承袭权，也不是没有理由。因为儿子的抚养教育要费去祖父很大的一番心血和经验，从公道出发，可以认为应该予以报酬。但是，祖父这样做，也是服从于自己的父母所服从的同一法则，依照这个法则，他从自己的父母那获得抚养和教育。而一个人从他的父亲所获得的教养，是用自己对自己的儿女的教养来补偿的（我的意思是说，除非因为父母目前的需要，要求将财物归还，以便维持他们的生活与生存，就应当采取财产权更换的办法，是多少就偿

一、权力的起源

还多少。由于我们这里说的不是儿子对于父母总是应该有的孝敬、尊崇和感激，而是以金钱来计算的财物与生活用品），但是这种对儿子的债务也不能完全抵消对父亲所负的责任，而只是基于自然之理使前者比后者优先罢了。因为一个人对其父亲负了债，在儿子还没有后代时，父亲有权掌管儿子的财产，在这种情况下，儿子的权利不能排除父亲的承袭权。所以一个人在有需要时具有享受儿子抚养的权利，而且在他除了给予儿子和孙子的必须供应之外还有余裕时，他也有从儿子方面享受安乐生活的权利，假如儿子死了没有所出，父亲自然有权来享有他的财物和承袭他的财产（纵然有些国家的民法悖于常理另有其他规定），然后，再由他的其他儿子和后者的所出承袭他的。假如仍没儿孙的话，就由他的父亲和父亲的后人承袭，然而如果连这些也没有——即是连亲族也没有的话——我们看到私人的所有就归之于社会，在政治社会内，是落入公共官长的手中，而在自然的状态中，这种财产则再一次完全公有，所有人都无权承袭它，也没有任何人以不同于其他自然共有物的方式对这些东西具有财产权。关于这点，我将在适当的地方再加以论述。

我因此用了较大的篇幅，指出儿子有权承袭父亲的财产的理由，不单是因为从这种理由中，可以明显看出亚当即使有对全地面及其产物的所有权（一种名义上的、无意义的、无用的所有权，由于他有责任拿他来养育和维持他的子孙，这种所有权便只能是如此而已），但他所有的儿子凭着自然的法则和承袭的权利，获得共同享受的资格，并在他死后，取得其财产的所有权。然而这种所有权不能给他的后裔中任何一个人带来统治其余的人的统治权，这是由于既然每一个人都有承袭他自己那一部分的权利，他们应该共同地享受他们所承袭的财产的全部或一部分，或分而享之，他们觉得怎样最合适就怎样办。但是没有人可以要求承袭全部财产，或任何与之相连的统治权。而对儿子承袭父亲财产的理由细致地加以考察，是因为他可以更好地说明白"统治权"和"权利"的承袭问题。在有些国家里，他们各自的民法把土地的所有权完全给予长子，权力的继承也是依照这种习俗而传给人们，有的人就容易为这种现象所迷惑，而认为对"财产"与"权力"两者都同时存在着一种自然或神授的长子继承权，认为对人的"统治权"和对物的所有权乃是从同一的根源产生，也应依照同样的法则承袭下去。

财产权的最初发生是由于一个人有权利来利用低级生物供自己的生存和享受，它是专为财产所有者的福利和独自的利益的，所以在必要的时候，他甚至可以为了使用它而把他拥有所有权的东西加以毁坏。然而统治权却不一样，它是为了保障个人的权利和财产，以保护其不受他人的暴力的侵犯而设，是以被治者的利益为目的；统治的剑是为了要使"做恶事者恐怖"，借这恐怖逼使人们来遵守社会的明文法律，这种法律是按照自然的法则而制定的，是为公众谋利益的，也就是说，在公共法规所能够提供的范围内为社会的所有的成员谋利益。这剑不是单为统治者自己的利益而给予他的。

所以按照前面的说明，儿子们由于要依靠父母养活而有权利承袭父亲的财产。这种财产由于是为他们自身的福利和需要才属于他们所有，因此把财产称为物资（goods）是合适的。依照任何上帝或自然的法则，长子都没有独占这份财产的权利或其他特殊的权利，他的和他的弟兄的权利同样基于他们必须靠父母养育、扶持和过舒适生活的那种权利，除此以外，别无其他根据。所以政府是为被治者的福利，而不是为统治者独自的利益而设定的（只是因为他们是那个政治团体的一部分，他们才和其余人一起，作为这个团体的一部分和成员而受到政府照管，并按照社会的法律，各尽其职能，为全体谋福利），所以政府不能凭着与儿子承袭父亲财产同样的权利来承袭。儿子有权利从他的父亲的财产内取得生活的必需和便利来养活自己,这种权利使他有权为了自己的利益而继承他的父亲的财产,然而这不能使他也有权去继承他的父亲对他人的"统治"。儿子有权向父亲要求的一切是教育和抚养,以及自然所提供的来维持生活的东西;但他没有权利向他要求"统治权"或"支配权"。他能不须有为了他人的福利与需要而赋与他的父亲的"帝国"和"支配权"(如果他的父亲具有这个的话)而生活下去,只须从他的父亲那里得到他当然应得的那部分生活品和教育的福利。因此,不允许儿子凭着一种完全是基于他自己私人的好处和利益的权利来要求统治权或承袭统治权。

我们只有知道别人向他要求承袭权的第一个统治者怎样取得他的威权,一个人根据什么理由获有"最高统治权",他凭什么资格拥有这种权力,然后我们才能知道谁有权继承他,从他那里承袭这种权力。假如最初把一根王笏交给一个人的手上或给他戴上王冕的是人们的同意和许可的话,那么这也必然是指定其传袭和移转的方法,因为使第一个人成为合法"统治者"的权力也必然会使第二个人成为合法的统治者,这样它便也给予了王位的继承权。在这种情况下,继承习惯和长子继承权本身都不能成为承袭王位的权利或口实,除非建立政府的形态的人民公意是用这种办法来解决王位继承问题的。因此,我们看见在一些不同的国家里,王冠的承袭是落在不同的人头上,在一个地方根据继承权利做君主的人,在别一个地方可能会变为一个臣民。

假如上帝以他正式的授予和宣告的启示最初给予某人以"统治权"和"支配权",那么一个声称有这种权利的人也必须从上帝那里取得关于他的继承权的正式授予。但是假如上帝没有规定这种权力传授和移转给他人的途径,那就没有人可以承继最初的统治者的这种权利,他的儿女也没有承袭权,除非上帝——这种制度的创制者——有命令，长子继承制也不允许成为要求的根据。例如我们看见扫罗由上帝的直接指定而获得的王位，在他死去以后，他的家族对王位的继承权也就没有了；大卫王按照与扫罗登位同样的资格——即是上帝的指定——继承王位，而排除了扫罗的儿子约拿单的一切继承父权的要求。至于所罗门所以具有继承他的父亲的权利，也定然是基于别的资格，而不是根据长子继承制。弟弟或姊妹之子假如也具有与第一个合法的君主同样的资格，那么在王位继承上必然享有优先权。在支配权只凭上帝正式指定的情况下，只要上帝有命令，最小的儿子便雅悯可以和同族中最初拥有这种权利的人一样，也肯定能承袭王位。

假如"父权"、"生育儿女"的行为给予一个人以"统治权"和"支配权"，那么继承和长子继承权就不能给儿子以这种权利；由于不能继承他的父亲的生育儿女这种资格的人，也不能像他的父亲那样，根据父权而有支配自己兄弟之权。不过，关于这点，在后面我还要更多地加以说明。同时，有一点是需要明白的，就是一个政府，不管它当初是被认为建立在"父权"、"人民的公意"或是"上帝自己的正式指定"哪一种基础之上，其中任何一种都可以取代其他一种而在一个新的基础上开始一个新的政府——我的意思是说，在上述的任何一个基础上开始创建的政府，依据继承的权利，只能够传给那些与其所继承的人具有同等权利的人。基于"社会契约"的权利，只能够传给那些依照该契约取得权利的人；基于"儿女生育"的权利，只有"生育儿女"的人才可以享有；基于上帝的正式"授予"或"赐给"的权力，只有这种授予根据继承权利规定授给的人才能拥有这种权利。

由前边我所讲的，我以为有一点是很明白的了，即利用万物的权利，本来是基于人类具有的维持自己生活和享受生活便利的权利，儿子具有继承父母的财产的自然权利，是基于他们具有从他们父母的财产蓄积中取得同等生存与生活物资的权利，而他们的父母在自然慈爱的教导下，把他们作为自己的一部分来抚育他们，这一切全都是为了财产所有者或继承者的利益，不能作为儿子们继承"统治权"与"支配权"的理由，这些权力具有另外的根源和不同的目的；长子继承权也不允许作为借口来单独承袭"财产"或"权力"，这在后面适当的地方，我们将会看得更清楚。在这里只要明白一件事就足够了，这就是，亚当不能把任何统治权或支配权传给他的嗣子，他的子嗣由于没有承袭他的父亲的一切的所有物的权利，因此不能取得支配他的兄弟们的统治权；因此，纵使亚当由于他的"财产权"而使他具有了任何统治权——实际上并非如此——这统治权已也随他的死亡而告终止了。

亚当的统治权——假如因为他是全世界的所有者而对人类有支配权的话——不可能为他的某一个儿子所承袭，而支配其余的儿子，因为他们大家都有分得遗产的权利，每一个儿子都有权获得他的父亲的所有的一部分；所以亚当根据"父权"而取得的统治权——如果他有这种权的话——也不能传给他的儿子中的任何一个，因为如我们的作者所说，这是一种凭着"生育儿女"而取得的对其所生者的权利，它不是一种可以继承的权力，因为这是一种导源于并建立在纯属私人性质的行为上的权利，因此由它而来的那种权力也是一样，是不能承袭的。父权既是一种自然的权利，只源于父子的关系，它不能被承袭就像这种关系本身不能被承袭一样。如果一个人可以承袭父亲支配儿子们的父权的话，那么他作为继承人，照样能声称具有承袭丈夫对妻子的夫妇之权。因为丈夫的权力是基于契约，而父亲的权力是基于"儿女的生育"；如果他可以承袭由"生育儿女"而来的权力（除非生育行为也可以成为一个没有生育儿女者便可享受的权力的一种资格，这种权力只能及于生育儿女者他本人，而不能及于别人）他便同样可以承袭那由私人性质的婚姻契约而取得的权力了。

　　这就使人可以有理由提出一个问题,亚当既然死在夏娃之前,他的嗣子(比方说该隐和塞特)根据承袭亚当的父权的权利,是否对他的母亲夏娃具有统治权呢?由于亚当的父权不过是因生育儿女而取得的一种统治儿女的权利,因此,即便照我们作者的意思来说,承袭亚当的父权的人,除了亚当因生育儿女而获得的统治儿女的权利外,没有其他东西可以承袭;所以,嗣子的君权不会包括夏娃,假如包括夏娃的话,那么这种君权即不过是亚当传袭下来的"父权",其嗣子必然是因为亚当生育了夏娃而获得统治她的权利的,因为"父权"不是别的东西,只是同生育儿女有关的事情。

　　或许我们的作者会说,一个人可以割让他对他的儿子的支配权,凡是由契约可以移转的东西,也可以由承袭而取得。我认为,一个父亲不能割让他对儿子的支配权。他也许可以在某种程度上放弃此种权力,但不能加以转移;如果有别人获得这种权力,那也不是由于父亲的许可,而是由于那人自己的某种行为。例如一个父亲违背天性,对自己的孩子不加以爱护,把他出卖或送给别人,而这个人又抛弃了他;第三个人发现了他,把他当作自己儿子一样的养育、抚爱和照顾。在这种情况下,我相信没有人怀疑,儿子的孝顺和服从应该大部分献给他的义父,或作为一种报酬偿还给义父;假如其他两个人要向他索取什么,那只有他的生身父亲还有权利。他也许已经丧失了包含在"孝敬你的父亲和母亲"这条诫命中的大部分对他应尽的义务,但他没有将任何权利转移给别人之权。购买儿子而不照管他的那个人,凭着他的购买行为和生父的认许,得不到享受儿子孝敬的权利,只有那个凭着自己的权利,对那个垂死的弃儿代尽了父亲的职责和照顾的人,由于父母的抚养之恩,才使自己获得享受相应程度的父权的权利。在考察父权的性质时,这点将更容易为人所接受,关于这一点请读者参阅本书第二卷。

再回到目前的论证,有一点是十分明显的:父权只是由"生育儿女"得来(我们的作者把它作为父权的唯一根据),既不能"转移",也不能"承袭";没有生育儿女的人不能取得基于"生育"而来的父权,就像一个人没有履行某种权利所依据的唯一条件就不能有某种权利一样。如果有人问,父亲支配他的儿子的权力是根据什么法律的,我可以答道,那无疑是根据"自然"的法则,自然给予他以支配他所生的儿子之权。如果又有人问,我们作者所说的嗣子根据什么法律获得承袭的权利,我以为也可以回答说是根据"自然"的法则;因为我没有看见我们的作者引用《圣经》上的一个字来证明他所说的这种嗣子的权利。"自然"的法则之所以给予父亲以支配儿子的父权,是因为父亲确实"生育了"儿子,如果同一样的"自然"的法则拿同一样的父权给予嗣子,使他支配并不是他所生育的兄弟们,这样推论的结果,不是父亲没有因生育儿女而获得父权,就是嗣子根本没有这种权利,两者必居其一。不然很难理解"自然"的法则——也即是理性的法则——既因"生育儿女"这个唯一的理由,而给予父亲以支配儿子的父权,怎样又可以不需要这个唯一的理由(换句话说,即没有任何理由)而给予长子以支配他的兄弟之权。如果长子根据自然的法则可以承袭这个父权,而不须具有这种权力所根据的唯一的理由,那么最小的儿子也可以拥有这种权力,乃至于外人,也和长子与最小的儿子一样可以有这种权力了;因为既然只有生育儿女的人才有父权,那么在没有任何一个人具备这种条件的地方,便是一切人都有同等的权利了。我确信,我们的作者拿不出什么根据来,假如有人能提出的话,我们将在下面探讨,它是否能站得住脚。

同时,假如说依照自然的法则,一个生育儿女的人有支配他所生的儿女的父权,因此依照自然的法则,没有生育他们的嗣子也有支配他们的父权的话是有道理的，那么我们也可以说，依照自然的法则，一个人因为是另一个人的亲属，并且大家都知道与他同一血统，有了承袭此人财产的权利，所以根据同一自然法则，一个完全不属于他的血统的陌生人也有承袭他的家产之权也同样有理。换一种情况说，假使国家的法律只给予那些保育和抚养自己的孩子的人以支配他们的绝对权力，能有人硬说这种法律赋予了那些没有做过这种事的人以对不是他自己的儿子的那些人的绝对权利么？

所以如果能够说明夫权可以属于不是丈夫的人所有，那么我相信，我们的作者所说的因生育而取得的父权可以为一个儿子承袭，继承父权的嗣子可以拥有支配他的兄弟们的父权，并且依照同一原则也应当具有夫权，这些便也都可以得到证明。但是在这点没有得到证明之前，我以为我们可以放心地确信，亚当的父权，这种"父的身份"的统治权——假如真有这样的权力——不能传给他的第二代的嗣子，也不能为他所承袭。"父的权力"（如果这个名词对于我们的作者有用的话，我很可以承认它）永远不能消失，只要父亲存在一天，父权便不会消失；但是所有父亲中没有一个人具有亚当的父权，或者从亚当处取得他们的父权，只是各个父亲都根据与亚当享有父权同样的资格而具有各自的父权，即是根据"生育"而不是依据承袭或继承，其情况正如丈夫们的夫权不是由亚当那里承袭一样。这样我们就可以看出，正如亚当并不具有那种足以使他对人类拥有"统治权"的"财产权"和"父权"一样，他那建立在这两种资格中任何一种之上的统治权（假如他真的有这种权的话）同样地也不能传给他的嗣子，而必然随其死亡而终结。因此，如上面所证明的，亚当既然不是君主，他那虚构的君位也不是能传袭的，所以现在世界上的权力不是属于亚当的权力；因为在"财产权"或"父权"方面，亚当所有的一切，依据我们作者的理论，肯定要随其死亡而告终止，而不能以承袭转移给他的后代。在下章中，我们将考察一下，看看亚当是否曾有如我们作者所讲的那样的嗣子，来承袭他的权力。

（十）论君权的继承者

我们的作者告诉我们："任何一群人，不论是大群或小群，即便是从五湖四海和天涯地角聚拢在一起的，从这群人的本身看来，在这群人中肯定有一个人，由于是亚当的嫡嗣，而天生有权利做其余一切人之王，其他一切人都应当从属于他；一个人生出来不是王就是臣民，这是一条不可否认的真理"。他又说："假如亚当自己还活着，现在快要死去，也必有一个人——在世界上只有一个人——是他的嫡嗣，这是毫无疑问的。"假如我们的作者喜欢的话，假设这"一群人"全是世间的君主，那么依据我们作者的法则，"他们当中便有一个人天生就有做其余一切人的王之权利，由于他是亚当的嫡嗣。"这真是一个绝妙的办法，它通过设立成百上千的君主资格（如果世界上有那么多君主的话），树立起许多有君主资格并获得他们的臣民服从的人，来和现在统治着的君主相对立。这些人的君主身份，依照我们作者的意见，和现在处于统治地位的君主是同等有效的。倘若"嗣子"的权利有任何效力的话，假如像我们的作者要说的那样，这是"上帝的意旨"的话，岂不是一切人，从最高贵的到最卑下的都要做他的臣民吗？那些具有君主称号而不具有做"亚当的嗣子"之权利的人们，能够凭借这个地位要求他的臣民服从，而不受同一法则的拘束自己对别人服从吗？所以只有两种可能，首先是不能以亚当的嗣子的资格而要求或据有世上的统治权，假如是这样的话，提出这一理由便没有意义，是否亚当的嗣子对于取得支配权资格也就全无关系了；或是像我们的作者所说，亚当的嗣子真的是具有政府与统治权的真正条件，那么首先要做的事，就是找出亚当的真正嗣子，将他拥立为王，然后世上的一切国王都走来把他们的王冠和王笏奉还给他，因为这些东西对于他们的臣民一样，已经不属于他们了。

因为要不是亚当的嗣子既然有权做世间任何人（他们聚在一起便形成"一群人"）之王的权利，对于确立一个合法的君主并不是一种必要的权利，因此没有这种权利也可以有合法的君主，君主、君位和君权都不依靠它；要不就是全世界的君王除一个之外全部是不合法的，因而就无权使人服从。要不是亚当的嗣子的地位是拥有王位，和有权获得人民服从的依据，这样便只有一个人可以有这资格，其他的人都是臣民，不能向与自己同样是臣民的其他人要求服从，要不就是这个资格不是君主借以统治和享有要求人民服从的依据，这样，假使没有这种资格，君主还是臣民，两者必居其一。这种亚当嗣子的自然统治权的梦想，对于取得服从和进行统治都毫无用处；因为假如君主们不是，也不可能是亚当的嗣子，却同样享有统治的权利和要求臣民服从的权利，他们没有这种资格我们却也必须服从他们，那么这种资格又有什么用处呢？既然他们没有这种资格，我们就完全没有服从的义务；因为对于一个无权命令的人，我并没有服从的义务，这样说，我们便不受任何拘束，都是自由的了，除非我们的作者或他的任何代言人能向我们指出亚当的真正的嗣子是谁。假如亚当的嗣子只有一个，世上就只能有一个合法的君主，在谁是亚当的嗣子还没有解决以前，所有人都不能够心悦诚服地被逼着去服从，因为也许一个不为人所知的年轻一代中的任何人就是亚当的嫡裔，而其余一切人彼此都有同等的地位。倘若亚当的嗣子不止一个，则每一个人都是他的嗣子，每一个人都有王权；因为假如两个儿子可以同时是嗣子，那么所有的儿子同样都是嗣子，这样一来，一切人由于是亚当的儿子，或者是他的儿子的儿子，便都是嗣子，这两种情况必居其一，嗣子的权利不能介于这两者之间；因为根据这种说法，或只有一个人是君主，或者全人类都是君主，无论是哪一种情况也好，统治和服从的纽带都会因此而被瓦解。因为假如一切人都是嗣子，他们对任何人便都没有服从的义务；如果只有一个人是嗣子，在他没有为人所知，和他的地位身分没有得到确立之前，谁也没有义务，必须对他服从。

从古到今，为患于人类，给城市带来破坏、国家人口绝灭以及世界和平被破坏等很多灾祸的最大问题，不在于世界上有没有权力存在，也不在于权力是从什么地方来的，而是在于谁应当具有权力的问题。假如这个问题的解决，其重要性不亚于君主们的安全，以及君主领地和国家的和平福利，在我们看来，一个政治学的作家在解决这个问题上应该给以很大的注意，并且观点应该非常清楚，因为如果这一点还有争论的余地，其余一切便没有什么意义了。用极权主义所能带来的一切光辉和诱惑来装点权力而不说明谁应当具有这种权力，结果只能更加刺激人们去发展其自然的野心（这种野心本身，原本就极其容易走向极端），使人们更加热衷于争权夺势，从而为不断的斗争和扰乱种下永久的祸根，使本属政府的任务和人类社会目前的和平及安宁倒不可得到了。

我们的作者更有解决这问题的责任，因为他们断言"国家权力的授予是神的规定"，这话使得权力本身及其转移都成为神圣的；所以便没有任何权力，也不会有任何考虑，可以从根据神权被授予了这种权力的人手中将其夺去；也没有任何需要和办法能用别人来代替他。因为如果"国家权力的授予是神所规定"，而亚当的"继承人"就是用这种方式"被授予"以及这种权力的人（见前面一章），据我们的作者说，假如任何不是亚当的继承人登上了王位，其亵渎神圣的程度之大，宛如在犹太人当中，一个不是亚伦的后裔当了"祭司"一样。理由是这样的："不独"祭司的职权"一般是出自神的规定，并且，它的指定"只能为亚伦一族及其后裔所专有这条规定，就使得这个职位不能为亚伦的子孙以外的任何人所享受或行使。因此，亚伦的后裔的继承，人们都慎重地遵守，由于这个原故，人们都能确切地知道谁是具有充任祭司资格的人。

现在，让我们看看，作者为了让我们知道谁是这个"根据神的规定具有充当全人类君主之权的继承人"到底下了多大的工夫。我们看到的关于他们的第一次叙述是这么说的："子孙的这种从属既是一切王权的源泉，出自上帝自己的意旨，因此国家的权力不单一般出自神的规定，而且它特定地指定授予最年长的两亲"。像这样重大的事情应该说的明白，以便尽量减少可疑或者意义模棱两可之处；我以为如果言语能够清楚明确地表达一种概念的话，则亲缘或血统上不同程度的亲疏等一类名词就是可用的言语之一。所以我们本来希望我们的作者在这儿应该用一种较为明白易懂的词句，好教我们更加易于理解，谁是"神所规定被授予国家权力"的人；至少，他也应该告诉我们他所说的"最年长的两亲"是什么意思；因为我相信，假如已经把土地授予或赏赐给他，和他族中的"最年长的两亲"，恐怕他也会认为有必要请人把这个名词给他解释一下，并且他也很难知道这土地在他身后应属于什么人。

在恰当的语言中——在这类性质的论文中，恰当的语言是非常必要的——所谓"最年长的两亲"不是指最年长的男人和女人，就是指最早有儿女的男人和女人，那么我们的作者的论断即是说，在世的时间最长或者生儿育女最早的父母"根据神的规定"有拥有"国家权力"之权；如果这话有什么悖谬，我们的作者应负其责；假如他的意思与我的解释不同，那也应该归咎于他没有把话说清楚。我坚信，"两亲"一词，决不能单指男性的嗣续，而"最年长的两亲"也决不能指一个婴孩……不过，如果其能只有一个，他可能就是真正的继承人。然而虽有"神的规定的授予",我们仍旧对于国家权力应归属何人,感到茫然,就好像完全没有过这种授予一样,或者我们的作者什么也从来没有说过一样。"最年长的双亲"一语,使我们对于谁是依据神的规定而应具有国家权力一事,比起那些从来没有听到过亚当的嗣子或者继承(这个词,我们的作者说得满篇都是)之类话的人,更加糊涂。他的著作的主要内容虽是教人要服从那些有被人服从的权利的人,而这种权利,据他说,是世代承袭的,然而哪些人是应真正有这种世袭权力的人这一点,就如同是政治学中的"炼金术者的点金石"那样可望而不可即,任何人从他的著作中都发现不出来。

当他自己想要说什么的时候,好像罗伯特爵士这样一个伟大的语言大师,说了这种意义含糊的话,决不能归咎于他缺乏语言知识,因而我恐怕由于他体会到用神的规定来决定继承的规则是多么困难,或者体会到即使肯定了这种传袭的规则,至于达到他的目的,或者是在有助于搞清楚与肯定君主地位上只能起多么小的作用,所以宁肯满足于使用暧昧和笼统的名词,让人听起来不那么刺耳,使得人们乐于接受,而不愿提出任何关于亚当的这种"父权"传袭的明确规则,让人们在心理上对于传给何人感到满足,并且知道哪些是有掌握王权权利,由此取得他们的服从的人。

否则,罗伯特爵士既然那样强调"传袭"、"亚当的继承人"、"下一代的继承人"或"真正的继承人"等名词,他怎么可能竟然从来不告诉我们"继承人"是什么意思,也不指出认定谁是"下一代的"或"真正的继承人"的方法呢?我不记得他在什么地方曾经把这个问题明白地处理过,而是在碰到这个问题时,只很当心地,并且很犹豫地接触它一下;他这样做是很必要的,否则一切建立在他的那些原则上的政府和服从都没有意义;那个无比完善的"父权"对于任何人也就没有用处了;因此,我们的作者告诉我们说,"不仅是权力的一般结构,而且只限定于一种类型——即君主制——以及决定它须归于亚当这一特定的个人及其后裔……这就是上帝的三道法令。不管是夏娃还是她的子孙都不能限制亚当的权力,也不能把别人与亚当联系在一起,凡给予亚当的权利,先给予他个人,而后由他转给他的后裔。"在这个地方,我们的作者又告诉我们"神的意旨"限制亚当的君权传给谁呢?作者说"传给亚当的世系和后裔",这真是一种极特别的限制,对整个人类的限制。假使我们的作者能在人类之中找出一个不属于亚当的"世系"或"后裔"的人来,这个人或许可以告诉他,谁是亚当的下一代继承人,但是就我们而言,我对于这种把亚当的帝国限制于他的一"系"或"后裔"的办法怎么能够帮助我们找得到"一个继承人"是感到十分失望的。我们作者的这种"限制"诚然可以为那些想在兽类中去寻找"继承者"的人节省一些劳苦——如果其中有任何这样的继承者的话——然而这对于在人类中发现"一个下一代继承人"却不会有什么贡献。固然,告诉我们说,亚当的世系及后裔应拥有王权,是一个解决亚当王权传袭问题的简易方法,用最浅易的英语来说,任何人都可以有这种权力,因为活着的人,哪一个不具有亚当的"世系"或"后裔"的身份,只要这种身份存在着,它就属于我们作者所说的由上帝意旨规定的限制范围之内。不错,他还告诉我们说"这种继承人不独是自己的子孙之主,并且是自己的兄弟们之主",由这一句话以及由后面的一些话(这点我们很快就要加以说明),他似乎暗示,最长的儿子便是继承者,但是照我所知,他并没有在任何一个地方直截了当地这样讲出来,不过根据他在后头所举的该隐和雅各的例子,我们可以认为这一点是他关于继承人的意见,即在说,如果有许多儿子的话,最长的儿子具有充当嗣子的权利。不过我们已经说明了,长子的继承制是不能够给予任何父权资格的,我们也不难承认,父亲可以有某种支配儿子的天赋权利；然而如果说长兄具有支配其兄弟们的权利，则仍旧有待于证明。就我所知，上帝或"自然"从没有在任何地方给予长子这种统治权，理性也无法在一群兄弟中找出这种天然的优越性。摩西的法律规定给长子两倍的财产和物品，但是在任何地方我们都未曾发现他天生地或是根据上帝的规定享有优越地位或支配权。我们的作者所举出的例子，不过是长子享有国家权力和支配权资格的一些微弱的证据，更确切地说，他们倒是说明了与其相反的情况。

在前头引用过的一段话中还这么说："因此，我们见到上帝曾对该隐这样说及他的兄弟亚伯：'他必恋慕你，你却要制服他'。"对于这句话，我可以这样解答：第一，上帝对该隐说的这些话，有很多注释家很有理由地从与我们作者所用的意思的方面去理解。第二，无论这话是怎样的意思，都不能够理解为该隐以长兄的身份对于亚伯享有天赋的支配权，因为这句话是以"倘若你做得好"为条件的，并且是对该隐个人说的，所以不论这话所指的是什么，都要看该隐的行为而定，而不是根据于他的天赋权利，因而这话决不可能是一般地确定长子支配权。因为在未说这话之前，照我们的作者的意思，亚伯本来"根据个人的支配权有他自己的土地"，如果"依据神的规定"，该隐以继承人的头衔应当承袭他父亲的一切支配权，亚伯就不可能具有"个人的支配权"，而更不对嗣子的权利构成侵犯。第三，如果上帝是有心拿这话作为长子继承权的特许状，和一般地许予长兄们以根据继承权而取得支配权的诚诺，那么我们就可以料想，这必然包括他的所有的兄弟们，因为我们可以假定，在那时人类已由亚当繁衍起来，这些儿子也已经长大成人，而且所生育的儿子比该隐和亚伯还多，而亚伯在《圣经》中只不过提一提就过去了，原先的词句，依照任何正确的结构，都是很难适用于亚伯身上的。第四，把那样关系重大的学说建立在《圣经》中。用如此可疑和含糊的文句，未免过分是了，因为这文句尽可以作别的不相同的解释，甚至还更加稳妥一些，所以只能把它当做一种拙劣的证据，其可疑的程度与要用它来证明的事情不相上下，尤其是在《圣经》上或理性上都找不出别的什么赞同或是支持这种说法的东西。

我们的作者接着又说："因而，当雅各买了他的哥哥名分，以撒就对他这样祝福道：愿你作你的众弟兄的主，你母亲的众儿子向你跪拜。"我想这便是我们的作者提出来证明支配权基于长子的名分的又一例证，并且是一个很值得赞赏的例证；因为一个替君主的自然权力辩护，而反对一切契约的人说，拿出来做为证据的一个例子，其中所说到的一切权利，照他自己的论述，却完全是基于契约，并把帝位决定给予幼弟，除非买卖不算契约，不然他的这种推理方法，不能不说是异于寻常的。因为我们的作者明明告诉我们说："当雅各买了他的哥哥以扫的长子名分"。可是我们姑且置此不论，来考察一下史实本身，看看我们的作者怎样应用它，我们便可以发现他有以下的错误：

第一，当我们的作者报道这事时，就像在雅各买了"长子名分"之后，以撒马上就祝福他似的，因为他说"当雅各买了……"，"以撒向他祝福"，《圣经》上说的却很显然不是这样，而在两件事之间，有一段时间的距离，如果从这故事的情节顺序来看，时间的距离还一定很长。以撒在基拉耳居留的期间，那时利百加（以撒之妻）还非常美丽，因此也还年轻；但是当以撒向雅各祝福时，以撒已经老了。并且以扫也曾埋怨雅各（《创世记》第二十七章第三十六节），说他曾经"两次"欺骗了他，"他从前夺了我长子的名分"，以扫说"你看，他现在又夺了我的福分"，这些话，我以为是为了表明时间的距离和两件不同的行为。

第二，我们的作者的另一个错误，就是他认为以撒之给予雅各以"福分"以及命他做"他的弟兄之主"，是因为他有"长子名分"；我们的作者拿出这个例子来说明只要是有"长子名分"的人，因此就有做"他的弟兄们之主"的权利；但是《圣经》原文却非常明显地告诉我们说，以撒绝没有想及雅各曾买了长子名分，因为当他对雅各祝福时，他根本不当他是雅各，而仍当他是以扫；以扫也不以为"长子名分"和"福分"之间有这样的联系，因为他说："他曾欺骗了我两次；他从前夺走了我长子的名分，你看，他现在又夺了我的福分"；如果"做他的兄弟们之主"的"福分"是属于"长子的名分"，以扫不应该埋怨，说第二桩是欺骗，因为雅各所得的，只不过是以扫在出卖自己的"长子名分"给他时所卖出的罢了。因此，很明显，支配权——假如上述的话是指此而言的话——并没有被理解成为属于"长子名分"。

（十一）论谁有继承权

在那些先祖的时代里，支配权不是指继承人的权利，而仅仅是指较大部分的财产，这从《创世记》二十一章第十节上看是很明白的；撒拉（亚伯拉罕的妻子）以以撒为嗣子，对亚伯拉罕说，"你把这使女和他的儿子赶出去，因为这使女的儿子不可以与我的儿子以撒一同继承产业"，这句话的意思是说，使女的儿子在他父亲死后不可以有承受父亲产业的同等权利，而是应该现在就分得他的份儿，到别处去。因此，我们便看到这样的话（《创世记》第二十五章第五至六节）："亚伯拉罕将一切都给了以撒。亚伯拉罕只得把财物的一部分送给他庶出的众子，趁着自己还在世的时候，打发他们离开他的儿子以撒。"这便是说，亚伯拉罕把财物的一部分分给他的所有其余的儿子们并打发他们离开，他所保留的财物却是他的产业的最大部分，由他的继承人以撒在他死后承受；但是以撒不曾因为做了继承人而有

"做他的兄弟们的主"的权利,假如他有这种权利的话,为什么撒拉想要用赶走他的办法,来夺去他的一个臣民与奴隶呢?

那么像平常的法律所规定那样,"长子名分"的特权,不过是双份财产,因此我们看见,在摩西以前的先祖时代——我们的作者常自夸是从这个时代得出他的模式的——绝不会有人知道或想到长子名分会给任何人以统治权或帝位,会给任何一个人以支配他们兄弟的父权或王权;这种情况,假如以撒和以实玛利的故事还不能证明,请读者查查历代志上第五章第一至二节,在那儿会看到这样的话:"以色列的长子原来是流便,因为他污秽了父亲的床,他长子的名分就归了(以色列的儿子)约瑟,但是按家谱他不算是长子;犹大胜过一切兄弟,君王也是由他而出,而长子的名分却要归约瑟"。这个长子名分是什么,雅各在给约瑟祝福(《创世记》第四十八章第二十二节)时,用这样的话对我们说:"并且将我从前用弓用刀从亚摩利人手下夺得那块地,我都会赐给你,使你比众弟兄多得一份",由这些可以明显看出,长子名分不过只是双份产业,而且历代志的原文也显然与我们的作者的学说相反,说明支配权并不是长子名分的一部分,因为它告知我们说,约瑟虽有长子名分,而犹大却有着支配权。我们的作者既举出雅各和以扫的例子来证明支配权是嗣子支配他的众兄弟的权,我们只能认为他是很欣赏"长子的名分"这一个名词罢了。

首先,它只是一个拙劣的例子不足以证明依照上帝的意旨支配权是属于长子所有,那是因为幼子雅各——不论他怎样得来——却是得有这种权利的人;如果这例子可以证明任何问题的话,它只能够证明同我们的作者相反的意思,即是"支配权之指定给长子,不是出自神的授予",假使是的话,他便不能变更。因为如果按照上帝或自然的律法,绝对权力和帝位应属于长子和他的继承人所有,因而他们是最高的君主,他们其余的兄弟们都是奴隶,那么我们的作者便给予我们以理由来怀疑长子有没有权力让渡这个支配权，使他的后裔受损害。因为我们的作者曾经告诉我们说："那些从上帝或自然得来的授予物或赏赐品，任何人类的低级权力都不能够加以限制，或制定任何与它相反的法规"。

第二，我们的作者所提出的这个地方，（《创世记》第二十七章第二十九节）同一个兄弟支配别些兄弟，或以扫服从雅各这些事情，都毫无关系；在历史上，以扫显然从来就没有服从于雅各，而是自住在西珥山，在这个地方，他另行建立了一个部族和政府，自己便是他们的君主，正如雅各是他自己的家族的君主那样。如果把这句话中的"你的众兄弟"和"你母亲的众儿子"加以考察，绝不可以照字面解释，认为是指以扫，或认为雅各对以扫有个人的支配权；因为以撒知道雅各只有一个兄弟，他不会使用"众儿子"和"众兄弟"这两个名词的。这些话要照字面解释既很不准确，也不能证实雅各有支配以扫之权，在《圣经》故事中，我们看见的正好与此恰恰相反；因为（《创世记》第三十二章）雅各有好几回让以扫做"主"，自称为他的仆人，并且（《创世记》第三十三章）"他曾经七次俯伏在地向以扫为礼"。那么以扫是否是雅各的臣民（不，照我们的作者所说，一切的臣民都是奴隶），雅各凭借着长子的名分是否他的统治的君主，我让读者自己去判断，而且假如可能的话，我也让读者相信，以撒的这句话"愿你作你的众兄弟的主，你母亲的众儿子向你跪拜"证实了雅各凭着他从以扫得来的长子名分中拥有统治以扫的权力。

凡是读过雅各和以扫的故事的人，都能发现，在他们的父亲死后，他们两人中谁也绝没有支配谁的权力或权威，他们彼此间是以兄弟间的友爱和平等相处，谁也没有做谁的"主"或"奴"，而是彼此独立，两个人都是他们各自的家族领袖，他们中谁也没有接受谁的法律，他们俩彼此分居异地，他们是两个不同政府管辖下所产生的两个不同民族的根源。那么我们的作者想用来确立长兄支配权的以撒祝福词，其所要表达的意义，不过是利伯加听上帝所说的话："两国在你腹内，两族都要从你身上出来，这族必强于那族，将来大的要服事小的"（《创世记》第二十五章第二十三节）。同样雅各对犹大祝福（《创世记》第四十九章）并给他以笏和支配权；从这儿，我们的作者也许可以同他从以撒的祝福词断言支配权属于雅各那样，主张第三子有对他的弟兄们的统治权和支配权。上述两次祝福都是后来很久以后才应验在他们后裔的身上的，而不是宣告其中一人具有对支配权的承袭权利。这样，我们就得到了我们的作者用以证明"继承的嗣子是他的众兄弟的主"的仅有的两大论点：第一，因为上帝告诉该隐说（《创世记》第四章）不论"罪"怎样引诱他，他应该或能制服它，在这里，就是最渊博的注释家也会认为这话是指"罪"，而不是指亚伯，他们提出的理由是很有力的，以致于无法从这样可疑的经文中推论出有助于我们作者目的的任何东西来。第二，由于在上引《创世记》第二十七章的话中，以撒预言雅各的后裔以色列人会有支配以扫的后裔以东人之权，所以我们的作者便说，"嗣子是他的众兄弟的主"。这两个结论对不对，我让任何一个人去判断好了。

现在我们看见，我们的作者是怎样规定亚当的君主权力或父的支配权传给后裔，即是由他的嗣子来承袭，且继承他父亲的一切权力，在他的父亲死以后，成为与他父亲一样的人主，"不独支配他自己的儿孙，而且支配他的兄弟"，所有的一切都是由父亲传下来，而且永无止境地这样传下去。不过，他从没有告诉过我们谁是这个继承的嗣子，在这样一个基本性的问题上面，我们从他那里得到的全部启示，就是在他所举的雅各的例子中，因为他用了从以扫传到雅各身上的"长子名分"这个名词，使我们推测出他所谓的嗣子是指长子而言。不过，我不记得他在什么地方明白地提到过长子的身份权利，而是一直躲藏在"继承人"这个含糊的名词的阴影后面。就算他的意思是指长子为继承人（因为如果长子不是继承人，那就没有任何理由解释为什么众子不能同样地都是继承人），因而根据长子继承制具有支配他的众兄弟之权，这只不过是解决继承权问题的第一步，在他还不能够指出，在当前的统治者没有儿子的一切可能发生的情况之下，谁是正当的继承人之前，困难之多仍是与前无异。但是他一声不响地越过了这个问题，而且这或许是做得很聪明的，因为在断定了"具有此种权力的人，乃至于政府的权力及形式都是神的意旨，出自神的规定"之后，除了留意不再触及关于人的问题以外，还有什么能比这更为聪明的办法呢？因为要解决这个问题人的，肯定将会让他不得不承认，上帝和自然对这个问题是没有作过任何决定的。在我们的作者费了那么多的心血制造出来的这个自然的君主一旦死了，没有留下儿子时，如果他没有指出，根据自然的权利或上帝明确的法律，谁是最接近的一个有资格来承袭他的支配权的人，他满可以不必在讨论其余的事情上花费更多力气了，因为要安定人们的思想和决定他们的服从与忠诚，更为重要的是要让人们知道，谁是根据原始的权利——优于和先于人类的意志与任何行为的权利——应享有这种"父权"资格的人，而不是指出这种"权限"的存在是基于自然。除非在许多有觊觎这种权力之心的人当中，我知道谁是正当地具有这种权力的人，不然我只知道有这样一种，我应当而且非常愿意对它服从，对我是无任何意义的。

因为现在所争论的主要问题涉及了我的服从的义务，以及我对我的有权的主人和统治者所负的内心上的责任，所以我必须知道这种父权存在于其身上的那个人，即是有权力来要求我服从的人。假如我们的作者所说，"不独国家权力一般是出自神的规定，甚至连特定地指定应归最老的两亲所有也是如此"，他又说，"不独是政府的权力或权利，连统治权的形式，连同享有这种权力的人，全是出自上帝的意旨"；假使这些话都是对的，可是除非他指给我们看，在一切场合谁是这个上帝"指定"的人，谁是这个"最老的两亲"，则他的关于君权的一切的抽象观念，在应用到实际和人们从内心表示服从时，就毫无意义了。因为"父的权限"本身既不可以命令人，更不是为人所服从之物，它仅仅是给予一个人以别人所没有的权利的东西；如果根据别人不能占有的承袭权而获得命令人和被人服从的权利，于是就说，当我服从那个父权并未赋予他以取得我的服从之权的人的时候，我就是服从"父权"，那是非常可笑的。因为一个不能证明其具有统治我之权力的神权的人，就如一个不能证明世界上真有这种来自神权的权力的人一样，是不能享有使我应对他服从的神权的。

我们的作者由于不能从任何君主是亚当的嗣子这个角度来确立君主取得的统治权的资格，所以这种理论就毫无意义，还是置之不论为好，他还喜欢把一切问题对结到现实的占有上，使对国家的服从归于篡位者，犹如归于一个合法的君主那样，从而使僭位者的资格也同样有效。他的这些话值得记住，他说："假如一个僭主篡夺了真正的继承人的位置，人民对于父权的服从，必须继续下去，等待上帝的意旨"。关于僭主的地位这一问题，留到适当的地方，我再对其加以考察，我希望我的头脑清醒的读者想想，君主们应该怎样感谢这样的政治学说，它竟会把"父权"即统治之权给到开德或克林威尔这样的人手中，那样既然一切服从都是归于父权，那么根据同一权利，臣民的服从也应归于僭位的君主们，其理由之充足，与对于合法君主的服从是完全一样。但是像这样一种危险的理论，势必把一切政治权力都只是归溯到亚当的神授的与合法的父权上，只说明权力是从他传来的，却并不说明是传之于谁，或者谁是这种权力的继承人。

因为我认为，为要确立世间的政府，为使得一切人从内心接受服从的义务，我们必须（就算依照我们作者的意见，一切权力都只是对亚当的"父权"的占有）就像告诉人们在父亲死了以后，长子有权继承一样，使他们明白当在位者死后，又无儿子直接继承他时，谁有权利取得这种"权力"、这种"父权"。因为我们还要记住，重要的问题，并且应当认为也是我们的作者（如果他不是有时忘记了的话）极力主张的问题，在于哪些人有权受人服从，而并不在于在不知道谁具有这种权力的情况下，世上有没有所谓"父权"这样一种权力。因为既然它是作为一种统治权，只要我们知道谁有这种权力，那么不论它被称做"父权"、"王权"、"自然权"或"获得权"，还是"最高父权"或"最高兄权"，都是无关紧要的。

那么我要继续追问下去，在这个"父权"或"最高的父权"的承袭问题上，一个女儿所生的外孙，比起一个兄弟所生的侄儿，是否有优先权呢？长子所生的孙子，还是婴儿时，是否也比成年或能干的少子有优先权呢？是否女儿比叔父或其他从男系出生的人优先呢？是否幼女所生的孙子比长女所生的孙女更有优先权呢？是否庶出的大儿比正妻所出的幼子更加有优先权呢？这样下去，还要出现多少关于合法与否的问题，比如，在性质上来说，妻与妾有什么分别？因为就世上的民法或成文法来说，它们在这里都不说明什么问题。我们还可以继续去问，如果长子是一个傻子，他是否应比贤明的少子优先承袭"父权"呢？愚蠢到什么程度然后才能剥夺他的这种权利呢？谁应该是这个问题的判断者呢？一个因愚蠢而被排除的傻子所生的儿子，比起他的在位的舅子所生的儿子是否有优先权呢？如果国王死后，寡后有遗孕，还没有人知道她将来生的是男是女，此时谁应享有"父权"呢？如果因为母亲剖腹，两个双生男孩同时出生，那么谁是嗣子呢？不同母或不同父的姊妹是否比同父母的兄弟所生的女儿更有优先权呢？

这些以及诸如此类有关继承身份和承袭权利方面可以提出的疑问，并不是无聊的空想，而是我们在历史上时常会碰到的与王位承袭攸关的问题。如果我们需要它们，我们不用到别的地方去，只要在英伦三岛上就可以找到著名的例子，关于这些，《父系的君王》一书的精明而渊博的作者对此已有了很详尽的记述，我不用再来赘述了。在我们的作者把关于下一代嗣子问题上可能出现的一切疑难都解决之前，在他指明这些疑问都显然是受自然法则或上帝所启示的法律所决定之前，他关于"君主的"、"绝对的"、"最高的"、"亚当的父权"以及有关这种权力是如何传给他的嗣子等等的所有一切假定（我说，他的这一切假定与其说是证明，倒不如说是适得其反），它们对于权力的建立或对于现在世界上任何一个君主的资格的确定是一点用处也没有的，反而确会引起纠纷，使一切成为问题。因为即使我们的作者不厌其烦地对我们说了又说，而一切人也都相信，亚当是有"父的权利"，因此有"君主的权力"，相信这个权力（世界上唯一的权力）"传给他的嗣子嗣孙们"，除了这一权力以外，世界上再没有别的权力，可是如果在这"父权传给"谁，和它现在是属谁所有这个问题上还有疑问，那就没有人能有任何服从的义务，除非有人说："我有责任对一个同我一样没有'父权的人的'父权表示服从，而这就是说，我服从一个人，是因为他有统治的权利；如果有人问我，他怎样会有统治的权利，我就可以回答说，他到底有没有这种权利，是无法知道的。"因为我知道一个"不是使我应该服从的理由"，不可能成为使我服从的理由，那么一个"没有人能够知道的理由"当然更不可能成为使我服从的理由了。

因此，我们的作者关于亚当的"父权"，它的权力如何巨大，以及它的假设是多么必要等一切胡言乱语，如果它们不能告诉人们他们应该服从的是谁，或者谁是应该统治的，又有谁是应该服从的，那么这些话对于确定统治者们的权力，或者对于决定那些应该服从别人的臣民的服从义务，都没有任何帮助。同样，亚当的这个"父权"，这个传之于其后嗣的"君主权"，对于人类的统治也毫无用处，正如我们的作者如果告诉人们说，亚当有赦罪或治病的"权力"，这种权力按照神的规定应当传给他的嗣子，而他的嗣子为谁却无从知道一样，这对于使人类心悦诚服，或对于保障他们的健康，都毫无补益。如果有人相信我们的作者这些言之凿凿的话，去向一个自命为僧侣或医生的人忏悔他的罪恶，希望得到赦免，或服食他的药品希望健康，或跑到这些职业者跟前，说道，我接受这个传自亚当的赦罪权，或是说，我将为这个传自亚当的医疗权所治愈，他这样做，不是正像一个人承认这些权力都是从亚当传给他的唯一的继承人，而他又不知道到底谁是这个继承人，于是说我接受并服从这个传自亚当的"父权"一样的不合理吗？

诚然，世俗的法律家们曾自诩能解决某些关于王位继承的案件，然而依照我们的作者的原则，他们不能干预不属于他们职责范围内的事情，因为如果所有政治权力都只是从亚当那里得来的，并且根据"上帝的意旨"和"神的规定"，只传给他一代接一代的嗣子，这即是一种先于一切政府和凌驾于一切政府之上的权利，因而人们制定的成文法律不能决定其本身就是一切法律和政府的基础，而且它的法则只是从上帝和自然的法则那里接受而来的东西。如果我们的作者在这个问题上一声不响，我就倾向于认为并不存在用这种方式移转的任何权利，我相信，即使真有这样的权利，也不会有任何用处；在有关统治和对统治者的服从的问题上，人们甚至会比没有这种权利感到更加无所适从。因为依照那些被"神的规定"（如果有这种东西的话）所排斥的成文法和契约，所有这些纠缠不休的疑问，是可以妥当地加以解决的；但是一种神授的自然权利，并且是与整个世界的秩序和和平同样重要的权利怎样能够在没有与此有关的任何明确的、自然的或神的规定的情况下传之于后代，这确实是永远不能使人明了的事。如果国家权力是由"神的规定"指定给嗣子，而"依照那个神的规定"，嗣子为谁又无从知道，那么一切世俗的统治权便都完了。这个"父的王权"既然依照"神授的权利"只属于亚当的嗣子所有，那就不会有任何余地，使人类思考并同意可以把这种权力安排在别人身上。因为假若只有一个人享有为人类所服从的神授权利，那么除了那个能证明自己有这个权利的人之外，任何人都不能对这种服从提出要求；世人的良心也不可能根据别的理由而感到有服从的义务。这样一来，这个学说就把一切政府从根本上推翻了。

由此可知，我们的作者在他把统治权是"上帝的意旨"和"神的规定的人"这种说法作为一种可靠的基础之后，告诉了我们说，这个人就是继承人，但是究竟谁是这个继承人，却留给我们去猜测；于是这个把权利指定给一个我们无法知道的人的"神的规定"，根本就等于没有指定给任何人一样。然而不管我们的作者怎样做，"神的规定"决不会作这样滑稽的指定我们也不能设想上帝会立下一个神圣的法律，规定一个人对某物享有权利，却不把辨认这人的法则告诉我们，或者给予一个继承人以神授权力，而又不指出谁是这个继承人。这倒会让人认为，与其说上帝授予继承人以这种权利，但是在谁是这个继承人的问题上，却含糊其词，不予确定，倒不如说一个继承人按照"神的规定"并是不享有这种权利。

如果上帝把迦南的土地赐给亚伯拉罕并用笼统的话来说，在他身后赐给某人，而并没有指明是他的子孙，以便使人知道这个某人是谁，这种对于迦南的土地所有权的决定指定，是没有什么效力和用处的，正如在决定王位上要把帝国赐给亚当和他的后代的继承人们，而没有告知谁是他的继承人一样，因为"继承人"这个名词，如没有准则让人识别谁是此人,那就等于是指我不知道为谁的"某一个人"。上帝立下"神的规定",规定世人不应与"近亲"结婚,他认为单单是说,"你们中不许有人接近他的近亲,以致发现其专制"还是不够,而且除此之外还定出准则使人知道谁是"神规定的"禁止结婚的"近亲",不然那法律就会没有用处,因为用笼统的话给人以限制或特权,而又没有办法去识别这个与此有关的特定人为谁,这是毫无意义的。然而上帝既然无论在什么地方都没有说过,下一代的继承人应该承袭他的父亲所有的产业和支配权,因此上帝无论在什么地方也都没有指定谁应该是这个继承人,就不足为奇了。因为他既从没有作此想,从没有在这一意义上指定过任何继承人,我们自不能期望他会在任何地方任命或是指定一个人做继承人;否则,我们便可以有此期望。所以《圣经》中虽出现有"继承人"的字样,但是没有像我们的作者所说的那种意义的继承人,即是一个凭着自然权利应当承袭父亲所有的一切,而把众兄弟排除在外的继承人。所以撒拉以为,如果以实玛利留在家里,在亚伯拉罕死后共同继承他的产业,这个使女的儿子与以撒都是继承人。因此她对亚伯拉罕说:"你把这使女和她的儿子赶出去,因为这使女的儿子不能与我的儿子一同承受产业。"不过,我们不能因此就原谅我们的作者,因为他既然告诉我们说,在每一群人中都有一个是"继承亚当的真正和嫡亲的继承人",那就应该告诉我们传袭的准则是什么。然而他是那样吝惜,不肯把怎样识别谁是嗣子的准则告诉给我们,那就让我们在下一节中看看,他所征引的《圣经》之历史——他自称他的政府论是完全建立在《圣经》上的——在这个必要而根本之点上,都告诉我们了些什么。

我们的作者为要给他的书名带来声誉,他用这样的话来开始了他关于亚当的王权传授的记述:"亚当凭着上帝的命令而获得的支配全世界的统治权,并且先祖们凭着由他传下去的权利而享受的统治权,是很广大的,像……"他是怎样证明先祖们凭着传袭真正的享有这种权力呢?他说,因为"我们看见族长犹大有生杀之权,曾因他儿媳他玛装做妓女,而宣告了她的死刑"。这事怎能证明犹大有绝对的和统治的权力呢?因为"他宣告她的死刑"吗?事实上,死刑的宣告并不是统治权的一个肯定的标志,常常是下级官吏的职责。制定令人死活的法律之权确实是统治权的一种标志,但是依据这种法律而宣判,可以由别人执行,因而这只是一种对他具有统治权的一种不充分的证明——正如有人说"新近法官遮佛里宣告了人的死刑,所以法官遮佛里有统治权"一样的没有道理。但是,我们的作者会说:"犹大这样做,并不是受别人的委托,而是根据自己的权利去做的。"谁知道他到底是否有权利呢?一时的激愤很有可能驱使他去做他本来没有权力做的事情。"犹大有生杀的支配权。"怎样见得是这样呢?他行使了这种权利,他"宣告他玛的死刑"。我们的作者认为犹大既然已经做了这事,因此他便有做这事的权利,这是一个很好的证据。然而犹大还跟她同寝,依照同一的方法证明,他也有做这事的权利了。假如做过某一桩事便有做某一事的权利这一推理是对的话,押白沙龙也可以算是我们的作者所说的统治者中之一了,因为他在相似的情况之下对他的兄弟阿嫩宣告了这样的死刑,并且还把死刑执行了。假如这就足够证明是一种生杀予夺的支配权的话,押白沙龙不也就是统治者吗?

不过,就算上述的一切都是统治权的证明,这个"凭着由亚当传下来的权利,并且拥有广大到像君主的绝对支配权一般的统治权"的人到底是谁呢?"是犹大",我们的作者说犹大是雅各的少子,他的父亲和长兄都还活着;那么假如我们相信我们的作者的证明的话,一个幼弟在他的父亲和长兄活着的时候,"凭着传袭的权利",就可以享有亚当的君权；假如一个具备这样条件的人可以继位做君主的话，我不明白为什么一切人不能都做君主，假如犹大当他的父亲和长兄在世时是亚当的继承人之一，我不明白还有谁不是继承人，所有人都可以像犹大一样继位做君主。

提到战争，我们知道亚伯拉罕带领自己一家的士兵318人，以扫领着四百武装的人去会见他的兄弟雅各。为着和平起见，亚伯拉罕与亚比米勒结盟。一个人在他的家里有318人，而不是亚当的嗣子，难道这是不可能的吗？而西印度的一个种植园主拥有的人就更多了，假如他喜欢的话（这是无疑的），他就可以把他们集合起来，带领他们去攻打印第安人，在受到他们伤害的时候，向他们索取报偿，然而所有这些都是在无"从亚当传下来的君主绝对支配权"的情况下干的。这岂不是一个绝妙的论证，足以证明一切权力根据上帝的规定，全都是由亚当传下来，而这个种植园主本人及其权力正是神的命令，因为在他家里他对生在他家里以及用他的金钱买来的奴仆拥有权力？而这正是亚伯拉罕的情况：那些在先祖时代的富人，就像现在西印度的富人一样，购买男仆和女奴，通过他们的繁殖和购买新的奴仆，慢慢出现许多人数众多的大家庭。他们在平时和战时虽都使用这些奴隶，然而支配他们的权力本是用钱购买来的，我们能认为他们的权力是传自亚当的承继物吗？举一个例来说，一个人骑着马对敌远征，他从市场上买来的马，就是同样的一个好证据，证明这马的主人"根据下传给他的权利，享有亚当凭借着上帝的命令而拥有的对全世界的支配权"，这个证据之有效，如同亚伯拉罕率领他的家奴出阵，是先祖们享有由亚当传下来的统治权的证据一样，因为在这两种情况下，主人拥有这种权力的资格，不管是支配奴隶或支配马的权力，都只是从购买得来。这样，通过交易或金钱取得对于某种东西的支配权，便成了证明一个人由传袭和继承获得权力的一种新的方法。

"但是宣战和媾和是统治权的标志"。在政治社会里,诚然是这样。例如,在西印度群岛中有一个人,领着他的朋友的儿子们,或是同伴们,或是雇佣的士兵们,或是用钱买来的奴隶们,或是一队由上述各种的分子构成的队伍,他可不可以因此宣战媾和(如果可能有这种机缘的话),以及"用宣誓的方式来批准条约"呢?假如有人说他不能如此,那么他就一定得承认许多船主或私人种植园主是绝对的君主,因为他们所做的事情和君主们一样的多。然而在政治社会里,宣战与媾和只能由社会的最高权力者执行,因为战争或和平,对这种政治团体的力量起着不相同的推动作用,除了对这整个团体的力量有指挥权的人外,任何人都不能从事宣战或媾和,在政治社会中,这就只能是最高权力。但是在临时自由结合的社会中,根据社会成员的同意享有这种权力的人,也都有战争与媾和之权,一个人为了他自己也可以有这种权力;战争的状态并不在于参加战争者的人数多少,而在于在没有上级可以申诉的情况下,双方之间存在的敌意。

实际上进行战争或媾和的行为并不是其他任何权力的证明,而仅仅是拥有使那些为他进行战争与媾和的人们进行或停止敌对行动之权力的证明。在许多的情况下,任何人都具有这种权力,而不须有政治上的最高地位。因而作战或媾和不能证明凡是这样做的人就是政治上的统治者,更不用说是君主,不然共和政府也是君主了,因为他们的确也像君主政体的政府一样作战和媾和。

不过,就算这是亚伯拉罕具有"统治权的标志",这又是不是亚当支配全世界的"统治权"传下给他的一个证明呢?假如是的话,它当然也是亚当的"统治权"传给别人的一个有力的证明。这样一来,那些共和国同亚伯拉罕一样都是亚当的继承者,因为他们也像亚伯拉罕一样作战媾和。假如你说共和国政府虽也宣战媾和,亚当的"统治权"并没有根据权利传给共和国政府,我也可以同样地说,亚伯拉罕也是如此，那么您的论证便已站不住脚了。如果您坚持您的论证，认为凡是作战媾和的人（毫无疑问，那些共和国就是如此）的确是"承袭亚当的统治权"的话，那么你的君主政体便站不住脚了，除非您说，凡是由继承而享有亚当的统治权的共和国都是君主国，您就可以自圆其说，不过这样的做法，就真的会成为使世上一切政府变成君主制的别开生面的方法了。

为要给予我们的作者以这种新发明的荣誉——因为我承认并不是由于我追溯他的原理而首先发现此点，并因此强加于他——我最好让读者知道（虽然看起来是那样地荒谬）这是出于他自己之口的，他曾经巧妙地说："在世界上的一切王国和共和国中，不管君主是人民的最高的父亲，或只是这样一个父亲的真正继承人，或者由篡夺或经选举而取得王位，不论是几个人或一群人统治此共和国，不过，任何一个人，或许多人，或凡此种人物所具有的权力，仍然是最高的父的唯一的权力和自然的权力"。我们的作者经常告诉我们这种"父的身份的权利"就是"君主的权力"，特别是在所举的亚伯拉罕的例子之前一页。他说，统治共和国的人们亦有这种王权；假如说那些统治共和国的人们具有君主的权力的话是对的，那么说，共和国是君主所统治的也就是对的了。因为如果统治者身上具有的权是王权，那么统治者必定是一个王，于是一切的共和国就都是货真价实的君主国，那么我们在这件事情上还须要费这么多的麻烦呢？要世界上的政府应当是什么样子，它们就得是什么样子，世界上除了君主制的政府之外，不能有其他的政府。毫无疑问这是我们的作者能发明来把君主制以外的一切政府都排斥于世界之外的最可靠的办法。

但是这一切极难证明亚伯拉罕是以亚当的继承人的身份而做过君主。如果他凭着承袭的权利而做了君主，则与他同一家族的罗得（亚伯拉罕的侄儿）一定应该是他的臣民，他以家人的资格，比他的家中的奴仆应先有这种义务。但我们看见他们生活在一起,像朋友一样平等相处,当他们的牧人相争的时候,他们之间无人自以为有权或是地位较高,只是彼此协议分开(《创世记》第十三章),因而罗得实际上虽是亚伯拉罕的侄儿,亚伯拉罕和《圣经》原文都称罗得为亚伯拉罕的兄弟,这是友谊和平等的称呼,而不是统治和权威的标志。假如我们作者知道亚伯拉罕是亚当的继承人,并且是一个君王,这似乎比亚伯拉罕自身所知,以及他打发去替儿子娶亲的仆人所知的还多了。因为当这仆人举出这门亲事的好处(《创世记》第二十四章第三十五节)来说服那少女和她的朋友时,他说:"我是亚伯拉罕的仆人,耶和华大大的赐福给我主人,使他昌大,又赐他羊群、牛群、金银、仆婢、骆驼和驴。我主人的妻子撒拉年老的时候,给我的主人生了一个儿子,我主人将所有一切的都给了这个儿子。"我们是否能设想,一个谨慎的仆人那样详细地夸示他的主人的昌大,假如他知道以撒将来要取得王位会把此事略去不说么?我们能否想象,在这样重大的时机,他会因疏忽而没有告诉他们亚伯拉罕是一个王——在当时这只是一个周知的名号,亚伯拉罕的邻地就有九个王——如果他或他的主人曾经想到过这是一件很有可能使他的使命得到成功的事情的话?

但是这事似乎留待两三千年之后,我们的作者方才发现,那就让他享有这份功劳吧。不过他必须要注意,使亚当土地的一部分,就像他的全部统治权那样传给这个"嗣子",因为虽然亚伯拉罕——假如我们的作者的话是可信的——像其他的先祖们一样"所享有的应该传给他的统治权,广大到和创世以来任何君主的绝对支配权一样"。但他的产业、他的领土、他分封的土地实在是很狭小,因为在他还未向赫人的子孙购买一块田地和其中的洞穴来埋葬撒拉以前,他连一寸土地都没有。

我们的作者结合着亚伯拉罕的例子，还举出了以扫的例子来证明"亚当支配全世界的统治权，依据由他传下的权利，为先祖们所享有"，这个例子比前者更加滑稽。"以扫领着四百武装的人去会他的兄弟雅各"，因而他依据亚当的继承人的资格，成为一个王。那么四百个武装的人，无论是怎样集合起来的，就足能证明率领他们的人是一个王和亚当的继承人了。爱尔兰有些保守党员（不问在别的国家有些什么），是会为我们的作者对他们有那种可钦佩的看法而感谢他的，尤其是假如附近没有一个因领有五百个武装而资格更高的人出来对他们的四百武装的权力提出异议，他们就更感谢了。在这样一个严肃的论证中，采取这样一种无足轻重的态度——不要再从更坏的地方说吧——实在是一大耻辱。在这个地方，是把以扫提出来证明亚当的统治权，亚当的绝对支配权是同任何其他君主依据传给先祖们的权力一样广大的，在同一章中，雅各又被引出来作为"根据长子名分而为他的众兄弟们的统治者"的一个例子。于是在这里，我们看到两兄弟凭着同一的资格都是绝对的君主，并且同时都是亚当的继承人，长兄之所以成为亚当的继承人，是因为他率领四百人和他的兄弟相会，幼嗣则因"长子的名分"也成为了亚当的继承人，"以扫依据传给他的权利，享有亚当的用以支配全世界的统治权，其权力之广大与任何君主的绝对支配权一样"，同时，"雅各凭着继承人作为主人所具有的支配他的众兄弟的权利，支配以扫"。"还是忍住你们的笑声吧"！我承认，我从没有碰到过像罗伯特爵士那样精明能干的才子，用这种方法来进行辩论的。然而他的不幸在于，他所发现的原理与事物的本质和人类的事务都不相适合，并且与上帝在世界上确立的结构和秩序也不能一致，因而不能不经常与常识和经验发生冲突。

在下一节中，他告诉我们说：这种先祖的权力不仅延续到洪水时代，并且在这时代以后，"先祖"一词就可以部分地证明这一点。

"先祖"一词不仅是部分地证明了世上一天有先祖，便继续有先祖权，因为只要有先祖便有先祖权，就如只要有父亲或丈夫，便必须有父权或夫权那样。但是这只是名字的游戏罢了。他想要谬误地加以暗示的东西，正是有待证明的问题，即先祖们依据都是从亚当传下来的权利，也都具有亚当所有的支配全世界之权，即假设之中属于亚当的绝对的普遍的支配权。假如他肯定在世间有这样一个绝对君权继续传到洪水时代，我很乐于知道他是从什么记载中得来的，因为我承认，我找遍我的全部《圣经》，也没有发现有一个字提到此事。如果他的"先祖权"是指的另外什么东西，那它同我们现在所讨论的事情就完全无关了。至于"先祖"这一名称怎样可以"部分的证明"凡是那些被这样称呼的人，都有绝对的君权，我承认，我殊不了解，因而我以为，在根据这句话而进行的辩论没有进一步变得更清楚一些之前，没有必要作出任何答复。

我们的作者说："挪亚的三个儿子得有了这个世界"，"并由他们的父亲把世界分配给他们，因为整个世界是为他们的后裔所布满。"挪亚虽从没有把世界分给他的儿子们，然而世界却可能是为他的子孙的后裔所布满，因为"地"可以为人类所"充满"，而不被加以分配。因而我们的作者在这里所提出的一切论证都不可以证明这种分配。不过我就承认他证明了吧，那么我要再问一下世界既分给他们了，三个儿子中谁是亚当的继承人呢？假使亚当的"统治权"、亚当的"君权"，根据权利只传给了长子，那么其余两个儿子就只有做他的"臣民"、他的"奴隶"。如果按照情理传给了所有三个兄弟，那么依照同一理由，便应该传予一切人类，于是他所说"继承人是众兄弟的主"这一句话，就不可能是正确的，而所有的兄弟及所有的人类，就都是平等的独立的，大家都是亚当君权的继承者，最终大家也都是君主，彼此完全一样。但是我们的作者会说："他们的父亲挪亚把世界分给他们，"这样我们的作者就承认挪亚还胜于万能的上帝了，因为他认为上帝自己很难把世界赐给挪亚和他的儿子们，从而损害挪亚的长子名分。他说过这样的话："挪亚是剩下来的世间唯一的继承人，为什么我们要认为上帝会剥夺他的长子名分，使他在一切世人中，与他的儿子们同样成为唯一的寄居者呢？"可是在这个地方，他又认为挪亚剥夺闪的长子名分以及把世界分给他和他的兄弟们，是适合的。这样看来，只要是我们的作者喜欢，这个"长子名分"有时一定是神圣不可侵犯的，有时又不一定是神圣不可侵犯的了。

如果挪亚的确曾经把这世界分配给他的儿子们，如果他分配领地给他们是有效的，那么神授之说便可以告终，我们的作者关于亚当的继承人的所有论述，连同他在这个基础上建立起来的任何东西便全站不住。君主的天赋权力垮台了，于是乎统治权的形式和具有这权力的人物，都将全是出自人的命令，而不像我们的作者所说的那样，出自上帝的意旨。因为如果继承的权利是出自上帝的意旨，是一种神授的权利，便没有人——不管是父亲或者不是父亲——可以变更它。如果它不是一种神授的权利，那它就只能是人为的，依赖于人类的意志，于是在人间的制度没有这种规定的场合，长子便没有优于他的众兄弟的权利，人类可以随意将政府交给任何人以及选择任何形式。

他继续说："世上大多数的最文明的民族极力想从挪亚的儿子们或者侄子们溯寻他们的渊源。"所说大多数的最文明的民族有多少呢？他们又都是谁呢？我恐怕很伟大和文明的民族——中国人，以及东西南北四方其他几个民族，他们自己也不大会关心这个问题吧。信仰《圣经》的一切民族（我以为就是我们的作者所指的"大多数的最文明的民族"）只好从挪亚那里去溯寻他们的渊源；至于世上其余的民族，他们是不会去想到挪亚的儿子们或者侄子们的。但是各国的谱牒官和考古学家（因为极力设法溯寻民族渊源的通常就是这些人）或者所有一切民族本身只好都努力从挪亚的某个儿子或者侄子那里去溯寻他们的渊源，这对于证明亚当支配全世界的统治权，按理应传给先祖们有什么联系呢？各民族或种族的人们努力从某些人溯寻他们的渊源，我们可以断定那是由于他们以为这些人是有名望的人，对后世有荣誉的人，或是因为他们的德性和行为伟大的缘故。除此以外，他们却不寻问或不想问他们是谁的后嗣，他们只把这些人当做一些凭借着他们自己的德性，把自己提高到了一定的地位，从而可以给后世那些自称为是他们后代的人带来光彩而已。然而即使像奥古机兹、赫丘利、婆罗门、坦伯连、法拉梦德，甚至于像朱匹忒和萨腾这些人都是古代和近代好些种族都曾努力从他们那里寻求他们的渊源的那些名字，难道这就能证明这些人"享有按理应当传给他们的亚当的统治权"吗？假如不会的话，这不过是我们的作者用来迷惑他的读者们的一种闪烁其辞而已，其本身根本毫无意义。

因此，他告诉我们关于世界的分配的那些话："有些人说，那是用抽签的方法来分配的，又有人认为挪亚在十年之内环游地中海，把世界分成亚细亚、阿非利加和欧罗巴"；他的三个儿子每人分给一部分的土地、亚美利加则似乎是留了下来，谁能够攫取它就算是谁的，这些话也是为了同样的目的。为什么我们的作者肯下那么大的工夫来论证挪亚把世界分配给了他的儿子们，而不肯抛弃他那连梦都不如的想象，以为他能从什么地方得到对这种想象的支持，的确是十分使人费解的。因为这样一种"分配"，即使是能证明什么的话，必定会剥夺亚当继承人的权利，除非三兄弟全都是亚当的继承人才行，因而我们的作者跟着又有这样的话："这种分配的情形，虽不明确，可是，有一事最可以确定的，那就是，分配本身是由挪亚和他的儿子的家族进行，而两亲是这家族的领袖和君主。"如果承认他的效力，这也只能证明，儿子们的父亲全都是像亚当这种统治权的继承者；因为如果在那时代，含和雅弗以及除了长子以外的其他父母们都只是他们自己的家族的领袖和君主，有按照家族分配地面的权利，那么年纪较小的兄弟们，既然也是家族的父亲，又有什么能阻止他们享有同样的权利呢？含或雅弗既不曾因为他们的长兄有嗣子的权利，而失去那传给他的权利，不为君主，那么今日的众子也可以凭着传给他们的同样的权利，成为君主。那么我们的作者所说的王的自然权力便只能传于他自己的儿女，按照这种自然权利建立的王国没有一个能大过一个家族。因为"亚当支配世界的统治权"如果不是像我们的作者所说的那样，按理只应传给长子，于是便只能有一个继承人，要不就是按理应平等地传给所有的儿子，于是每家的父亲都会像挪亚三个儿子那样有这种权力；不管您承认哪一种，它都会破坏世上现有的政府和王国。因为无论哪一个人有了这个理应传给他的"自然王权"，他并不是像我们的作者所说的那样，用该隐取得权力的方法取得这种权力，做支配他的众兄弟的主，因而成为全世界的唯一的王，就是像他在这里所说的那样，由闪、含、雅弗三兄弟分享这种权力，于是每人只成为他自己一家的君主，各家彼此间不相隶属；两种情况必居其一。并不是全世界依照嫡嗣的权利只形成一个帝国，便是各个家族依据"亚当传给家族的父母的统治权"自成为一个政府；二者必居其一。他在这里而给我们提出的关于亚当统治权的传袭的一切证明，也只能归结为这样。因为在继续叙述关于传袭的问题时，他又说：

"自从挪亚的家族在巴别塔分散以后，我们自然发现王权建立在世界各地的王国"。如果您一定要发现这事，就请发现吧，您将要帮助我们发现一篇新的历史。然而您一定要先加以证明，我们然后才会相信主权是按您的原理建立于世界上的；因为王权建立于"世界各地的王国"，我认为是没有人反对的；然而您说，世上竟有一些王国，它们的国王"根据从亚当传给他们的权利"享有王位，这不独是不见经传之谈，并且也是完全不可能的；如果我们的作者除了靠一个关于巴别塔分散时发生的情况的假说之外，并没有更好的根据来作为他的君主制的基础，那么他建立在这个基础上的君主制，为了联合一切人群，它的顶端纵使高入云霄，也只能像那塔那样起分散人类的作用，它除了引起扰乱之外，不能产生别的效果。

他告诉我们说，他们被划分的诸民族，是不同的诸家族，每家族又都有父亲做他们的统治者，因此即使在纷乱的时候，我们也看见"上帝小心地按着不同的家族分配不同的言语，来保存父的权力"。除了我们的作者以外，如有人竟能在他刚才所引的《圣经》原文中，那样明白地发现，所有民族在那次分散时是为父亲所统治，并且"上帝小心地保存父的权力"，倒也真是一件难事。《圣经》的原文是这样的："这就是闪的子孙，各随着他们的家族，所住的地方的方言和邦国"，把含和雅弗的后裔数过之后，也这样地说，但在这些叙述中，关于他们的统治者及政府的形式、"父"或"父权"，都没有提及一字。然而我们的作者在还没有人能够瞥见"父权"的一点影儿的时候，已经眼明手快地发现它了，并且非常肯定地告诉我们说，他们的"统治者就是父亲，而上帝小心地保存父的权力"。为什么呢？因为那些同属一家族的人，说同一样的言语，因此在分散的时候，必然团聚在一起。就好像我们可以这样来进行辩论：在汉尼拔的军队中有几个不同的民族，汉尼拔把说同样言语的人集拢为一队，因而父是每队的队长，汉尼拔小心地保持"父的权力"。或者可以这样说：在卡罗里那的殖民时期，那里的英格兰人、法兰西人、苏格兰人和威尔士人各自集居在一起，于是在卡罗里那州，他们"各随他们的方言、家族和邦国"划分他们的土地，因而"父的权力"是被人小心地保存着。或者还可以说：因为在美洲许多地方，每一个小部落都是一个个别的民族，说不同的语言，因而我们可以推论出"上帝小心地保存父的权力",或推论到他们的统治者"依据传给他们的权利享有亚当的统治权",虽然我们并不知道到底谁是他们的统治者,也不知道他们政府的形式是什么,只知道他们是分别独立的小社会,说不同的语言,就已够做根据了。

其实《圣经》上没有一个字提及他们的统治者或政府的形式,只叙述人类是怎样逐渐分为不同的语言和民族,因而如果《圣经》上没有说过这样的事,就肯定地告诉我们,"父"是他们的"统治者";这样做,并不是根据《圣经》的权威来进行论证,而是在记载中根本没有提到,我们自以为是地断言其为事实,在自己脑子里建立空中楼阁。因而他所说的其余的话:"他们不是没有头领和统治者的杂乱人群,随便选择他们所喜欢的统治者或政府",也是来自于同样的根据。

我想问一下,当人类全体仍说一种语言,都集居在西乃的平原里的时候,他们是否全都受一个君主的统治,而这君主是依据传给他的权利,享有亚当的统治权呢?假如不是的话,那在当时就显然没有亚当继承人的想法,没有人会知道根据这个地位而来的统治权,上帝或人类都没有小心地保存亚当的"父的权利"。当人类还只是一个民族,同住在一处,说一种语言,共同建造一个城市的时候,当他们显然一定是知道真正的继承人是谁的时候——因为闪活到以撒的时代,远在巴别塔分散以后。假如在那时候,他们不是受治于根据亚当传给他的继承人的父权君主制政府,那么很显然并不存在受人尊重的"父权",并没有人承认来自亚当继承人的君权,在亚细亚也没有闪的帝国,因此也没有像我们的作者所说的挪亚分配世界之事。关于这件事,就我们能够从《圣经》上作出任何论断的范围而言,从原文这个地方似乎只可以看出,如果他们那时有什么政府的组织,而就是一个共和政府,而并不是绝对君主制;因为《圣经》告诉我们说(《创世记》第十一章)："他们说"……这不是一个王下令建筑这座城和塔，它并不是出自君主的命令，而是出自许多的人，一个自由人民的协商……"我们要建造一座城"……他们要凭借自由人的身份，替自己建造城，而不是以奴隶之身份为他们的君长和主人建造……"免得我们分散在全地上"，因为一旦把城筑起来了以后，就有固定的住所来安顿自己和家族。作这种商议和计划的人是可以自由分离的，但是他们愿意聚集为一个整体，这样的事，对于在一个君主政府下结合在一起的人们说来是既不必需，也不大可能发生的。这些人，就像我们的作者所说的那样，如果全是受治于一个君主的绝对支配权之下的奴隶，他们也没有必要那样想尽办法来阻止他们自己流浪到他的领域范围以外去。我试问在《圣经》上，这个意思是否比我们作者所说的亚当继承人或者"父的权力"更为明白呢？

但是假如像上帝所说的那样，他们既为一族（《创世记》第十一章第六节），有统治者，有一个根据自然权利对他们拥有绝对的最高权力的王，假如上帝又突然间让72个"不同的邦国"（我们的作者说有这么些）从他们的中间建立起来，各受不同的统治者的管辖，并马上脱离旧的君主的统属，那么"上帝又何必要对保存最高的父的身份的父权那样关心呢"？这就是把我们的好恶任意加于上帝的关怀里。假如我们说，上帝小心地保存那没有"父的权力"的人们的"父的权力"，这话说得通吗？因为假如他们是在最高的君主统治下的臣民，而同时上帝又夺去自然君主的真正的"最高的父的身份"，他们能有什么权力呢？如若说，上帝为保存"父的权力"起见，让好几个新的政府和统治者产生，然而这些政府和统治者并非全都享有"父的权力"的，这话能否合理呢？反之，假若有人说，上帝让一个有"父的权力"的人，使他的政府分裂，由他的几个臣民分有，上帝是在小心地破坏"父的权力"，这样说不是一样的也有道理吗？

一、权力的起源

同样，当一个君主国瓦解，被反叛它的臣民所分割的时候，假如君主制的政府认为上帝使一个安定的帝国分裂成许多小国，他是小心地在保存着君主的权力，这种说法不是跟我们的作者的论证法正好相同吗？假如有人说，凡是上帝决意要保存的，上帝便当作一件事物小心地保存，因此也被人类当作必须和有用的予以尊重，这是一种特别的说法，谁也不会认为应该仿效。但是例如闪（因为他那时还活着）应有统治巴别城那一个部族的"父的权力"，或者根据"父的身份"的权利，可是紧跟着，当闪仍活着的时候，另外七十二个人竟对分裂成多政府的同一个部族也享有"父的权力"，或依据"父的身份"的权利享有统治权，我确信这样根本不可能是恰当和确切的说法。这七十二个父亲要不是恰好在混乱之前实际上已经是统治者，可以说他们已经不是一族，可是上帝自己说，他们是一个共和国，那么君主国到底在哪儿呢？要不就是，这七十二个父亲有"父的权力"，但自己并不知道。奇怪呵，"父的权力"既是政府的唯一根源，但是一切人类却都不知道！更加奇怪的是，口音的变化竟然会突然向他们透露这件事情，使这七十二个父亲在顷刻之间知道他们有"父的权力"，其余的人也都知道应当要服从他们的父权，并且各人都知道他所应臣服的特殊的"父权"是哪个！凡是能够从《圣经》上想出这种论证的人，也能够从那里找到最适合他的幻想或利益的乌托邦模型，而经过这样处理的"父的身份"，既可以为一个要求全世界的君权的君主辩护，同时也应能替他的臣民辩护，因为他们既然都是一个家族的父亲，就可以脱离对他的一切从属，并把他的帝国分裂为许多小国，自做君主。当我们的作者还没有决定究竟是当时还活着的闪，还是那七十二个新君主——他们在他的领土内开始创建七十二个王国，并且对他的臣民具有统治权——拥有父权以前，父权在他们中间谁的手上，始终是一个疑问。那是因为，我们的作者告诉我们说，两方面都有"父的"(最高的)权力,并且被他引用作为例子,用来证明那些人的确"根据下传给他们的权利,享有与任何君主的最高度绝对支配权同样广泛的亚当的统治权"。至少,有一点是根本躲不开的,即是假如"上帝小心地保存新建立的七十二国的父的权力",结果必然是,他也同样小心地破坏了亚当继承人的一切理由;因为在真正的继承人(如果上帝确曾定下这样的继承权的话)必定为人知道,仍然活着,他们全是一个民族的时候,上帝竟这样小心地去保存那么多(至少七十一个)根本不可能是亚当嗣子的人们的父的权力,我们能做这样的结论吗?

宁录是他所举的享受这种先祖权力的第二个例子;但是我仍不明白,由于什么理由,我们的作者似乎对他有点恶感,而且说,他"不义地扩充他的帝国,用暴力侵犯别的家族之主的权力"。这里所说的"家族之主"在他的关于巴别城的分散的叙述中称为"家族之父"。他是怎样称呼都不要紧,我们也明白他们是谁;总之这个父的权力落在他们身上,不出二个,或者因为他们是亚当的嗣子,这样便不能有七十二个,也不能同时有一个以上;或是因为他们是子女们生身的父亲,这样每一个父亲凭借着同样的权利都有支配自己儿女的"父权",其权力之广大与那七十二个父亲一样,他们对于他们自己的后代是独立的君主。他把"家族之主"作出这样的解释之后,又用下述的话很巧妙地叙述了君主制的起源:"在这个意义上,他可以被原为君主制的创建者",即不义地用暴力侵犯别的家族之父支配他们儿女的权利,然而这种父的权力,如果是依据自然权利落在他们的身上(否则那七十二个父亲怎样可以够得到这权力呢?)不得他们自己的同意,没有人能夺去它;那么我想请我们的作者和他的朋友们思考一下,这个问题与别的君主们有多大的关系,按照他在那一段中作出的结论,它是否会将那些把支配权扩大到家族以外的人们的一切王权化作暴君制和篡权制，或者化为族父的选举权与族父的同意权，后者与人民的同意权就只有很小的差别。

他在下一节中所列举出的以东十二公，亚伯拉罕时代在亚洲一角的九个王，在迦南地方为约书亚所消灭的三十一个王，所有这些例子，都是为了证明这些王是有统治权的君主；和那时每一个城都有一个王所下放的力量，都是大量和他直接相反的证据，证明使他们成为君主的，不是亚当传给他的"统治权"。因为假如他们是以这个资格而拥有王位的，那么结果不出二途，或者只能够有一个统治者支配他们全体，或者每一家的父亲都像他们一样，是一个君主，一样可以有资格要求王位。假如以扫的一切儿子，不论长幼，每人都有"父权的权利"，在他们的父亲死后，都成为统治的君主，他们的儿子在他们死后，也有同样的权力，以此类推，一直到亿万代；这样，父亲的一切自然权力，便可能被限制到只可支配他们自己生养的子女和他们的后裔。父的权力随着每个家长的死亡而终结，好让同样的父权落到他的每个儿子身上去各自支配各自的后裔；这样，父的身份的权力的确将被保存下来，而且是可以理解的。

但是它对于达到我们作者的目的却毫无帮助，他举出的那些例子都不能证明，他们具有的任何权力都是基于他们作为亚当的父权之继承者而取得的父权资格，而不是基于自己本身的资格。因为亚当的"父权"是支配一切人类的，每一次他只能传给一个人，然后他只能再传给他的真正继承人，因此，以此种权利为依据，世界上只能有一个王；假如说依据的不是传自亚当的父权，则这种资格就必然只是因为他们自己是父亲，于是他们除了支配自己的后裔之外不能再支配任何人。那么如果属于亚伯拉罕后裔的以东十二公，亚伯拉罕邻国的九王，雅各与以扫以及迦南的31个王，为亚多尼伯锡克所残杀的70个王，到贝纳德来的32个王，在托洛亚城交战的希腊70个王,依照我们作者的主张,如果他们通通都是统治的君主的话,很显然这些君王的权力都是来自"父权身份"以外的某种其他根源,因为他们中有些人的权力范围超出了他们自己的后裔之外,这又证明他们不能全都是亚当的继承人。

一个人凭借着"父的身份"这种权利而提出对权力的要求,我敢说只有在两种情况下才是可以理解的或是可能理解的,即或是因为他是亚当的继承人,或是因为他是能够支配他自己所生的子孙的祖辈,在这两者之外,我敢断言没有人能够找出别的理由。假如我们的作者能够证明,他所举出一大串君主之中,有任何一个是根据上述的资格之一而得有权力的,我或许可以承认他的主张,不过他们显然全都与他用来证明的论点不相干,并且是直接冲突的,他的结论本来是:"亚当支配全世界的统治权按理应当传给了先祖们。"

我们的作者既然告诉我们说,"先祖政治继续存在于亚伯拉罕、以撒和雅各身上,直到被埃及奴役的时代",接着他又说,"我们能够按照明显的脚迹追踪这个父权政府一直到入埃及的以色列人那里,到埃及后,最高父权统治的行使便中断了,因为他们已经为一个较强有力的君主所征服"。我们的作者心目中的父权政府的脚迹——即从亚当传下来的便像我们所见到的那样依据父权来行使的绝对君主权力的足迹——经过2290年,根本就不是什么足迹;因为在所有那段时期内他不能够举出一个例子,证明有任何一个人是依据"父的身份"的权力来要求或行使王权的,或指出有任何一个做君主的人是亚当的嗣子。所有他的证据能证明的只是,在那个时代,世上有父亲、先祖和王;但是父亲和先祖有没有绝对的独断的权力,那些王凭着什么资格拥有他们的权力,这种权力大到什么程度,《圣经》完全没有提及。很显然,依据"父的身份"的权利,

一、权力的起源

他们既不曾也不能够要求享有统治权和帝位的资格。

说"最高的先祖统治权的行使之所以中断，那是因为他们已附属于一个较强有力的君主"这句话，不能够证明什么，只能证实我从前所怀疑的，即"先祖统治权"是一种谬误的说法，在我们的作者身上，它并不能表示他用来暗示的"父的"和"王的"权力的意思，因为在他假设中的这种绝对统治权，是属于亚当的。

因此，当埃及有一个君主，以色列人又是在他的王权统治之下的时候，他怎么可以说"先祖统治权在埃及已经中断了"呢？假如"先祖权"就是"绝对的君主权"，又如果不是这样，而是别的什么东西，为什么他费那么些笔墨来论述一个不成问题的而又同他的目的无关的权力呢？如果"先祖权"就是"王权"，当以色列人在埃及的时候，"先祖的"统治权的行使根本没有中断。的确，那时王权的行使不是在神许与亚伯拉罕的子孙的手中，可是在那之前，我知道也是没有的。除非我们的作者认为只有这个神选的亚伯拉罕的宗系才有对亚当的统治权的继承权，这同他在上面所到的"传自亚当的王权"的中断又有什么关系呢？再说，他所举的 72 个统治者——在巴别城口音变乱时父亲的权力保存在他们的身上——以扫以及以东十二王的例子有什么用处呢？为什么把他们与亚伯拉罕和犹大一道举出来，当成是真正"父权政

治"的行使的例证呢？如果不论什么时候，只要雅各的后裔没有最高权力，世间的"先祖统治权"的行使也就停止了，我猜想如果君主的统治权归埃及法老或别人掌握，倒是会满足他的需要。可是在所有一切地方，我们都不容易发现，他所讨论的目的是什么，特别是在这个地方，当他说到"最高的父权在埃及的行使……"时，他想要达到的目的是什么？或是这话怎样足以证明亚当的统治权传给先祖们或其他的人，都含混到难以猜测。

我原本以为他是在从《圣经》中给我们提出一些关于从亚当传下来的以父权为基础的君主政府的证明和例子,而不是给我们一篇犹太人的历史,这些犹太人,我们要在许多年以后,他们成为一个民族时才发现有君主,并且也不曾提到亚当的继承人是这些君主,或者他们是在具有父权的时候,根据父权而成为君主的。我本以为他既然已经说了这么多关于《圣经》的事情,他想必能从那里面提出一系列的君主,他们都清清楚楚地具有亚当父权的资格,他们作为他的继承人,对他们的臣民拥有并行使父权统治,因此这是真正的父权政府,不料他既没有证明先祖们是君主,也没有证明君主或先祖是亚当的继承人,哪怕是冒充的继承人也罢;这样,倒不如说证明了先祖们全是绝对的君主,先祖和君主的权力只是父权,以及亚当传给他们的这个权力。我认为,所有这些命题都可以从菲迪南多·索托关于西印度的一群小王的杂乱记述中,或者从任一种北美洲的近代历史中,或者从我们的作者引自荷马的希腊七十个王的故事中得到证明,其效果与我们的作者从《圣经》里拿出的那一大堆他一一列举出来的君主们一样地好。

我以为他还不如抛开不谈荷马和他的托洛伊战争为好,因为他对于真理或是君主政体的强烈热忱已经使他对于哲学家们和诗人们产生了如此高度的愤懑,以致于他在序言中告诉我们说:"在今日,喜欢跟着哲学家和诗人们的意见后面跑的人太多了;他们想从其中找到一种可以给他们带来一些自由权利的政府起源学说,使得基督教蒙受耻辱,引出了无神论。"可是这些异教的哲学家和诗人们——像亚里士多德和荷马——只要能够提供一些近乎还可以满足他的需要的东西,却根本没有被我们这位热诚的基督教政治家所拒绝过。

可是,让我们仍旧回到他的《圣经》上的历史来吧。我们的作

一、权力的起源

111

者接着告诉我们说:"自从以色列人摆脱压迫回去,上帝对他们特别关心,挑选摩西和约书亚相继做君主来管理他们,替代最高的父亲的地位。"假如以色列人"脱离埃及的压迫回去"是真的话,他们一定回到自由的状态,并且这话定必包含有他们在受压迫之前及以后都是自由的意思,除非我们的作者说,主人的更换就是"摆脱压迫回去",或是一个奴隶从一只奴隶船搬到另一只船去,就是"摆脱压迫回去"。那么假如说他们"摆脱压迫回去"了,很明显,在那个时代——不管我们的作者在序言中说了些与此相反的话——一个儿子、一个臣民和一个奴隶之间的区别是存在的;不论是在受埃及压迫以前的先祖们还是以后的以色列统治者,都没有"把他们的儿子或臣民算作他们的财物",像处置"别的财物"那样,用绝对的支配权来处置他们。

流便献他的两个儿子给雅各做担保,犹大最后为着使便雅悯平安逃出埃及而充当了担保,这是明显的例证。假如雅各对于他的家族各人的支配权,像支配他的牛或驴一样,像主人对于自己的财物一样,上述的事便完全是空的、多余的,最多是一种笑话而已,并且流便或是犹大拿出来做担保,保证便雅悯回去一事,便正像是一个人从他的主人的羊群中取出两只羊,拿一只出来做担保,保证他一定会好好地把第二只送回去一样。

当他们脱离了这种压迫,其后又怎样呢?"上帝因为对他们以色列人特别的关心。"在他的书中,他竟有一回让上帝对人民关心起来,真好,因为在别的地方,当他讲起人类来时,一若上帝绝不关心他们中的任何部分,而只关心他们的君主,至于其余的人民,人类的社会,只被他当做若干群的家畜,供他们的君主使役、应用和作乐。

上帝挑选摩西和约书亚相继做君主来统治;这是我们的作者所发现的这个精明的论据,证明上帝关心父的权力和亚当的继承人。这里面,为表示上帝对于他自己的人民关心,他挑选来做他们的君主的人竟都绝没有做君主的资格,因为摩西在利未族中,和约书亚在以法莲族中,都没有父亲的身份。但是我们的作者说,他们是代替最高的父亲地位的。假如上帝曾在任何地方像他选择摩西和约书亚那样明确地宣告过他把这样的父亲做统治者,我们就可以相信,摩西和约书亚是"代替他们的地位的"。但是那是一个还在争论中的问题,在这个问题没有被更好地证明以前,摩西为上帝选作他的人民的统治者,不能证明亚当的继承人或属于"父亲的身体"拥有继承权所有,正如同上帝选择利未族中的亚伦做祭司,不能证明祭司一职属于亚当的继承人或"最高的父亲"所有一样。因为纵使祭司和统治者两种职位都不是安排在亚当的继承人身上或是父的身份之上,上帝仍然可以选择亚伦做以色列的祭司,摩西来统治。

我们的作者接着说:"同样,在选择了他们之后没多久,上帝又设置了裁判官,在危险的时候保护他的人民。"这证明父的权力是政府的渊源,同从前一样,继承人是从亚当手中得到的,只是在这里,我们的作者似乎承认这些在当时全都是人民的统治者的裁判官们都不过是些勇敢的人们,在危险的时候,人民推举他们做将军来保护他们。难道没有父权为统治权力的依据,上帝就不可以设置这些人员吗?

可是,我们的作者说,当上帝为以色列立君的时候,他重新建立了父权政府世代承袭制这一个古老而原始的权利。

上帝是怎样重新建立的呢?是用一种法律吗?即一种成文的命令吗?这样的事情我们找不到,那么我们的作者的意思便是,当上帝为他们立君主之时,在为他们立君之中,他就"重新建立了这权利"等等。所谓在事实上重新建立对父权统治的世代承袭权,便是让一个人占有他的祖先曾经享有的以及他自己根据世袭权也有资格享有。因为，第一，假如不是他的祖先曾有过的政府，而是另一政府，那就不是继承一种"古老的权利"，而是开始一种新的权利。如果一个君主，除了赐给一个人以多年来他的家族已被夺走的早期遗产以外，还另外赐以从来不曾为他们祖先所占有过的财产，在这个场合，只有对于从前为他们的祖先享有过的产业，才能说是"重新建立世代承袭的权利"，别的产业就不能这样说。因而，如果以色列诸王所有的权力多过以撒或雅各所有，那便不是在他们身上"重新建立"对某一种权力的继承权，而是给他们以新的权力——不论你怎样称呼这种权力，不管是不是"父权"；至于以撒和雅各有没有与以色列诸王一样的权力，我请大家根据上面讲过的话去加以考虑，我不相信他会发现亚伯拉罕以撒或者雅各享有任何一点王权。

其次，除非那个取得这种权力的人，确实有继承之权，又是他所继承的人的真正下一代继承人，不然对任何东西都不能有所谓"原始的与古老的世袭权利之重新建立"。在一个新的家族中开始的事情，能说是重新建立吗？让无权继承的人得到王位，然而这个人在世代继承没中断过的情况下，又根本没有可能提出取得这种权利的借口，这能说是一种古老的世袭权的重新建立吗？上帝赐予以色列人的第一个王扫罗是出自便雅悯族。是否"古老的和原始的世代继承权"在他身上"重新建立"了呢？大卫是第二个王，他是耶西最幼的儿子，而耶西是雅各的第三个儿子，犹大的后裔。是否是在他身上，又"重新建立了对父权政府的古老而原始的世代继承权呢？"抑或是在王位的继承者他的幼子所罗门的身上呢？是在支配十族的耶罗波安的身上呢？抑或是在登基六年与王族血统完全无关的亚他利雅的身上呢？假如"父权政府的世代承袭这种古老而原始的权利"重新建立在上述诸人中的任一个人或他们的后裔身上，那样"父权政府世代承袭的古老而原始的权利",不论长兄幼弟都可享有,只要活着,在他身上都可重新建立这种权利;因为凡是幼弟们和长兄们一样,根据"世代承袭的古老的和原始的权利"可以得有的权利,无论它是什么,每一个活着的人也可凭着世代承袭权而取得这种权利,包括罗伯特爵士以至任何人。我们的作者是为了保障王权和王位继承权而重新建立的对"父权"或"王权"政府的世代继承权,如果每一个人都可以享有这种权利,那么这是一种什么样的英勇权利,就让大家来考虑吧。

然而我们的作者又说"每当上帝选择王位的主人时,他预定使他的子孙也享有这种利益,虽然王位的授予只提到父亲,这种利益已被认为是充分地包含在父亲身上"。但是这也不能对继承问题有所帮助,因为即使依照作者所说,君权授予的恩惠亦要传及承受此权利者的子孙,这指的就不是继承权,为什么?因为上帝既把某项东西一般地给予某人同他的子孙,则具有此项权利的人不能是特定的某一个子孙,相等的权利应赋予每一个人。假如说我们的作者的意思是指嗣子而言,我想作者同任何人一样都很愿意用这个词,只要这样做能满足他的需要;然而继大卫为王的所罗门与继大卫统治十个支派的耶罗波安一样,虽然都不是他的嗣子,但却是他的后代,因此我们的作者有理由避免要嗣子们继承,因为这种说法在继承上行不通,这一点我们的作者不能反对,于是他的继承权理论便不攻自破,犹如他在这个问题上什么也没有说过一样。因为如果上帝把君权授予一个人及其子孙,就像他把迦南地赐给亚伯拉罕和他的子孙,岂不是他们大家都有权利——大家都有份儿了么?那么,一个人照样能够说上帝把迦南地赐给亚伯拉罕和他的子孙,根据上帝的授予,它只属于他的子孙之一而不及于所有其余的子孙,如同说上帝把统治权授予一人和"他的子孙",而根据这个授予,这个统治权却只是全部属于他子孙中的某一人，而不及于所有的其余的人一样。

然而我们的作者将怎样证明，每当上帝选择某一个特定的人做王的时候，他预定子孙们（我假定他的意思是指他的子孙们）也必定享有这种利益呢？他在同一节中说，"上帝因对以色列人特别关心，挑选摩西和约书亚做君主来统治。"他竟这么快就把摩西和约书亚，连同上帝所立的士师们忘记了吗？这些君长既有"最高的父的身份"的权威，他们不是具有与君主同等的权力吗？他们既为上帝自己而特别选任，他们的后裔难道不应像大卫和所罗门的后裔一样也享有那个选任的利益吗？假如他们的父权是由上帝直接交给他们的手上，为什么他们的"子孙"没有这种利益，继承这个权力呢？或者，假如他们是以亚当的嗣子的资格取得这种权力的，他们彼此既不能互为继承者，为什么他们自己的嗣子们在他们死后不能凭借传给他们的权利享有这种权力呢？摩西、约书亚和士师们的权力是否同大卫和以色列诸王的权力相同，并且是出于同一渊源呢？是否一个人所有的权力必不能为另一个人所有呢？假如这种权力不是"父权"，于是上帝自己的选民也受那些没有"父权"的人所统治，然而那些统治者没有这种权力但照样治理得很不错。假如这种权力是"父权"，而行使这权力的人是由上帝特选，那么我们的作者所说的："每当上帝选择一个人做最高的统治者（因为我认为君主这个名称并没有什么魔力，真正的差别并不在于称号，而在于权力），他预定这个人的子孙也都享有这种利益"这条规则便没有用处了；因为从以色列人出埃及到大卫的时代（四百年），任何一个儿子除了在父亲死后与诸士师一起继承他的统治权，审判以色列人外，子孙们从来不是"那样充分地被包含在父的身上"。假如为避免这点，而说上帝时常选择继位者，这样把"父的权力"赐转给他，而不让他的子孙继承，耶弗他故事中（《士师记》第十一章）的情况很显然不是如此。耶弗他与人民立约，他们就拥护做士师来统治他们。

那么我们的作者说,"每当上帝选择一个特定的人"来行使"父的权力",因为假如这不是指为王的意思,我倒是很想知道一个王与一个行使"父权"的人之间有什么分别,他预定这个人的子孙也享有这种利益,就是白说的了。因为我们看见士师所有的权力及身而止,而不传给他们的子孙;假如士师没有"父的权力",我恐怕要难为我们的作者或任一个信服他学说的朋友来告诉我们,那时谁有"父的权力",即是说支配以色列人的统治权和最高权力;我恐怕他们只好承认上帝的选民,作为一个民族存在了几百年,并不知道或根本没有想到过这个"父的权力",或许没有出现过任何君主的政府。

若想充分明白这一点,只要读读《士师记》最后三章所载的利未人的故事,以及因为利未人的缘故,以色列人与便雅悯人战争的历史就行了。当我们看到,利未人民要求报仇,为这事而讨论、决议以及指挥当时行事的,都是以色列众支派和他们的公会,那么我们的结论不出二途,或者上帝在他自己的选民当中并不是"小心地保存父的权力",或者在没有君主政府的地方,"父的权力"也可以得到保存。假如是后者,那么尽管"父的权利"得到极为有效的证明,却不能由此推论出君主制政府的必要性;假如是前者,那么上帝一方面规定"父的权力"在人类的儿子中间那样神圣不可侵犯,没有它就不能拥有权力或是政府;而在他自己的选民中间,甚至当他正在替他们设立一个政府并且正在给一些国家和给人们之间的关系规定法则时,这个伟大的根本的一点,在其余一切事情中最重大和最必要的一点会被隐藏和被忽略达四百年之久,岂不是咄咄怪事,令人难以置信吗?

在我丢开这个问题以前,我不得不问一下,我们的作者怎样会知道,"每当上帝选择一个特定的人做王的时候,他预定这个人的子孙,也都享有这种利益"。上帝是通过自然的法则或启示来说的吗？根据同一法则，他也必须说明他的"子孙"中哪一个应当根据继承法则享有王位，即是要指出他的继承人，否则便会让他的"子孙"们去分割或争夺统治权了，两种情况都是荒谬的，并且会达到使这种赐给"子孙"的利益遭受破坏的地步。当有人提到上帝曾宣布过这种意思的证据时，我们有责任相信上帝确有这种意思，然而在没有提出证据前，我们的作者应该对我们提出一些较好的根据，之后我们才有义务奉他为上帝意旨的可信的启示者。

我们的作者说："在他授予王位时只提及父的名字，子孙已经充分地包含在父的身上。"可是，当上帝把迦南的土地赐给亚伯拉罕时（《创世记》第十三章第十五节），上帝认为应该把"他的子孙"也包含在内，同样，祭司的职务是赐予"亚伦和他的子孙"；上帝不只把王位赐给大卫，还赐给他的子孙；不论我们的作者怎样对我们保证"当上帝选择一个人做王的时候，他预定这人的子孙也享有这种利益，"我们却看见，他赐给扫罗以王位，却并没有提到在他死后他的子孙怎样，并且王位也不归他的子孙所有；为什么在选择一个人做王时，上帝就预定他的子孙也享有这种利益，而在选择一个人做以色列的士师时，就不是这样做，我很愿意得到一个理由。为什么上帝赐给一个王以"父的权力"时，就包含他的"子孙"，然而对一个士师作同样的赐予时，就不包含这个呢？是否"父的权力"根据继承权只应该传给一个人的子孙而不应传给另一个人的子孙呢？这区别的理由对我们的作者实在有说明的必要，如果赐予之物同样是"父的权力"，赐予的方式同样是上帝对于人物的选择，而且仍有分别，则区别所在必不单是名称了。因为我们的作者说，"上帝立士师"，我认为他决不会承认他们是由人民选择的。

然而我们的作者既然那样自信地断言上帝小心保存"父的身份",并自诩他所说的一切都是建立在《圣经》的权威之上,我们可以预期他们的法律、制度以及历史主要都包含在《圣经》里的民族会给我们提供更明白的例子,来证明上帝对于在那个民族中保存父权所表示的关心,因为大家都承认,上帝对这个民族是特别关怀的。那么让我们来看看,从犹太人开始成为一个民族以来,在他们中间,这种"父的权力"或统治权是处于什么状态。根据我们的作者的自白,由他们入埃及到他们脱离埃及的羁绊回来这二百多年中,这种权力是根本不存在的。由那时直到上帝为以色列人立君的大概又是四百年中,我们的作者对这个问题也只作了很简略的叙述,的确,在整个那段时间中,犹太人中间也没有父权或王权政治的一点迹象可寻。然而我们的作者却说:"上帝重新建立了父权政府的古老还有首要的直系继承权。"

我们已经看到了当时建立的"父权政府的直系继承权"是什么。我现在只要考虑一下这种情况经历了多久,那就是到他们被囚为止,大约有五百年;从那时起到六百多年之后被罗马人灭亡这个时期中,这个古老而首要的"父权政府的直系继承权"再一次失去,此后在没有这种权力的情况下,他们仍旧是在上帝赐予的土地上的一个民族;可见,在他们作为上帝的特选民族的一七五〇年之中,他们保有世袭君主政府的不到三分之一时间。然而在这一段时期里,没有一刻有"父权政府的痕迹,也没有重新建立这古老而首要的对父权政府的直系继承权"的迹象,无论我们认为从来源上说,它是从大卫、扫罗、亚伯拉罕等人得来的,或者按照我们作者的原则说来是从唯一的真正的来源,从亚当得来的……

二、权利的范畴

（一）对政治权利的意见

上篇已经阐明：

第一，亚当并不是基于父亲身份的自然权利或上帝的明白赐予，享有对于他的儿女的那种权威或对于新世界的统辖权，这正像有人所主张的一样。

第二，即使他享有这种权力，他的继承人并没有权利享有这种权力。

第三，他的继承人们即使享有这种权力，但是由于没有自然法，也没有上帝的成文法，来确定在任何场合谁是合法继承人，就无从确定继承权因而也就无从确定统治权应该由谁来掌握。

第四，即使这也已被确定，但是谁是亚当的长房后嗣，早已绝对无从查考，这就使人类各种族和世界上各家族之中，不可能有哪一个家族比别的更能自称是最长的嫡裔，而享有继承的权利。

所有这些前提，既然已交代清楚，那么我认为现在世界上的统治者要想从以亚当的个人统辖权和父权为一切权力的源泉的说法中得到任何好处，或从中取得丝毫权威，就成为不可能了。所以任何人，只要他举不出正当理由来，那么世界上的一切政府都只是强力和暴力的产物，人们生活在一起乃是服从弱肉强食的野蛮的法则，而不是服从其他的法则，这也是永久混乱、祸患、暴动、骚扰和叛乱（凡此都是赞同那一假设的人们所大声疾呼地反对的事情）的基础，他就必须在罗伯特·菲尔麦爵士的说法之外，去寻求其他关于政府的产生、关于政治权力的起源和关于用来安排和明确谁享有这种权力的方法的说法。

为此目的，我提出我个人关于什么是政治权力的意见，我想我这样做不会是不适当的。我认为长官对于臣民的权力，同父亲对于儿女的权力、主人对于仆役的权力、丈夫对于妻子的权力和贵族对于奴隶的权力，是可以截然不同的。由于这些不同的权力有时都集中在同一个人身上，如果我们在这些不同的关系下对他进行考究的话，这就可以帮助我们分清这些权力之间完全不同的地方，从而说明一国的统治者、一家的父亲和一船的船长之间的不同。

因此，我认为政治权力就是为了确定和保护财产而制定法律的权利，判处死刑和一切较轻处分的权利，并从而使用这种共同体的力量来执行这些法律和保卫国家不受外来侵害的权利；而这一切都只是为了公众福利。

（二）论政治权利的自由状态

我们通过考究人类原来自然地处在什么状态，从而正确地了解政治权力，并追溯它的起源。那是一种完整无缺的自由状态，他们在自然法的范围内，按照他们认为最合适的办法，选择他们自身的行动与处理他们的财产和人身的方式，而毋需得到任何人的许可或听命于任何人的意志。

这也是一种平等的状态，在这种平等状态中，权力和管辖权都是相互共存的，没有一个人享有多于别人的权力。极为明显，同种和同等的人们既然毫无差别地生来就享有自然的一切同样的有利条件，能够运用相同的身心能力，人人就有理由完全平等，不存在从属或受制关系，除非他们全体的主宰以某种方式显示他的意志，将一人置于另一人之上，并以某种明确的授权赋予他以不容怀疑的统辖权和主权。

明智的胡克尔认为人类基于自然的平等是既明显又不容置疑的，因而把它作为人类互爱义务的基础，并且通过它建立人们相互之间应有的种种义务，从而引伸出正义和仁爱的重要准则。他的原话是：

人们知道有爱人与爱己的责任，这是因为具有相同的自然动机。因为既然看到相等的事物必须使用同一的尺度，如果我想得到好处，甚至想从每个人的手中得到任何人所希望得到的那么多，则除非我必须设法满足无疑地也为那些具有相同本性的人所提出的要求，我如何能希望我的任何部分的要求都得到满足呢？如果给人们以与此种要求相反的东西，一定会使他们产生不快，如同我在这情况下也同样会不快一般。所以如果我为害他人，我只有期待惩罚，因为并无理由要别人对我比我对他们表现出更多的爱心。因此，如果我要求与我具有共同本性的人们尽量爱我，我便会负有一种自然的义务对他们充分地具有相同的爱心。从我们和与我们相同的他们之间的平等关系上，自然理性引伸出了若干人所共知的指导生活的规则和教义。

（《宗教政治》，第一卷）

这是自由的状态，但却不是放任的状态。在这状态中，虽然人都具有处理他的人身或财产的无限自由，但是他却并没有毁灭自身或他所占有的任何生物的自由，除非有一种比单纯地保存它来得更高贵的用途要求将它毁灭。有一种为人人所应遵守的自然法对自然状态起着支配作用；而理性，也就是自然法，教导着有意服从理性的全人类：

人们既然都是平等和独立的，那么任何人就不得侵害他人的生命、健康、自由或财产。假定人们都是全能和无限智慧的创世主的创造物，都是唯一的最高主宰的仆人，奉他的命令来到这个世界，从事于他安排的事务，他们就是他的财产，是他的创造物，他有权决定他们是否存在，而不是由他们彼此之间做主；我们既赋有同样的能力，在同一自然社会内共享一切，就不能设想我们之间有任何的从属关系，可使我们有权彼此毁灭，好像我们生来就是为彼此利用的，这正如同我们利用低等动物。正因为每一个人都必须保存自己，不能擅自改变他的地位，所以基于同样的理由，当他保存自身不成问题时，除非为了惩罚一个罪犯，他就应尽其所能去保存其余的人类，不应该夺去或损害另一个人的生命以及一切有利于保存另一个人的生命、自由、健康、肢体或物品的事物。

为了约束所有的人不侵犯他人的权利，不互相伤害，使大家都严格遵守旨在维护和平和保卫全人类的自然法，在那种状态下每一个人都允许去执行之，使每一个人都有权惩罚违反自然法的人，以制止违反自然法为度。自然法和世界上有关人类的一切其他法律一样，在自然状态中假如没有人拥有执行自然法的权力，用来保护无辜和约束罪犯，那么自然法就毫无用处了。而如果有人在自然状态中可以惩罚他人所犯的任何罪恶，那么人人就都可以这样做了。因为根据自然在完全平等的状态中，没有人享有高于别人的权利或对于别人享有管辖权，所以任何人在执行自然法的时候所能做的事情，人人都应当拥有去做的权利。

因此，在自然状态中，一个人就是这样得到支配另一个人的权力的。但当他抓住一个人犯罪时，却没有绝对或任意的权力，按照情感的冲动或意志放纵来加以处置，而只能根据冷静的理性和良心的指示，比照他所犯的罪行，对他施以惩罚，尽量起到纠正和禁止的作

二、权利的范畴

用。因为纠正和禁止是公允地可以合法地去伤害另一个人,即我们称之为惩罚的唯一理由。罪犯在触犯自然法时,已经表明自己按照理性和公道之外的规则生活,而上帝为人类的相互安全所创造的人类行为的尺度正是理性和公道,所以谁违反和破坏了保障人类不受损害和暴力的约束,谁就对于人类是危险的。这既是对全人类的侵犯,也是对自然法所规定的全人类和平与安全的侵犯,因此人人基于他所享有的保障一般人类的权利,从而保证有权制止甚至在必要时毁灭所有对他们有害的东西,就可以给触犯自然法的人以那种足以能促使其悔改的不幸遭遇,从而使他并通过他的榜样使其他人不敢再犯同样的毛病。依据这个理由,在这种情况下,人人都享有惩罚罪犯和充当自然法的执行人的权利。

我并不怀疑在某些人看来这似乎是一种很奇怪的学说。但是我要求他们在非难这一学说之前,先为我解释:基于什么权利,任何君主或国家对于一个外国人在他们的国家中犯了任何罪行可以处以死刑或加以惩罚。可以肯定,通过立法机关所公布的决定才获得效力的法律,并不及于一个外国人:它们不是针对他而订的,而且即使是针对他的,他也没有受约束的义务。可能立法权对该国臣民能产生约束力,但对他却是无效的。那些在英国、法国、荷兰享有制定法律的最高权力的人们,对一个印第安人来说,仅和世界上其余的人一样是没有任何权威的人们。正因如此,如果基于自然法,每一个人并不享有对触犯自然法的行为加以惩罚的权力,尽管根据他的清醒的判断认为有此必要,我就不能理解任何社会的官长怎么有权力去处罚属于另一国家的外国人,因为就他而言,他们所享有的权力并不多于每一个人基于自然法对于另一个人可以享有的权力。

违法和不符合正当理性规则的行为,构成了罪行,一个人因此堕落,并且宣布自己抛弃人性的原则而成为有害的人,除此以外,通常还有对某个人所施的侵害,以及另一个人由于他的犯罪而遭受到损害。在这种情况下,任何被损害的人,除与别人共同享有的处罚权之外,还依法享有特殊权利,有权要求犯罪人赔偿损失。

通过这两种不同的权利——一种是人人所享有的旨在制止同类罪行而惩罚犯罪行为的权利,另一种是只属于受到损害的一方的要求赔偿的权利——产生这样同一种情况,即法官基于自己作为法官而享有的公众的惩罚权利,往往能够在公众福利要求不执行法律的场合,根据他自己的职权免除对犯罪行为的惩罚,但却不能使受到损害的任何个人放弃应得的损害赔偿。受害人有权利以自己的名义提出要求赔偿,只有他自己才能放弃这种权利。受害人基于自卫的权利,拥有将罪犯的物品或劳役据为己有的权力,正如基于保卫全人类并为此作出一切合理行动的权利,人人拥有惩罚罪行并且防止罪行的再度发生的权力一样。因此,在自然状态中,人人都有处死一个杀人犯的权利,从而以杀一儆百来制止他人造成同样无法补偿的损害行为,同时也是为了保障人们不再受罪犯的侵犯,这个罪犯既已灭绝理性——上帝赐给人类的共同准则——以他对另一个人所施加的不义暴力和残杀而向全人类宣战,因而可以当作狮子或老虎加以消灭,当作人类不能与之共处和不能有安全保障的一种野兽来加以毁灭。"谁使人流血的,人亦必使他流血",这一重要的自然法就是以上述的情况为根据的。该隐深信无疑,人人享有毁灭这种罪犯的权利,所以杀死兄弟之后他喊道,"凡遇见我的必杀我",这是早就那样明白地镂铭人心的。

同理,在自然状态中,一个人可以处罚违反自然法较轻的情况。也许有人会问,是否处以死刑?我的回答是,处罚每一种犯罪的程度和轻重,应以是否足以使罪犯觉得不值得犯罪,从而使他悔悟,并且警戒别人不再犯同样的罪行而定。在自然状态中能够发生的罪行,也可以在同一个国家中,如同在自然状态中,同样地和同等程度地受到惩罚。尽管我不准备具体论及自然法的细节或者它的惩罚标准，但是可以肯定，确有这种法的存在，而且对于每一个有理性的人和自然法的研究者来说，它像各国的明文法一样可以理解和浅显，甚至可能还要浅显一些，正像比起人们追求用文字表达的矛盾和隐藏的利益时所作的幻想和错综复杂的机谋来，合理的议论会更易为人所了解。大部分国家的国内法确是这样，这些法律只有以自然法作为根据时才是公正的，它们的规定和解释必须以自然法为根据。

对于这一奇怪的学说——认定在自然状态中，人人都拥有执行自然法的权力——我相信总会有人提出反对：人们充当关于自己案件的裁判者是不合理的，自私会使人们偏袒自己和他们的朋友，但在另一侧面，心地不善、感情用事和报复心理都会使他们过分地惩罚别人，结果只会发生混乱和无秩序；所以上帝曾用政府来约束人们的偏私和暴力。我承认，针对自然状态的种种不方便的情况而设置的公民政府是正当的。人们充当自己案件的裁判者，在这方面的不利之处确实很大，因为我们很容易设想，一个加害自己兄弟的不义之徒就不会那样地有正义感来宣告自己有罪。但是提出异议只要人们记住，专制君主也不过是人；如果设置政府只是为了补救由于人们充当自己案件的裁判者而必然产生的弊害，因而自然状态是难以忍受的，那么我愿意知道，如果一个统治众人的人享有充当自己案件的裁判者的自由，可以任意处置他的一切臣民，不享有过问或控制任何凭个人好恶办事的人的丝毫权利，而不论他所做的事情是由理性、错误或情感所支配，臣民都必须无条件加以服从，那是什么样的一种政府，它并不比自然状态好多少。在自然状态中，情况要好得多，在那里，人们不必服从另一个人的不法的意志；如果裁判者在他自己或其他的案件中作了错误的裁判，他就应对其余的人负责。

往往有人当作一个重大的反对论点而提出这样的一个问题：现在

哪里有或曾经有过处在这种自然状态中的人呢！对于这个问题，目前只要这样来回答就够了：全世界的独立政府的一切统治者和君主既然都是处在自然状态中，那就很明显，不论过去或者将来，世界上是都不会没有一些人处在那种状态中的。我指的是独立社会的一切统治者，无论他们是否同别人联合。因为并非每一个契约都起着终止人们之间的自然状态的作用，而只有彼此相约加入同一社会，才进而保证构成一个国家的契约能起这一作用；人类可以相互订立其他协议和合约，而仍然处在自然状态中。在荒芜不毛的岛上，如同加西拉梭在他的秘鲁历史中所提到的，或是一个瑞士人和一个印第安人在美洲森林中所订立的交换协议和契约，对于他们无疑是有约束力的，尽管他们彼此之间完全处在自然状态中。因为诚实和守信是属于作为人而不是作为社会成员的人们的品质。

对于那些并不认为人类处在自然状态中的人们，我首先要引用明智的胡克尔在《宗教政治》第一卷第十节中所说的话："上述的法则——即自然法——对于人类来说，甚至以若干个人的面目出现时，也是有绝对约束力的，尽管他们从无任何固定的组织，彼此之间也从无关于应该做什么或不应该做什么的庄严协定。假定既然我们不能单独地由自己充分供应我们天性所要求的生活，即适于人的尊严的生活所必需的物资，从而为弥补我们在单独生活时所必然产生的缺点和缺陷创造条件，我们自然地想要去和他人群居并且共同生活，这是人们最初联合起来成为政治社会的原因。"我还进一步断言，所有人自然地处于这种状态，在他们同意成为某种政治社会的成员以前，一直就是这样。我相信这篇论文的以后部分会把这点说得很清楚。

二、权利的范畴

（三）论政治权利与战争状态

战争状态是一种敌对的和毁灭的状态。因此凡是用语言或行动表示对另一个人的生命有确定不移的企图，而不是出于一时的意气用事，他就使自己与他对其宣告这种意图的人处于战争状态。这样，他就把自己的生命置于那人或协同那人进行防御和支持其斗争的任何人的权力之下，从而有丧失生命的危险。我有权享有毁灭那威胁我的东西的权利，这是合理和正当的。因为基于根本的自然法，人应该尽可能地保卫自己，而如果不能保卫全体，则就应将保卫无辜的人的安全放在首位。一个人可以毁灭向他宣战或对他的生命怀有敌意的人。他可以这样做的理由就像他可以随意杀死一只豺狼或狮子一样。这种不受共同的理性法则约束的人，除强力和暴力的法则之外，没有其他的法则，因此可以被当作猛兽来看待，被当做危险和有害的动物来看待，人只要落在它们的爪牙之内，就必然遭到毁灭。

因此，谁企图将另一个人置于自己的绝对权力之下，谁就同那人处于战争状态，那应被理解为对他人的生命有所企图的表示。因此，我有理由断定，凡是不经我同意将我置于其权力之下的人，在他已经得到了我以后，就可以任意处置我，甚至也可以随意毁灭我。谁也不能希望把我置于他的绝对权力之下，除非是通过强力迫使我接受不利于我的自由权利的处境，也就是迫使我成为奴隶。免受这种强力的压制，是自我保存的唯一保障，我的理性使我把那些想要夺去我的作为自保屏藩的自由的人，当作危害我的生存的敌人看待；因此凡是图谋奴役我的人，便使他自己同我处于战争状态。凡在自然状态中想夺去别人自由的人，必然会被假设为具有夺去其他一切东西的企图，这是因为自由是其他一切的基础。同样地，凡在社会状态中想夺去那个社会或国家的人们的自由的人,也会被认为企图夺去他们的其他一切,并被看作处于战争状态。

基于这个理由,一个人可以合法地杀死一个窃贼,尽管窃贼并未伤害他,也并没有对他的生命表示任何企图,而只是使用强力把他置于他的掌握之下,以便夺去属于他的金钱或他所中意的东西。因为窃贼并无权利将我用强力置于他的权力之下,不论他的借口是什么,所以我并没有理由认为,那个想要夺去我的自由的人,在把我置于他的掌握之下以后,不会夺去我的其他的一切东西。故而我有权合法地把他当作与我处于战争状态的人来对待,也就是说,如果我能够的话,就杀死他;无论是谁,只要他造成战争状态并且是这种状态中的侵犯者,就必然已置身于危险的处境中。

这就是自然状态与战争状态的明显区别,尽管有些人把它们混为一谈,正像和平、善意、互助和安全的状态与敌对、恶意、暴力和互相残杀的状态之间的区别那样迥然不同。人们受理性支配而生活在一起,不存在拥有对他们进行裁判的权力的人——世间的共同尊长,这也就是处在自然状态中。可是,对另一个人的人身用强力或表示企图使用强力,而又不存在人世间可以向其求助的共同尊长,这是战争状态。而正是因为无处可以告诉,就使每一个人有权利向一个侵犯者宣战,尽管他是社会的一分子和同是一国的臣民。因此,虽然我不能因为一个窃贼偷了我的全部财产而伤害他,我只能诉诸于法律,但是当他着手抢我的马或衣服的时候,我可以杀死他。这是因为,在那个时刻那些保卫我的法律不能对当时的强力加以制止以保障我的生命,而生命一经丧失就无法补偿,这时我就可以进行自卫并且享有战争的权利。即杀死侵犯者的自由,侵犯者不容许我有时间去诉诸我们的共同的裁判者或法律的判决来救助一个无可补偿的损害。不存在具有权力的共同裁判者的情况使人们都处于自然状态;不基于权利以强力加诸别人，不论有无共同裁判者，结果都造成一种战争状态。

但是强力一旦已停止使用，处在社会中的人们彼此间的战争状态便宣告终止，双方都同样地受法律的公正决定的支配，因为那时已经有诉请处理过去伤害和防止将来危害的救济办法。如果没有明文法和可以向其诉请的具有权威的裁判者的救济，像在自然状态中那样，战争状态一经开始便仍然继续，无辜的一方无论何时只要有可能的话，始终有权毁灭另一方，一直到侵犯者提出和平的建议，并愿意进行和解为止，其所提出的条件必须能赔偿其所作的任何损害和保障无辜一方的今后安全。不仅如此，纵然存在诉诸法律的手段和确定的裁判者，但是由于枉法行为的肆无忌惮和对法律的歪曲，法律的救济遭到拒绝，而不能用来保护或赔偿某些人或某一集团所遭的暴行或损害，这就无法使人想象除掉战争状态以外还有别的什么情况。因为只要是使用了暴力并且造成了伤害，尽管出于受权执行法律的人之手，也不论披上了怎样的法律的名义、借口或形式的外衣，它必然只会是暴力和伤害。法律的目的是对受法律支配的一切人公正地运用法律，借以保护和救济无辜者；如果并未善意地真正做到这一点，就会有战争强加于受害者的身上，他们既不能在人间诉请补救，在这种情况下唯一救济的办法，就是诉诸于上天。

避免这种战争状态（在那里，除掉诉诸于上天，没有其他告知他人的手段，并且因为没有一些权力可以在争论者之间进行裁决，每一细小的纠纷都会这样终结）是人类组成社会和必然脱离自然状态的一个重要原因。因为要是如果人间有一种权威、一种权力，可以向其诉请必然救济，那么战争状态就不会再继续存在，纠纷就可以由那个权力来裁决。假使当初人世间便有任何这样的法庭，任何上级裁判权来决定耶弗他和亚扪人之间的权利，他们绝不致进入战争状态；但是我们看到他被迫而诉诸于上天。他说"愿审判人的耶和华，在今天以色列人和亚扪人中间，判断是非"（《旧约》士师记，第十一章，第二十七节），然后进行控诉并且凭借他的诉请，他就率领军队投入战斗。因此在这种纠纷中，如果提出谁是裁判者的问题，这并不意味着，谁都有权对这一纠纷进行裁决。谁都知道，耶弗他在这里告诉我们的是，"审判人的耶和华"应当裁判。如果人世间没有裁判者，那么只能诉诸于天上的上帝。因此那个问题不可能判定谁应当判断究竟别人有没有使自己与我处于战争状态，以及究竟我可否像耶弗他那样诉诸上天。关于这个问题，只有我自己的良心才能够判断，所以在最后的审判日，我将对一切人的最高裁判者负责。

（四）论人的自然自由

人的自然自由，就是不受人间任何上级权力的约束，不处在任何人的意志或立法权之下，只以自然法为准绳。处于社会中的人的自由，就是除经人们同意在国家内所建立的立法权以外，不受其他任何立法权的支配；除了立法机关根据对它的委托所制定的法律以外，不受意志的管辖或任何法律的约束。所以自由不是非像罗伯特·菲尔麦爵士所告诉我们的那样："各人乐意怎样做就怎样做，高兴怎样生活就怎样生活，而不受法律束缚的那种自由（《亚里士多德〈政治论〉评述》）。"处在政府之下的人们的自由，应有长期有效的规则作为其生活的准绳，这种规则为社会一切成员所共同遵守，并为建立秩序的立法机关所制定。这是在规则未加规定的一切事情上都能按照我自己的意志去做的自由，而不受另一人的反复无常的、事前不知道的和武断的意志的支配；如同自由是除了自然法以外不受其他的约束那样。

这种不受绝对的、任意的权力约束的自由，对于每一个人的自我保卫是如此必要和有密切联系，必然导致他不能丧失它，除非连他的自卫手段和生命都一起丧失。因为一个人既然没有创造自己生命的权力，就不能用契约或通过同意把自己交由任何人奴役，或置身于别人的绝对的、任意的权力之下，而任其夺去生命。谁都不能把多于自己所有的权力给予他人；凡是不能够剥夺自己生命的人，就不会把支配自己生命的权力给予别人。当然，当一个人由于过错，做了理应处死的行为而失去了生命权的时候，他把生命丧失给谁，谁就可以（当谁已掌握他时）随时剥夺去他的生命，利用他来为自己服役。这样做，对他并不造成损害，因为当他权衡奴役的痛苦超过了其生命的价值时，他便有权以一死来反抗他的主人的意志。

这是最完全的奴役状况，它不外乎是合法征服者和被征服者之间的战争状态的继续。如果他们之间仅因为订立了契约，那么是否作出了协议，使一方拥有有限的权力和另一方必须服从，那么在这一契约的有效期内，战争和奴役状态便宣告终止。因为正如上述，谁都不能以协定的方式把自己所没有的东西，例如支配自己的生命的权力，交给另外一个人。

我承认，我们看到在犹太人中间，乃至于在其他民族中间，的确有出卖自身的事情；但是很清楚，这是为了服劳役，完全不同于充当奴隶。因为很明显，被出卖的人并不处在一种绝对的、任意的专制权力之下。不论何时，主人都并无杀死他的权力，而在一定的时候，都必须解除他的服役，使他自由；这种奴仆的主人无权决定奴仆的生死，因此不能随意地伤害他，只要使他损失一只眼睛或一颗牙齿，就使他获得自由（《旧约》出埃及记，第二十一章）。

（五）论所有权与财产权

不论我们就自然理性来说，人类一出生即享有生存的权利，因而可以享用肉食和饮料以及维持他们的生存的自然供应物品；或者就上帝的启示来说，上帝如何把世界上的东西给予亚当、给予挪亚和他的儿子们；这都是很明显，正如大卫王所说（《旧约》诗篇第一百十五篇，第十六节），上帝"把土地给了世人"，从而使人类共有。但即使假定这样，有人似乎还很难理解：怎能使任何人对任何东西都享有财产权呢？我并不认为作如下的回答就可以满意：如果说，上帝将世界给予亚当和他的后人为他们所共有，这难以理解财产权，那么根据上帝将世界给予亚当和他的继承人并排斥亚当的其他后人这一假设，除了唯一的全世界君主之外，谁都不可能享有任何财产。可是我会设法说明，在上帝给予人类所共有的东西之中，人们怎样可能使其中的一部分成为他们的财产，并且这还不必经过全体世人的明确协议。

上帝既然将世界给予人类共有，亦给了人们以理性，让他们为了生活和便利的最大好处而加以利用土地和其中的一切，都是给人们用来维持他们的基本生存和舒适生活的。自然生产的果实和它所养活的兽类，既是土地自然自发地生长的，就都归人类所共有，而没有人对于这种处于自然状态中的东西原来就具有排斥其余人类的私人所有权；但是既是给人类使用的，那就必然可以通过某种划拨私用的方式，然后才能对于某一个人有用处或有好处。野蛮的印第安人既不懂得圈用土地，还是无主土地的住户，就必须把养活他的鹿肉或果实变为己有，即变为他的财产的一部分，而别人不能再对它享有权利，才能对维持他的生命有任何好处。

土地以及一切低等动物为一切人所共有，但是并非每人对他自己的人身都享有一种所有权，除他以外的任何人都没有这种权利。他的身体所从事的劳动和他的双手所进行的工作，我们可以说，是正当地属于他的。因为任何东西只要是脱离了自然所提供的和那个东西所处的状态，他就已经掺进他的劳动，在这上面掺入他自己所有的某些东西，因而使它成为他的财产。由他使这件东西脱离自然所给于它的一般状态，那么在这上面就由他的劳动加上了一些东西，从而排斥了其他人的共同权利。因为既然劳动是劳动者确定天然的所有物，那么对于这一有所增益的东西，除了他以外就没有人能够享有权利，至少在还留有足够多同样好的东西给其他人所共有的情况下，事实就是如此。

谁把从橡树下拾得的橡实或从树林的树上摘下的苹果吃掉时，谁就确已把它们拨归己用。谁都承认，食物应该完全由他自己消受的。因此我要问，这些东西从什么时候开始是属于他的呢？是在他消化的时候，还是在他吃的时候，还是他煮的时候，还是他把它们带回家，还是他捡取它们的时候呢？很明显，如果最初的采集不使它们成为他的东西，其他的情形更不可能了。是劳动使它们同公共的东西有所区别，劳动在万物之母的自然所已完成的作业上面加上一些东西，这样它们变成为他的私有的权利了。谁会说，因为他不曾得到全人类的同意而使橡实或苹果成为他的所有物，他就对于这种拨归私用的东西无法有权利呢？这样把属于全体共有的东西归属为自己，是否是盗窃行为呢？如果这样的同意是必要的话，那么尽管上帝给予人类很丰富的东西，人类也早已饿死了。在以合约保持的共有关系中，人们看到，那是从共有的东西中取出任何一部分并使它脱离自然所安排的状态，才开始有财产权的；若不是这样，共有的东西就毫无用处了。但是这一或那一部地取出,并不取决于一切共有人的明确同意。因此我的马所吃的草、我的仆人所割的草皮以及我在同其他人共同享有开采权的地方挖掘的矿石,都成为我的私人财产,毋需他人的让与或同意。我的劳动使它们脱离了原来所处的共同状态,确定了我对于它们的财产权。

假如规定任何人在把共有的东西的任何部分划拨私用的时候,必须首先得到每一个共有人的明确同意,那么孩子和仆人们就不能割取他们的父亲或者主人为他们共同准备但是并没有指定各人应得部分的肉。虽然出自泉源的流水是人人应有份的,但是谁能怀疑盛在水壶里的水是只属于汲水人的呢?他的劳动把它从自然的手里取了出来,从而把它拨归私用,而只要它还在自然的手里时,它是共有的,是同等地属于所有的人的。

因此,这一理性的法则使印第安人所杀死的鹿归他所有;尽管这原来是人人所共同享有权利的东西,在有人对它施加劳动以后,就成为他个人所拥有的财物了。被认为是文明的一部分人已经制定并且增订了一些明文法来确定财产权,但是这一关于原来共有的东西中产生的财产权的原始的自然法仍然适用。按照这一点,任何人在那广阔的仍为人类所共有的海洋中所捕获的鱼或在那里采集的龙涎香,正是由于劳动使它脱离了自然原来给它安置的共同状态,就成为对此肯付出劳力的人的财产。而即使在我们中间,无论是谁,只要在围场时紧赶一只野兔,那只野兔就被认为是他自己的所有物。因为野兽仍被看做共有的,不应是任何人所能私有,只要有人对这类动物花费了这样多的劳动去发现并追赶它,他就使它脱离原来是共有的自然状态,而开始成为一种私有财产。

或许会有反对这种说法的人,认为如果采集橡实或其他土地生长的果实等等，就构成了对这些东西的权利，那么任何人都可以按其意愿尽量占取。我的回答是，并非这样。同一自然法，以这种方式给予我们财产权，同时必然有对这种财产加以限制的因素产生。"上帝厚赐百物给我们享受"（《新约》提摩太前书，第六章，第十七节）是神的启示所证实的理性之声。但上帝是依据什么限度给我们财产的呢？是以供我们享用为度。谁能在一件东西败坏之前尽量用它来供生活所需，谁就可以在那个限度内以他的劳动在这件东西上确定他的财产权；一旦超过这个限度，就已经不是他的份所应得，就应归他人所有。上帝创造的东西不是供人们糟蹋或败坏的。所以考虑到在很长一段时期内，世界上自然物资丰富，消费者很少，一个人通过劳动，所能达到的并对它独占而不让别人分享的物资（特别是限于理性所规定的可以供他使用的范围）数量很小，在那时对这样确定的财产大概发生争执或纠纷的机会大概就会减少。

但是尽管财产的主要对象现在并不是土地所生产的果实和依靠土地而生存的野兽，而是土地本身，包括附带的一切东西，我认为这很明显，土地的所有权也是和前者一样取得的。一个人能耕耘、播种、改良、栽培多少土地和能用多少土地的产品，因而有多少土地就有多少他的财产。这好像是他用他的劳动从公共地圈来的那样。即使说旁人对此都有同等的权利，所以说如果没有取得他的全体共有人，即全人类的同意，他就不能拨归私用，不能圈用土地，这样的说法也不会使他的权利失效。上帝将世界给予全人类所共有时，也命令人们必须要从事劳动，而人的贫乏处境也需要他从事劳动。上帝和人的理性指示他垦殖土地，意味着，为了生活的需要而改良土地，从而把属于他的东西，即劳动施加于土地之上。谁服从了上帝的命令对土地的任何部分加以开垦、耕耘和播种，他在上面就增加了原来属于他所有的某种东西，这种所有物是别人无权要求的，如果加以夺取，就不能不造成损害。

开垦任何一块土地并进而把它占为己有的行为，不会损及任何旁人的利益，因为还剩有足够的同样好的土地，比尚未取得土地的人所能利用的还要多。所以事实上不可能因为一个人圈用土地而使剩给别人的土地就有所减少。这是因为一个人只要留下足供别人利用的土地，就如同毫无所取一样。谁都不会因为一个人喝了水，牛饮地喝了很多，而觉得自己已经受到损害，因为他仍旧拥有一整条同样的河水留给他解渴；而就土地和水来说，因为两者都是够用，情况是完全相同的。

诚然上帝将世界给予人类所共有；但是既然他已经将它给予人类是为了他们的利益，为了使他们尽可能从它获得生活的最大便利，就不能假设上帝的意图是要使整个世界永远归公共所有而不加以耕植。他是把世界给予那些勤劳和有理性的人们利用的（而劳动使人取得对它的权利），而不是给予好事吵闹和纷争的人们来从事巧取豪夺的。谁有同那已被占用的东西一样好的东西可供利用时，他才无需抱怨，也不应该干预别人业已用劳动改进的东西。如果他这样做，很明显，他是想白占人家劳动的便宜，而他却并无权利这样做；他并不想要上帝给予他和其他人在上面从事劳作的土地，而除了已被占有的以外，还剩有同样好的土地，而且比他知道如何利用或他的勤劳所能及的还要多。

不错，在英国以及其他受其统治的国家，他们既有金钱又从事商业，但是对于那里的公有土地的任何部分，如果没有取得全部共有人的同意，没有人可以加以圈用或拨归私用，因为这是契约，即国家法律留给公有的，是不可侵犯的。这种土地虽然对某些人是公有的，却

二、权利的范畴

并非对全人类都是这样；它是这个国家或这个教区共有的财产。而且这样圈用后所保留下来的土地，对于其余的共有人来说不会同当初所有土地情况一样，因为那时他们都能使用全部土地。至于人们开始和最早聚居在世界广大的土地上的时候，情况就完全不同了。那时人们所受制的法律可以说是为了鼓励取得财产。上帝命令他而他的需要也迫使他不得不从事劳动。那是他的财产，人们不可能在他已经划定的地方把他的财产非法夺走。因此，开拓或耕种土地是同占有土地结合在一起的，前者给予后者以产权的根据。所以上帝命令人开拓土地，从而给人在这范围内将土地拨归私用的权力。而人类生活的条件既然需要劳动和从事劳动的资料，就必然产生导致私人占有。

　　财产的幅度是自然根据人类的劳动和生活所需的范围而很好地规定的。任何人的劳动都无法开拓一切土地或把一切土地都划归私用，他的享用顶多只能消耗一小部分，所以任何人都不可能在这种方式下去侵犯另一个人的权利，或为自己取得一宗财产而损害他的邻人，因为他的邻人（在旁人已取出他的一份之后）仍剩有同划归私用以前一样好和一样多的财产。在世界的初期，人们在当时的旷野上所遭逢的离群即无法生活局面的危险，超过因缺少土地进行种植而感受的不便，在这个时候，这一幅度确将每个人的私有财产限制在适当的范围之内，使他可能占有的财产不致损害别人。世界现在似乎有人满之患，但是同样的限度仍可被采用而不致损及任何人。试设想一个人或一个家族在亚当或挪亚的子孙们起初在世界上居住时的情况：让他在美洲内地的空旷地方进行全新的种植，我们将会看到他在我们所定的限度内划归自己私用的土地并不会很大，甚至在今天，也不致损及其余的人类，以致他们有理由抱怨或者认为由于那个人的侵占而受到损害，即使人类现今已分布到世界的每一个角落，无限超过了最初的微小数目。加之,如果没有劳动,土地的多寡就只有很小的价值。我曾听说在西班牙就有这样的例子,一个人只要对土地加以利用,即使无其他权利,也可以被允许耕耘、播种和收获,而不受他人干涉。但是居民们还认为他们得到了他的好处,这是因为他在从未开垦的因而是荒芜的土地上所花费的劳动大大增加了他们所需要的粮食。但是不管怎样,这还不是我所要强调的。而我则可以肯定地说,假如不是由于货币的诞生和人们默许同意赋予土地以一种价值,形成了(基于同意)较大的占有和对土地的权利,则这一所有权的法则,即每人根据自己的能力加快利用,会仍然在世界上有效,而不使任何人感受到困难,因为世界上尚有足够的土地供成倍居民的需要。关于货币所形成的情况,我将逐渐更充分地加以论证和说明。

这是可以肯定的,最初,人们的超过需要的占有欲改变了事物的真实价值,而这种价值便是以事物对人的生活的功用而定的;即使人们已经同意让一小块不会耗损又不会败坏的黄色金属值一大块肉或一大堆粮食,虽然人们基于他们的劳动,有权将他自己所能充分利用的自然界的东西划归为自己私用,但是这肯定不会是很多的,也不致损及别人,因为那时还剩有同样丰富的东西,留给肯花费同样劳动的人们。关于这一点,我还要进一步补充说,一个人基于他的劳动把土地划归私用,并不会减少而是增加了人类的共同积累。因为一英亩被圈用和耕种的土地所能生产的供应人类生活的产品,将比一英亩同样肥沃而共有人任其荒芜不治的土地(说得特别保守些)要多收获十倍。所以那个圈用土地的人将从十英亩土地上所能得到的生活必需品,比从一百英亩放任自流的土地所得到的更要丰富,真可以说是他给了人类九十英亩土地:因为是他的劳动现在从十英亩土地上供应了相等于从一百英亩土地上所生产的产品。我在这里把经过改良的土地的产量定得很低，把它的产品只定为十比一，然而事实上是更接近于一百比一。我试问，在听其自然并从未加以任何开垦、栽培或耕种的美洲森林和未开垦的荒地上，一千英亩土地对于贫穷困苦的居民所能提供的生活所需，能否和得文郡的同样肥沃而栽培得很好的十英亩土地出产同样多的产品呢？

在未把土地划归私用之前，谁尽其所能尽可能多采集野生果实，尽多杀死、捕捉或驯养野兽，而且以劳动对这些自然的天然产品花费力量来加以改变大自然使它们所具有的状态，谁就因此取得了对它们的所有权。但是如果它们在他手里未经适当利用即告毁坏，在他未能消费以前如果子腐烂或者鹿肉败坏，那么他就违反了自然的共同法则，就会受到一定的惩处；他侵犯了他的邻人的应享部分，因为当这些东西超过了他的必要用途和可能提供给他的生活需要的限度时，他就不再有权拥有权利。

同样的限度也适用于土地的占有。凡是经过耕种、收获、贮存起来的东西，在败坏之前加以利用，那是他的特有权利；凡是被圈入、加以饲养和利用的牲畜和产品也都是他的。但是如果在他所圈用范围内的草在地上腐烂，或者他所种植的果实因未被摘采和贮存而败坏，这块土地，尽管已经被他圈用，还是仍被人们看作荒废的，可以为任何其他人所占有。所以在最初的时候，该人可以取得尽他所能耕种的土地，作为他的土地，还可以留下足够的土地给亚伯放牧羊群；几英亩土地就够他们两人使用了。但是由于家庭增多，勤劳又扩大了他们的牲畜，他们的占有随着需求而增大。但是在他们尚未联合起来、共同定居以及建成城市之前，他们所利用的土地还仅仅属于公有，并未确定任何财权。后来，基于同意，他们就规定了领地的界限，约定他们和邻人之间的地界，再以他们自己内部的法律，规定同一社会人们的财产权。所以我们知道，在最初有人居住的那些地方，也大概是那时居民最多的所在，直到亚伯兰的时候，人们还是带着他们的牛羊群——这是他们的财产——自由地来往游牧；而亚伯兰仅是在他作为一个异乡人的地方游牧的。显而易见，在那里，至少大部分土地都是公有的，居民们并不加以重视，也不会在他们所利用的部分之外提出财产权。但是当同一个地方不够供他们在一起牧放、饲养他们的羊群时，他们就基于同意，就像亚伯兰和罗得那样（《旧约》创世纪，第十三章，第五节），分开和扩大他们的牧地，到对他们最合适的地方去。以扫也是以同样的理由离开了他的父亲和兄弟，到西珥山去创立属于他自己的家业（《旧约》创世纪，第三十六章，第六节）。

由此可见，我们不必假定亚当有对全世界的排斥一切其他人的个人所有权和财产权，因为这种权利既无法证明，又不能从其中引伸出任何人的财产权；而只要假定世界原来是给予人类子孙所共有，那么我们就能看到劳动是怎样使人们对世界的若干小块土地，为了他们个人的用途，享有明确的产权，在这方面不可能有对权利的怀疑，亦不可能有争执会发生。

劳动的财产权是应该能够胜过土地的公有状态，这个说法在未经研讨之前也许会显得奇怪，其实不然。因为正是劳动使一切东西具有不同的价值。但是如果任何人考虑一下一英亩种植烟草或甘蔗、播种小麦或大麦的土地同一英亩公有的、未加任何垦殖的土地之间的差别，他就可以知道劳动的改进作用创造价值的绝大部分。我认为，如果说在有利于人生的土地产品中，十分之九是劳动的结果，这仍不过是个极保守的计算。如果我们正确地把供我们使用的东西加以估计并计算一切有关它们的各项费用——哪些纯然是得自自然的，哪些是经过劳动得来的——我们就会发现，在绝大多数的东西中，百分之九十九全然要归之于劳动。

关于这一点,美洲几个部落的情况为我们做了明显的例证。这些部落土地富足而生活上的一切享受却是贫困的。自然对他们也同对任何其他民族一样,充分地提供了充足的物资——即能够生产丰富的供衣食享用之需的东西的肥沃土地,但是由于不是用劳动去进行改进,他们没有我们所享受的需用品的百分之一。所以在那里,一个拥有广大肥沃土地的统治者,在衣食住行方面还不如英国的一个粗工。

为使这一点更为明朗化,我们只需研究几件日常生活用品在未供我们应用之前的若干进程,便可懂得它们的价值有多少是从人类的劳动得来的。面包、酒和布匹是日常所需而数量很多的东西。然而假如劳动不供给我们这些更有用的物品,我们的面包、饮料和衣服就只能是橡实、水和树叶或兽皮。因为面包的价值高于橡实,酒的价值高于水,布匹或丝绸的价值高于树叶。兽皮或苔藓,这些都完全是由劳动和勤劳得来的;一种是单纯靠自然供给我们的衣食,而另一种是通过我们的血汗和勤劳为我们准备的物资。任何人只要计算一下后者的价值超过前者的程度,就会看到劳动所造成的占我们在世界上所享受的东西的价值中的绝大部分的情况。但是生产这些资料的土地很难说占有价值的任何部分,至多只能说占极小的部分;其价值是如此之小,以致使我们甚至把那些完全听其自然而未经放牧、耕种或栽培的土地名副其实地叫做荒地,并且我们会发现它的好处几乎不存在。

这就表明人口众多比领土广阔还要好,改进土地和正确地利用土地是施政的重要艺术。一个君主,如能贤明如神,用既定的自由的法律来保护和鼓励人类的正当勤劳,反对权力的压制和党派的偏私,那很快就会使他的邻国感到压力。但是这个问题下文再详细分析。再回到正在进行的论证。

年产二十蒲式耳小麦的一英亩土地和在美洲的另一英亩土地,倘用同样的耕作方法,可以获得相同的收成,它们无疑地具有同样的自然的固有价值。然而人类从这块土地上一年所能得的好处为五英镑,但是在那块土地上,假如是一个印第安人所得的一切利益在这里估价出售的话,可能是一文不值;至少,我可以诚实地说,不到千分之一。可见,将绝大部分的价值加在土地上的是劳动,没有劳动就几乎不存在价值了。我们是靠劳动才得到土地的一切有用产品的绝大部分的。因为一英亩小麦的麦杆、麸皮和面包的价值高于一英亩同样肥沃但却荒芜的土地所出产的产品的价值,所有这一切都是劳动的结果。不仅犁地人所费的力气、收割人和打麦人的劳累和烤面包人的汗水,都要算进我们所吃的面包里,就是那些驯练耕牛,采掘、冶炼铁和矿石,砍伐并准备所有木材来制造犁、磨盘、烤炉或为数甚多的其他工具的人们的劳动,只要是这种粮食从播种到制成面包所必需的,都必须计算在劳动的账上,并且承认它具有这样的效果。但是自然和土地只能提供本身几乎没有价值的资料。每一块面包在供我们食用之前需要勤劳提供并使用的东西,假如能够寻根求源的话,我们得到将是一张奇怪的物品清单——铁、树木、皮革、树皮、木材、石头、砖头、煤、石灰、布、染料、沥青、焦油、桅杆、绳索以及一切在船上应用的材料(船只运来了任何工人在工作的部分应运用的一切物品),凡此种种,几乎是不胜枚举,至少是过于冗长。

由此可见,虽然自然的东西是让人共有的,但是既然人是自己的主人,自身和自身行动或劳动的所有者,本身就还具有财产的基本基础。当发明和技能改善了生活的种种便利条件的时候,他用来维持自己的生存或享受的大部分东西仅仅是他自己的,并不与他人共有。

所以在最初,只要有人愿意对于原来共有的东西施加劳动,劳动就给予财产权；而在一个相当长时期内，绝大部分的东西依旧是共有的，至今它还是比人类所能利用的要多。人类初期，在绝大部分的情况下，却满足于未经加工的、自然所供给他们的必需品。后来在世界的一些部分（那里由于人口和家畜的增多，以及货币的使用，土地不够了，因而具有了一些价值），有些社会确定了各自的地界，并又以它们内部的法律规定了它们社会的私人财产，因而通过契约和协议确定了由劳动和勤劳所创造的财产——有些国家和王国之间以缔结的盟约的方式，明白地或者默认地放弃了对于原为对方所占有的土地的一切要求和权利，从而根据一切的同意，放弃了它们对那些国家原有的自然的公有权利的主张，于是明文的协议就在地球上的个别部分与地区确定了它们之间的财产权——虽然如此，还有大片的土地（那里的居民尚未同意和其余的人类一起使用他们的共同的货币）荒芜不治，比居住在上面的人们所能开垦和利用的还要多，所以它们还都是公有的。不过这种情形，在已同意使用货币的那一部分人类中间，也是极少会发生的。

　　对人类生活确实有用的东西的最大部分，和诸如世界的最初处于公有状态的人们所追求的生存必需品，像现在的美洲人所追求的那样，一般说来都是不能耐久的东西，如果不是被人利用而消费掉，就会自行腐烂毁坏。金、银、钻石则是由人们的爱好或协议给以比它们的实际用处和对生活之需的价值更高的价值。自然所供应给大家的那些好东西，如前面所说，假如每个人都有能使用多少就拥有多少的权利，那么对于他能以他的劳动予以影响的一切东西，他都享有财产权；凡是他的劳动所及，以改变其所处的原来状态的一切东西，都将是属于他的。例如谁采集了一百蒲式耳橡实或苹果，谁就取得了对这些东西的财产权；它们一经采集便成为他的财物了。他只要注意在它们未败坏以前加以使用，否则他就取了多于他的应得部分，便是掠夺了别人；的确，窖藏多于他能使用的东西也是一件蠢事，更是一件不老实的事。假如他把一部分送给旁人，使它不致在他的占有下毫无用处地毁坏掉，这也算是他已经把它利用了；又假如他把隔了一星期就会腐烂的梅子换取能保持一年供他吃的干果，他就不曾损伤什么；只要没有东西在他手里毫无用处地毁坏掉，他就不能算是糟蹋了公有的财物，就不曾毁坏属于其他人的东西的任何部分。又假如他愿意用他的干果换取一块其颜色为他所喜爱的金属，例如将他的绵羊换取一些贝壳，或将羊毛换取一块闪烁的卵石或一块钻石，由他终身加以收藏，他并不曾侵犯他人的权利。但这些结实耐久的东西，并非他喜欢保存多少都可以。超过他的正当财产的范围与否，不在于他占有多少，而在于是否有什么东西在他手里毫无用处地自然毁坏掉。

货币的使用就是这样慢慢流行起来的——这是一种人们可以保存而不致于损坏的能耐久的东西，他们基于相同意愿，用它来交换真正有用但易于败坏的生活必需品。

不同程度的劳动会给人们以不同数量的财产，同样地，货币的这一发明给了他们以继续积累和扩大他们的财产的可能。假设有这么一个海岛，它与世界其余地区的一切可能的商业相隔绝，在岛上只有一百多户人家，但拥有羊、马、奶牛和其他有用的动物，营养丰富的水果，以及那些能够生产足够千百倍那样多人吃的粮食的土地。但是岛上所有的东西，不是由于平凡就是由于脆弱易损，没有一件适合被用作货币。在这种情况下，即使那里的任何人在家庭用途和供其消费的丰富供应之外，不论在他们劳动所生产的东西方面或和他人交换同样易于毁坏而有用的物品方面，还有什么理由要扩大他的财产呢？在任何地方，只要没有既耐久又稀少、同时还贵重的东西值得积聚起来，人们就不见得会扩大他们所占有的土地，尽管土地是那样的肥沃，他们又可以那样自由地取得一切土地。试问，有这样一个人在美洲内地的中部，如果他拥有一万英亩或十万英亩的上好土地，他耕种得很好，也有很多牛羊，但他却无法和世界的其他部分进行贸易，通过出卖产品换取货币，他会对这块土地作什么样的评价呢？圈用这种土地不会合算；我们会看到他只保留一块能够供应他自己和他家属以生活用品的土地，而把其他多余的部分重新放弃回自然的旷野。

因此，全世界初期都像美洲，而且是像以前的美洲，因为那时候任何地方都不可能知道有货币这种东西。只要是一个人在他邻人中间发现可以用作货币和具有货币价值的某种东西，你将看到这个人立即开始扩大他的地产。

既然金银与衣食车马相比，对于人类生活的用处并不大，其价值只是从人们的同意而来，而且大部分还取决于劳动的尺度，这就非常明显，人们已经同意对于土地可以有不平均和不相等的占有。那么他们都通过默许和自愿的同意找到一种方法，使一个人完全可以占有其产量超过他个人消费量的更多的土地，那个方法就是把剩余产品去交换可以收藏而不致损害任何人的金银，这些金属在占有人手中不会损毁或者败坏。人们之所以能够超出社会的范围，不必通过社会契约，而这样把物品分成不平等的私有财产，仅仅是由于他们赋予金银一种价值并默认货币可以使用。而政府则以法律规定财产权，土地的占有是由成文宪法加以确定的。

这样，我有理由以为可以很容易而且无任何困难地看出，劳动最初如何能在自然的共有物中开始确立财产权，以及为了满足我们的需要而消费财产这一点又是如何限制了财产权；因此对于财产权就不会有发生任何争执的理由，对于财产权容许占有多少也不可能有任何怀疑。权利和生活需要是并行不悖的，因为一个人有权享受所有那些他能施加劳动的东西，同时他也不会为他所享用不了的东西花费劳力。因而这就不会让人对财产权有任何争论，也不容发生侵及他人权利的事情。一个人据为己有的那部分是很容易看到的，过多地割据归己，或取得多于他所需要的东西，这不仅没有用处，而且也是不诚实的。

（六）论父权与儿女自由

在这种性质的论文中，如果对于世界上已通用的一些字眼和名词加以挑剔，或许会被指责为一种不恰当的刁难，但是当旧名词易于使人陷于错误时，提出一些新名词来可能不会被认为是不对的。父权这一名词或许就是这样，它似乎将父母对儿女的权力完全归属父亲，好像母亲是没有份的；但是如果我们理性地思考，就会知道她也享有同等的权利。这就使人有理由问，称做亲权是否更要确切些？无论自然和传种接代的权利责成儿女负有的义务，它必然是要求他们对出生的共同因素的双方承担的。所以我们看到上帝的明文法到处都要求儿女不加区别地服从父母，如"当孝敬父母"（《旧约》出埃及记，第二十章，第十二节），"凡是咒骂父母的"（《旧约》利未记，第二十章，第九节），"你们各人都应当孝敬父母"（《旧约》利未记，第十九章，第三节），"你们作儿女的，要在主那里听从父母"（《新约》以弗所书，第六章，第一节）等等，这是《旧约》和《新约》的论点。

假如当初单就这一点加以很好的考虑而对问题的实质不作深入的探讨，也许不致使人就双亲的权力问题酿成大错。尽管这一父母亲的权力在父权的名称下似乎由父亲独占时可能并不太生硬地带有绝对统治权与王权的名义，可是如果这一对儿女的绝对权力被称做亲权，原来的名称就会听起来很不顺耳，本身显得很荒谬，因而就会发现那种权力也是属于母亲的。但是如果母亲也有份，那么对于那些基于他们所谓父亲身份而竭力主张绝对权力与权威的人们，就会很不受用。这样就会使他们所主张的君主政体失去个很好的依据，因为从名词本身来说，他们所依据的作为仅由一人统治的基础的最基本的权威，并非属于一人，而是为二人所共有。但是且不谈这个名词问题吧。

我虽然已经在前面已说过，所有的人生来都是平等的，却不能认为我所说的包括所有的各种各样的平等。年龄或德行可以给一些人以正当的优先地位。高超的才能和特长可以使另一些人位于一般人水平之上。出生的不同可以使一些人，关系或利益使另一些人，尊敬那些由于自然、恩义或其他方面的原因应该尊敬的人们。凡此种种都是与人们现在所处的有关管辖或统治的主从方面的平等相一致的。这也就是与本文有关的那种平等，即每一个人对于其天然的自由所享有的平等权利，不受制于其他任何人的意志或权威。

我应当承认孩童并非生来就处在这种完全的平等状态中，虽然他们生来就应受到这种平等。他们的父母在他们出世时和出世后的一段期间，对他们有一种统治和管辖权，但这只是暂时的。他们所受到的这种支配的限制，犹如在他们孱弱的婴儿期间用来缠裹和保护他们的襁褓衣被一样。随着他们的不断成长，年龄和理性将解脱这些限制，直到最后完全地解脱，并进而能使一个人自由地处理一切为止。

亚当生来就是一个完整的人，他的身心具有充分的体力和理智，因而他一生出来就能自己维护自己，他的行为是按照上帝所赋予他的理性法则的要求来支配的。从他以后，世界上逐渐繁殖了他的子子孙孙，他们生下来都是婴儿，孱弱无能，无知无识。但是为了补救这种直到成长和成年以前的身心不成熟的缺陷，亚当与夏娃以及他们之后的所有父母根据自然法有保护、养育和教育他们所生的儿女的责任；并非把儿女看作他们自己的作品，而是看作他们自己的创造者，即他们为其儿女对之负责的全能之神的杰作。

支配亚当的法律就是支配他的所有后代的法律，即理性的法则。但是他的后人和他天然出生的情况完全不同，以另外一种方式进入世界的，这就使他们愚昧无知而不会运用理性，所以他们一时还不受那个法律的约束。一个人不能受不是对他公布的法律的约束，既然仅由理性公布或发表这个法律，那么他如果还不能运用理性，就不能说是受这个法律的约束；亚当的儿女既不是一生下来就受这个理性法则的约束，他们一时还不是自由的。按其真正的含义而言，法律与其说是限制还不如说是指导一个自由而有智慧的人去追求他的正当利益，它并不在受这法律约束的人们的一般福利范围之外作出规定。假如没有法律他们将会更快乐的话，那么作为一件无用之物法律自己就会消灭；而单单为了使我们不致堕下泥坑和悬崖而作的防范，就不应称为限制。所以尽管会引起人们各种各样的误解，法律的目的并不是废除或限制自由，而是保护和扩大自由。这是因为在一切能够接受法律支配的人类的状态中，哪里没有法律，哪里就没有自由。因为自由意味着不受他人的束缚和强暴，而哪里没有法律，哪里就不能有这种自由。但是自由，正如人们告诉我们的，并非人人爱怎样就可怎样的那种自由（如果任何人的一时高兴可以支配一个人的时候，就不可有谁有自由），而是在他所受约束的法律许可范围内，随心所欲地处置或安排他的人身、行动、财富和他的全部财产的那种自由，在这个范围内他不受另一个人的任何意志的支配，而是可以自由地遵循他自己的意志。

父母对于他们的儿女的权力，是由他们应尽的义务而产生的，他们有义务要在儿童没有长大的期间管教他们。儿女所需要的和父母应该做到的，是培养儿女的心智以及管理他们还在无知的未成年期间的行动，直到理性取而代之并解除他们的辛苦为止。这是因为，上帝既赋予人以一种指导他的行动的悟性，就让他在其享有一种意志的自由与正当地属于意志的自由范围内的行动的自由是在法律约束范围之内。但是当他还处在缺乏悟性来指导他的意志的情况下，他就缺乏可供自己的可以遵循的意志。谁替他运用智力，谁也就应当替他拿出主张；他必须规定他的意志并且调节他的行动；但是当那种使他父亲就成为一个自由人的境界时，他也成为了一个自由人。

在一个人所受约束的一切法律中都可适用这一点，不论是自然法或国家法。一个人是否受自然法的约束？什么东西使他摆脱了那个法律？什么东西又使他在自然法的范围内根据他的意志自由地处置他的财产？我的回答是，成熟的境界，他如果达到了这个境界，就可以被认为能够理解那个法律，从而可以把他的行为限制在那个法律的范围之内。如果他达到这一境界，他可以被认为是知道遵循法律的程度和应用自由的程度，从而取得自由；而在这以前，被认为知道法律所容许的自由程度的人必须对他进行指导。假使这种理性的状态、这种成年使一个人自由，同样的情况也可以使他的儿子自由。一个人是否受到英国法律的约束？他凭什么不受那个法律的支配？即在那个法律的许可范围内享有依照他自己的意志来处置他的行动与财产的自由？这就是了解那个法律的能力；按照那个法律的假定为二十一岁，当然在某些情况下可能还要早些。如果这曾使父亲自由，它也该使儿子自由。在这以前，法律不容许儿子有意志，他要接受他使用理智的父亲或监护人的意志的指导。父亲死亡，而且又没有委托一个代表来接替，假如他未曾准备一个导师在他儿子未成年与缺乏悟性期间加以管教，法律将负责做这件事情。当一个人尚未达到自由的状态时，他的悟性还不能驾驭他的意志之前，必须有人来管理他，作为支配他的一种意志。但是过了这个阶段，父亲和儿子，正像导师和成年之后的徒弟一样，都同等地自由了，他们同样地受制于同一法律，不论他们只是处在自然状态而受自然法的约束或者受一个已成立的政府的明文法的约束，父亲对他的儿子的生命、自由或财产，都不再拥有任何统辖权。

但如果由于超出自然常规而可能发生某些缺陷，并且有些人并未达到可被认为能够了解法律，从而能遵循它的规则而生活的那种理性的程度，他就决不可能成为一个自由人，而且也能让他依照他自己的意志去行事（因为他不知道他自己的意志应有限制，并不具有作为它的正当指导的悟性），在他自己的悟性不能担负起此项责任时，仍须继续受他人的监护和管理。精神病者与白痴从来不能脱离他们父母的管束，也正是这个原因。胡克尔在《宗教政治》第一卷第七节中说："尚未达到能正确运用理性来指导自己的年龄的儿童，有自然缺陷而从来不会正确运用理性来指导自己的呆子，以及第三，目前还不能运用正确理性来指导自己的精神病者，只能以他们的导师用以指导其行动的理性作为他们的指导，来谋求他们的福利。"凡此种种，似乎只不过是上帝和自然加诸人类以及其他生物的一种责任，以保护他们的后代，直到他们有能力自立为止；这个例子并不可以被当做父母享有王权。

所以我们是生而自由的，也是生而具有理性的；但这并不就是说我们实际上就能运用此两者：年龄带来自由，理性也随之产生。由此我们能够看出，自然的自由和服从父母是一致的，两者都是基于同一原则的。一个儿童是依靠他父亲的权利、依靠他父亲的理智而自由

二、权利的范畴

的，支配着他的是其父的理解，直到他具有自己的理智时为止。一个成年人的自由和一个尚未达到那个年龄的儿童对他的父母的服从，两者没有抵触但又判然有别，以致主张君主制的最盲目的父权党也不能忽视这一区别，最顽固的人也不能不承认它们的一致性。假如他们的学说是完全正确的，假如亚当的合法嗣子现在已经被确定，并基于这一权利而被立为君，享有罗伯特·菲尔麦爵士所说的一切绝对的无限权力；假如他在他的嗣子一出世的时候便死亡，这个婴孩不论他自由、高尚至极，在年龄和教育使他具有理性与能力来管理他自己和他人之前，必须服从他的母亲和保姆、导师和监护人的支配。他生活上的需要、身体的健康和心灵的培育都要求他受他人的而不是他自己的意志的指导，然而是否有人会认为，这种限制和服从是不符合或剥夺了他有权享受的那种自由或主权，或把他的王国丧失给在他未成年期间对他进行管教的一些人呢？这种对他的管教，只是使他更好和更早地具备行使他的自由权或主权的条件。当人们问我，什么时候我的儿子才可以达到自由的年龄，我将答复说，就是当他的君主可以当政的年龄。明智的胡克尔在《宗教政治》第一卷第六节中说："只有这时一个人才可以说是已经达到这样的运用理性的地步，以致足以使他能够了解那些他必须用来指导他自己的行动的法律，这用感觉来辨认要容易于用技能和学问来决定。"

国家本身就注意到并承认人们要到某一时刻才开始像自由人那样行动，所以直到那时为止，效忠或忠顺的宣誓，或对他们国家的政府表示其他公开的承认或顺从根本没有意义。

由此可见，人的自由和依照他自己的意志来行动的自由，是按照他所具有的理性为基础的，理性能教导他了解他用以支配自己行动的法律，并且使他知道他对自己的自由意志听从到什么程度。在他的理性指导他的行动之前，放任他享有无限的自由，并不是让他得到本性自由的特权，而是把他投入野兽之中，让他处于与野兽一样的不幸状态，比之人所处的状态要低得多。这就是父母有权管理未成年的儿女的根源。上帝要他们以管教儿女为己任，并赋予他们以适当的慈爱和关切心情，来调整这一权力，而在儿女需要受这一权力的约束期间，他的智慧正是按照那样去筹划，为了儿女的利益来行使这一权力。

但是没有什么理由把父母对儿女的这种管教责任引申成为父亲的一种绝对的、专横的统辖权。他的权力至多只能是采用他认为最有效的管教方式，使他们的身体有这样的体力和健康，他们的心灵这样地奋发和纯正，以便使他的儿女能很好地具备条件，无论对己对人都成为十分有用的人；而且如果这种情况有必要的话，也可以在他们有能力时允许他们去为自己的生存而工作。但是这项权力，母亲也跟父亲一样，是有她的份的。

除此之外，这个权力之所以属于父亲，并非基于自然的任何特殊权利，而只是由于他是儿女的监护人，因此当他不再管教儿女时，他就失去了对他们的权力。这一权力是随着对他们的抚养和教育而来的，是互相关联着无法分割的，而且它属于一个被遗弃的儿童的义父，如同属于另一个儿童的生身父亲一样。如果一个男子只有单纯的生育行为，对儿女并无照管，他所享有父亲的名义和权威仅仅是由于生育行为，那么他对自己的儿女是没有什么权力的。在世界上有些地区，一个妇女同时有几个丈夫，或在美洲有些地区，经常会有夫妇分离的情况，儿女都留给母亲，跟着母亲生活，完全受母亲的抚养扶持，在那些地区，父权又将发生什么变化呢？如果父亲在儿女幼年死亡，在未成年时他们自然而然地都服从他们的母亲，如同对他们的父亲一样。假如他还活着的话，是否有人会说，母亲对于她的儿女有一种立法权，制定具有永久服从义务的条例，这是她用来规定与他们财产有关的一切事情，并约束他们一辈子的自由呢？或者说，为了执行这些条例，她能够使用死刑呢？这是法官的正当权力，而这种权力父亲是连半点也没有的。尽管支配他的儿女的权力只是暂时的，不能及于他们的生命或财产；这只不过是对于他们在未成年时的孱弱和缺陷的一种帮助，为他们的教养所必需的一种约束。在儿女没有被饿死的危险时，父亲无疑可以任意处理他自己的财产，然而他的权力却不能推及儿女的生命或他们靠自己的劳动或他人的赠与所得的财物，而且当他们达到成年并享有公民权时，也不可能及于他们的自由。父亲的主权到此为止，从此就不能再限制他的儿子的自由了，正如他不能限制其他任何人的自由一样。而且可以肯定这一种绝对的或永久的权限不可能存在，一个男子可以摆脱它的束缚，因为神权准许他离开父母而和妻子同居。

但是如同父亲自己不再受任何旁人的意志的支配一样，儿女不再受父亲的意志和命令的支配，他们除了同样要遵守自然法或者他们国家的国内法之外，各人都不受其他人限制；这种自由却仍无法让儿子免除他根据上帝的和自然的法则对他父母应尽的尊礼。上帝既以世间父母为他延续人类种族大业的工具，以及他们儿女的生活的依靠，一方面父母应当承担养育、保护和教育他们儿女的义务，同时他又要儿女承担永久尊礼他们父母的义务，其中包括用一切形诸于外的表情来表达内心的尊崇和敬爱，约束儿女不得从事任何可能的损害、冒犯、扰乱或危害其生身父母的快乐或生命的事情，使他们对于给他们以生命与生活快乐的父母，尽一切保护、解救、援助和安慰的责任。儿女的这种义务在何时何地都无法解除。然而这决不是给予父母一种命令他们儿女的权力，或者一种可以制定法律并任意处置他们的生命或自由的权威，尊崇、敬礼、感恩和帮助是一回事，而要求一种绝对的服从和屈从是另一回事。一个在位的君主对他的母亲也应尽到对父母应尽的尊礼，但这并不能减少他的权威，保证他不受她的统治。

未成年人的服从使父亲享有一种和儿童的未成年同时结束的临时统治权；儿女的尊礼应使父母享有受到尊重、敬礼、赡养和孝顺的永久性权利，这多少是与父亲的照管、花费和对他们的教育方面的关怀所费的力量相当的，并不因成年而宣告结束，这在一个人一生的各方面和一切情况下都是存在的。对这两种权力，即父亲在子女未成年时有权予以管教和终身应受尊礼的权力不加区别，就是引起有关这个问题一大部分错误的缘由。准确些，前者无非是儿女的特殊利益和父母的责任，而不是父权的任何特权。教养儿女是父母为了他们儿女的好处而不容推卸的职责，以至任何事情都不能推卸他们在这方面的责任。虽然同时也有命令和责罚他们的权力，但是上帝把人们对儿女的深厚感情交织在人性的原则之中，简直不用担心父母会过分严苛地使用他们的权力；在严苛方面很少有过分之处，自然的强烈倾向倒能引向另一方面。所以当全能的上帝要表示他对于以色列人的宽容处理的时候，他就告诉他们说，虽然他管教他们，但就像一个人管教他的儿子一样（《旧约》申命记，第八章，第五节）——那就是说，用慈爱的心肠——除绝对对他们最有好处的管教之外并不对他们加以更严厉的约束，而是加以纵容倒是不够慈爱。这就是要儿女服从的那种权力，使父母无须付出更多操心或徒劳无功。

另一方面，尊礼与赡养，作为儿女应该报答他们所得的好处的感恩表示，是儿女的必要责任和父母应享有的特殊待遇。为了父母的好处，犹之另一种是为了儿女的好处一样。不过作为父母之责的教育好像具有特别大的权力，因为孩童时期的无知和缺陷需要加以约束和纠正，行使的这种看得见的统治权，是一种统辖权。而尊礼一词所包含的责任并不要求那么多的服从，但是这种义务对于成年的儿女要求得比年幼的儿女高一些。"儿女们，要孝顺你们的父母"，谁会觉得这条命令要求自己有儿女的人对他父亲所表示的服从，要同他年幼的儿女应该对他自己所表示的一样；如果他的父亲由于狂妄的权威感，还要把他当作孩子一样看待的话，谁又会根据这句箴言，认为必须按照他父亲的一切命令去做事呢？

所以父权或者不如说责任的首要部分，即教育是属于父亲的，这部分权力到一定的时候就宣告结束。教育责任终了，这部分的权力即自动告终，而且在这以前也是可以让予的。这是因为，一个人可以把教导儿子的事托付别人，当他把他的儿子交给别人充当学徒时，他就免除了在那个时期内他儿子对他和他的母亲的一大部分的服从义务。但是父权的另一部分，即尊礼的义务，还仍是完全属于他们的，这是无法取消的。这种绝对不能同父母两人分开的义务，以致父亲的权威不能剥夺母亲的这种权利，亦没有任何人能够免除他的儿子尊礼他的生身之母的义务。但是这两部分父权都与制定法律并以能及于财产、自由、身体与生命的处罚来执行这些法律的权力完全不同。命令儿女的权力到成年而宣告结束；虽然在此之后，一个儿子对他的父母总应尽到尊崇和敬礼、赡养和保护，以及感恩的心情能够责成每一个人尽到的所有义务，以报答他自然地能够得到的最大好处。然而这些并没有把王权——君主的命令权给予父亲。他对于儿子的财产或行动并无统辖权，我们无法保证任何权力在一切事情上以他的意志来拘束他儿子的意志，尽管他的儿子如果尊重他的意志的话，在许多方面对他自己和他的家庭仍无太不方便的时候。

一个人为了尊礼与崇敬长者或贤人，保护他的儿女或朋友，救济和扶助受苦受难的人和感谢给他好处的人而负有种种义务，纵使尽其所有与尽其所能恐怕也不足应付于万一；但是这一切并不能使那些要求他克尽义务的人享有权威，享有对他制定法律的权利。很明显，这不仅是由于父亲的名义，也不是如前面说过的由于也受恩于母亲的缘故，而是因为对父母所负的这些义务以及对儿女所提出的要求的程度，同扶养、慈爱、操心和花费是有所不同的，这些照顾在两个孩子之间经常是有厚薄之分的。

这就表明，为什么那些身在社会而本身作为社会成员的父母，对他们的儿女都保持着一种权力，并且享有同那些自然状态中的人们一样多的权利来要求儿女们对他服从。假如说一切政治权力只是父权，尽管这实际上是同一回事，那就不可能是这样了。因为这样的话，所有的父权既属于君主，臣民自然就不能够享有。但是政治权力和父权这两种权力是绝然不同而有区别的，是建立在不同的基础上而又各有其不同的目标的，因此每一个作为父亲的臣民，对于他的儿女具有同君主对于他的儿女同样多的父权；而每一个有父母的君主，也对他的父母应当尽到与他的最微贱的臣民对于他们的父母同样多的孝心和服从的义务；因此父权不能包括一个君主或官长对他臣民的那种统辖权的任何部分或任何可能的程度。

虽然父母教养儿女的义务和儿女孝敬父母的义务意味着一方享有全部的权力和另一方必须服从，并且这对双方关系将都是正常的，但是父亲通常还具有另外一种权力，使他的儿女不得不对他服从；虽然这种权力他同别人都是同样具有的，但是由于这种权力差不多总是在父亲们私人的家庭里，表现在别处这样的例子极少，亦很少受人注意，因此现在就被当作父权的一部分。这就是人们通常所具有的把他们的财产给予他们最喜欢的人的权力。儿女们所期待和希望承继的父亲的财产，通常依照每一国家的法律和习惯按照一定比例分配，然而父亲一般地有权根据这个或那个儿女的行为是否迎合他的意志和脾气而决定给予多少。

这对于儿女的服从起着相当大的约束力。因为土地的享用总是附带着对这块土地所属的国家的政府的顺从，所以通常就认为父亲能够强制他的后人服从他自己所臣服的政府，使他的儿女也受他的契约的约束。其实，这不过是土地的附带的一项必要条件，但是在那个政府之下的地产的继承，并不在只有那些愿意在那种条件下接受的人们才能享受，所以这并不是什么自然的约束或者义务，而是一种自愿的顺从。这是因为，既然每一个人的儿女天生就和他自己乃至他的任何祖先一样地自由，那么他们处于这种自由状态时，就可以自由选择自己愿意加入的社会、愿意隶属的国家。但是假如他们要享受他们祖先的遗产，就必须接受他们祖先原来的接受的同样条件，受制于这一产业所附带的一切条件。诚然，父亲可以运用这种权力，迫使他们的儿女哪怕是已经达到成年仍然对他服从，并通常使他们隶属于这个或者那个政治权力之下。但是这些都不是基于父亲的任何特殊权利，而是用他们所持有的赏赐来贯彻和酬谢这种服从；这并不比一个法国人对于一个英国人所享有的权力更大，但是当后者想要得到前者的一份财产，当然对他自己的服从不肯丝毫放松。而当财产传给他的时候，如果他要享受到这份财产，他就必须承认该土地所在国家对于土地占有所规定的所有附带条件，不论是法国还是英国。

所以我们有这样的结论：即使父亲的命令权只在他的儿女的未成年期间行使，而且只以适合于那个期间的管束教训为限；即使儿女在他们的一生中和在一切情况下，无疑应对于他们的父母都尽到尊敬、孝顺和拉丁人所谓的"孝道"以及对他们应尽的一切保护和赡养，而并不给予父亲以统治的权力——即制定法律和处罚他的儿女——虽然这一切并不能使他对于他的儿子的财产或行动有任何统辖权，然而很明显地可以设想，在世界初期以及现在的某些地方，人口的稀少允许一些家庭分散到无主的地区去，他们还可以迁移到或定居在尚无人烟的地方，在那种情况下，父亲成为一个家庭中的君主是极其容易的。他从他的儿女的孩提时起就是一个统治者。由于进行共同生活而没有某种统治权有其困难，那么当儿女长大的时候，基于他们明白或默认的同意，将统治权归于父亲，老实说，这个统治权只是继续下去，并没有什么改变；事实上，要做到这一点，需要的仅是允许父亲一人在他的家庭里行使每个自由人自然享有的自然法的执行权，而由于这种允许，当他们还留在这个范围之内时，就给予父亲一种君主的权力。但是显然这并非是基于任何父权，而只是基于他的儿女的同意。因此并没有人会怀疑，假如有一个外人偶然或因事到他的家里，在他家里杀死了他的一个儿女或做了其他任何坏事，他有权把他定罪处死，或者像处罚他的任何儿女那样处罚他。当然他这样做，对于一个并不是他孩子的人，不可能是基于任何父权，而是基于他作为一个人而享有的自然法的执行权。只有他一人能够在家里处罚他，因为由于他的儿女的崇敬，他们愿意让他具有高于家庭中其他成员的尊严和权威而行使这种权力。

因此，儿女们默认与难以避免地同意使父亲具有权威并进行统治，那是很容易的和几乎是很自然的。他们在孩童期间就习惯于服从他的管教，把他们的很小的争执向他提出；但是当他们成人以后，谁更适宜于统治他们呢？他们的那些微少财产和不大的贪心很少会引起较大的争执。当争执发生时，除了像他这样把他们都抚养长大并对他们都有爱心的人以外，将无法找到更合适的公正人。难怪他们对所有未成年和成年并不作出区别，而当他们无意摆脱被保护者的身份时，也并不期待那可以使他们自由处理自身和财产的二十一岁或任何其他年龄。在未成年时他们所处的那种统治形势，依然对他们是保护多于限制；他们的安宁、自由与财产没有比在父亲的统治下能够得到更可靠的保障。

所以不知不觉中一些家庭中的生身父亲变成了政治上的君主；而如果他们碰巧寿命长，留下了连续几代能干而且适当的继承人，奠定了各种组织形式和形态的世袭的或选举的王国的基础。但是假如认为君主是以他们作为父亲的身份而才享有君权的，因而认为这就足以证明父亲们享有政治权力的自然权利，因为统治权的行使事实上通常都是在父亲手里的。我要说，如果这个论证是正确的话，那么同时它也会证明，所有的君主——而且只有君主——应当成为祭司，因为在最初，一家的父亲担任祭司与他是一家的统治者这一事实是同样地应得到肯定的。

（七）论政治社会

上帝既把人造成这样一种动物，按照上帝的判断他是不宜于单独生活，就使他处于必要、方便和爱好的强烈要求下，迫使他加入社会，并使他具有理智与语言以便继续社会生活并享受社会生活。社会的最初阶段是产生在夫妻之间，这是父母与儿女之间社会的开端；以后又加上了主仆之间的社会。所有这些关系当然可以而且通常也确实会合在一起而构成一个家庭，其主人或者联合主妇具有适合于家庭的某种统治；然而我们从下文可以看出，这些社会，不论个别的或者联合在一起，都不可能形成政治社会，假如我们对每种社会的不同目的、关系和范围加以考虑的话。

基于男女之间的自愿合约而构成夫妻社会。虽然它主要包含着为其主要目的，即生殖所必需的那种对彼此身体的共有和权利，然而它还带有互相扶养与帮助以及对于利益的共享，为巩固他们的互相照顾和亲密感情不仅必要，而且亦为他们共同的子女所必要，因为他们的子女有权利得到他们的养育和扶持，直到他们能够自立为止。

男女间结合为的不仅是生殖，而且是种族的绵延，所以男女间的这种结合，即使在生育之后，还应该在有必要的养育和扶持儿童的期间维持下去，这是因为儿童应该得到生身父母的保育扶持，直到他们能够自立谋生为止。无限智慧的创世主对他亲手造成的创造物所树立的这条准规则，我们看到是为低等动物所坚决服从的。在那些以草为饲料的胎生动物中，雌雄之间在交配行为后即不再保持结合，因为母乳在幼兽自己能吃草以前已足够维持其生存，雄兽只是传种，不再过问雌兽或幼兽，对它们的抚养不能有所贡献。但在猛兽中，雌雄的结合比较长久些，这是因为雌兽单靠它自己捕获的东西不够维持它自己并养活它的为数较多的幼兽，而捕食其他动物比起以草为饲料来是个更费力更危险的生活方式，这就必须依靠雄兽帮助抚养它们的共同家庭，因为幼兽在自己能够捕食以前，只能靠雌雄兽的共同照顾才能生存。在所有的鸟类中的情况也是一样（除掉某些家禽，由于有足够的饲料，因而雄的不必饲养照顾幼禽），幼禽在巢内需要喂饲料，雌雄继续配偶一直到幼禽能够起飞和自己觅食为止。

这就是人类的男女结合为什么比其他动物的结合较为长久的主要的——如果不是唯一的——理由。这是因为在女人所生的孩子尚未脱离对其父母的帮助和扶持的依赖，自己还无法去谋生和一切都须从他的父母得到帮助的时候，女人即又可能怀孕，而且事实上往往重新怀

二、权利的范畴

孕，又生出一个孩子来。在这种情况下，父亲既有照管和抚养他的子女的责任，就有义务和同一个妇女继续维持夫妻社会；这要比其他动物时间长，因为其他动物都在再度生育的季节到来之前，它们的幼小动物已能自谋生存，两性的结合自然而然地解散了，直到婚姻之神在他一年一度的季节里又召唤它们另选新配偶的时候为止，它们是完全自由的。人们在这里不能不赞美伟大创世主的智慧，他既赋予人以一种能为将来准备又能供应目前需要的先见与能力，就也将使夫妻的社会有必要比其他动物的两性结合更为持久，从而可以鼓励他们的勤劳，可以使他们的利益结合得更紧密，以便对于他们共同的子女提供给养并进行储藏，而夫妻社会如果随意结合或者经常很容易地宣告解散，那就会大大地危害他们共同的子女。

不过，虽然这些对人类的约束使夫妻关系比其他动物较为牢固与持久，人们却有理由可以问，为什么这种保障生殖和教育并照顾到继承的合约，不可能与其他任何自愿的契约那样，基于同意，或在一定时间、或根据某些条件而使它终止呢？因为就事情的性质与目的来看，这并不总是终身的——我指的是不受任何规定所有这类合约为永久性的明文法约束的这样一些契约。

但是虽然夫妻仅有同一的共同关系，然而由于对其各有不同的理解，他们不可避免地有时也会有不同的意志；因此有必要使最后的决定——即统治——有所归属，这就自然而然地落在较为能干和强健的男子身上了。但是这只限于有关他们共同利益和财产的事情，妻子仍然充分地保有由契约规定为她的特有权利的事项，至少她所给予丈夫的支配她的生命的权力并不大于她所享有的支配丈夫的生命的权力。丈夫的权力既然远不及一个专制君主的权力，妻子在一些情况下，在自然权利或者他们的契约所许可的范围内，就有与他分离的自由，不论那个契约是他们在自然状态中订立的，还是基于他们所处的国家的习惯或法律订立的；而儿女在分离时应归属父方还是母方，则根据这种契约的规定。

婚姻所要达到的全部目的既是在政府统治下也是在自然状态中取得的，政府官长并不能剥夺夫妻的任何一方为达到这些目的——即生育儿女和在他们共同生活期间的相互支持和帮助——而势必需要的权利或权力，而只能在夫妻之间对这些事情发生争执时进行裁断。如果不是这样，如果绝对主权和生杀大权自然属于丈夫，而为夫妻之间所必要的话，则在不容许丈夫具有这种绝对权威的任何国家中，就不可能有婚姻。但是既然婚姻的目的并不导致丈夫具有这种权力，夫妻社会的条件就并不能使他具有这种权力，因为这对于婚姻状态是根本不必要的。夫妻的社会在没有这种权力的情况下，也能存在与达到目的；至于财产的共有、处理财产的权力、互相帮助和支持以及属于夫妻社会的其他共同事情，则可以基于结成夫妻社会的契约而有所不同。有所调整，只要与生育和抚养儿女直到他们能够自力谋生为止的精神相符合就行。凡是对结成任何社会的目的并无必要的，对于这种社会就没有必要。

关于父母和子女之间的社会，以及属于他们双方的各自的权利与权力，我在前一章里已详加讨论，此处无需再加评述；我认为它显然和政治社会极不相同。

主人和仆人是同历史同样古老的名称，但是获得这些名称的人的条件很不相同。一个自由人向另一人出卖在一定时期内他的劳役用以换取工资，从而使自己成为另一人的仆人；并且虽然这一行为通常使他处在主人的家庭内，受一般纪律管束，然而这只是给主人以暂时支配他的权力，而且不超越他们之间的契约中所规定的范围。但是另外还有一种仆人，我们以一个特殊的名字叫他们为奴隶，他们是在一次正义战争中被俘获的俘虏，基于自然权利要受他们主人的绝对统辖权与专断权力的支配。像我所说过的，这些人既已放弃了他们的生命权，因而也放弃了他们的自由，丧失了他们的财产——处在奴隶状态中不并能拥有任何财产——他们就不能在那种状态中被认为是政治社会的任何部分，因为政治社会的首要目的是保护财产。

所以让我们对一个家庭的主人，连同因在一个家庭的对内统治下而结合在一起的妻子、儿女、仆人和奴隶的一切从属关系来考究，尽管这种家庭在其秩序、职务与人数方面类似一个小的国家，但是在它的组织、权力和目的方面也是很不相同的。或者如果一定要把它看做一个君主政体，家长如果是其中的专制君主的话，那么君主专制政体将只有一种极不巩固的与短暂的权力。因为根据前面所说的，很明显的是，就时期和范围而言，一家的主人对于家中的那几个人具有明确而又各不相同的的权力。他除对奴隶以外（不论家庭中有无奴隶，家庭还是家庭，他作为家长的权力还是一般大），对于家庭中的任何成员都没有生杀予夺的立法权；而且他所拥有的权力，一家的女主人也是同样可以具有的。他对于家庭的每一成员既然只拥有极有限的权力，当然就不能对全家享有绝对权力。但是一个家庭或人类的任何其他社会到底是怎样不同于真正的政治社会，我们在探讨政治社会本身是怎样构成时将清楚地看到。

前面已经论证，人们既然生来就享有完全自由的权利，并和世界上其他任何人或许多人相等，不受控制地享有自然法的一切权利和利益，那么他就自然享有一种权力，不但可以保有他的所有物——即他的生命、自由与财产——不受其他任何人的损害和侵犯，而且可以就他认为其他人罪有应得的违法行为加以裁判与处罚，甚至在他认为罪行严重而有此必要时,处以死刑。但是政治社会本身如果不具有保护所有财产的权力,从而可以处罚这个社会中一切人的犯罪行为,就不能成其为政治社会,也不能继续存在;真正的和唯一的政治社会是,在这个社会中,每一成员都放弃了这一自然权力,把所有不排斥他可以向社会所建立的法律请求保护的事项都交给社会处理。于是每一个个别成员的一切私人判决都被排除,社会成了仲裁人,用明确不变的法律来公正地和同等地对待一切当事人;通过那些由社会授权执行这些法律的人来判断该社会成员之间可能发生的关于任何一个权利问题的一切争执,并以法律规定的刑罚来处罚任何成员对社会的犯罪;这样就容易辨别谁是和谁不是共同处在一个政治社会中。凡是结合成为一个团体的许多人,具有共同制定的法律,以及可以向其申诉的机关,有权判决他们之间的纠纷与处罚罪犯的司法机关,他们彼此都处在公民社会中;但是那些不具有这种共同申诉——我是指在人世间而言——的人们,还是处在自然状态中,因为既然再没有其他的裁判者,各人自己就是裁判者和执行人。这种情况像我在前面已经说明的,是纯粹的自然状态。

由此可见,国家有权力对社会成员之间所犯的罪行规定其应得的惩罚(这就是制定法律的权力),也有权处罚不属于这个社会的任何人对这个社会的任何成员所造成的损害(这就是关于战争与和平的权力);所有这些都是为了尽可能地保护这个社会的所有成员的财产。但是虽然加入了政治社会而成为某个国家所有成员的人因此放弃了他为执行他的私人判决而处罚违反自然法的行为的权力,然而由于他已经把他能够向官长申诉的一切案件的犯罪判决交给立法机关,他同时也就给了国家一种权力,即在国家对他有此需要时,使用他的力量去执行国家的判决;这些其实就是他自己的判决,是由他自己或者他的代表所作出的判决。这就是公民社会的立法权与执行权的起源，这种权力须根据长期有效的法律来决定应该怎样处罚发生在国家中的犯罪行为，同时也根据以当时实际情况为依据的临时的判断来决定应怎样对外来的侵害加以处罚；在这两方面遇有必要时，都可以使用全体成员的所有力量。

因此，不论在任何地方，不论有多少人这样地结合成一个社会，从而人人放弃其自然法的执行权而把它交给公众，在那里，也只有在那里才有一个政治的或者公民的社会。其形成的情形是：或者处在自然状态中的任何数量的人们，进入社会以组成一个民族、一个国家，置于一个有最高统治权的政府之下，不然就是任何人自己加入并参加一个已经成立的政府。这样，他就授权给社会，同时授权给社会的立法机关（这和授权给社会的性质一样），根据社会公共福利的要求为其制定法律，而他本人对于这些法律的执行也有（把它们看作自己的判决一样）尽力协助的义务。设置在人世间的裁判者有权裁判一切争端与防止国家的任何成员可能受到的损害，这个裁判者就是立法机关或立法机关所委任的官长，而由于这种裁判者的设置，人们便脱离自然的状态，进入一个有国家的状态。而无论在什么地方，如果任何数量的人们不管怎样地结合起来，但没有这种可以向某机关申诉的裁判权力，他们就仍处在自然状态中。

所以很明显，虽然有些人认为君主专制政体是世界上唯一的政体，其实这是和公民社会不相调和的，因而它完全不可能是公民政府的一种形式。因为公民社会的目的原是为了避免并且补救自然状态的种种不合适的地方，正是由于人人是自己案件的裁判者而必然产生的，于是设置一个明确的权威，当这社会的任一成员都受到任何损害或发生任何争执的时候，可以向它申诉，而这社会的每一成员也必须对它服从。当人们没有这样的权威可以向其申诉并裁决他们之间的争论时,这些人仍处在自然状态中。因此每一个专制君主就其统治下的人们来说,也是处在自然状态中。

只要有人被认为独揽一切,握有全部立法与执行的权力,那就不存在裁判者;由君主或他的命令所造成的损失或者不幸,就无法向公正无私同有权裁判的人提出申诉,通过他的裁决可以期望得到救济与解决。因此,这样一个人,不论是使用什么称号——沙皇、大君或叫什么都可以——与其统治下的一切人,如同和其他的人类一样,都是处在自然状态中。如果任何两个人都处在这样的境地,既没有长期有效的法规,也没有在人世间可以向其申诉的共同裁判人,来裁决他们之间权利的纠纷,那么他们还是处在自然状态与自然状态的种种不方便处之下。对于一个专制君主的臣民或不如说是奴隶来说,只有这个可悲的区别:在通常的自然状态中,他享有判断自己的权利并尽力加以维护的自由。而现在呢,当他的财产受到他的君主的意志由他命令的侵犯时,他非但不像处在社会中的人们所应享有的那样享有申诉的权利,而且好像他已经从理性动物的共同状态中贬降下去似的,被剥夺了裁判或者保卫他的权利的自由;从而有遭受各种灾难与不幸的危险,而这些灾难和不幸是很可能由一个既处在不受拘束的自然状态而又因受人谄谀逢迎以致品德堕落并且掌握着权力的人造成的。

谁认为绝对权力能净化人们的气质和纠正人性的劣根性,只要读一下当代或其他任何时代的历史,就会相信适得其反。在美洲森林里横行不法的人,在王位上大概也不会好多少;当他身居王位时,或许会找出学说与宗教来为他加于他的臣民的一切行为辩解,而刀剑可以立刻使一切敢于责难他的人保持沉默。这种君主政体发展到完备阶段时,君主专制下的保护是什么样的情况,那种保护使君主们成为他们

二、权利的范畴

167

国家中的怎样的家长，能使公民社会的幸福和安全达到什么样的程度，我们只要研究一下近来锡兰的情况就更容易了解了。

诚然，臣民在专制君主国乃至在世界上其他的政府之下，有权利向法律与法官们申诉，来裁判臣民之间可能发生的任何争执，并阻止任何暴行。这人人都认为是必要的，而且相信，凡是想要剥夺这种权利的人，应当被认为是社会与人类的公敌。但是这是否出于对社会与人类的真正的爱和我们大家彼此应有的善心，却有理由加以怀疑。这不过是每一个爱好他自己的权力、利益或强大的人可能而且一定自然地会做出的行径，使那些只是为他的快乐和好处而劳动和作苦工的牲畜不要互相伤害或残杀；得到如此照顾的原因，不是由于主人对它们有什么爱心，而是为了爱他自己与它们给他带来的好处。假如有人问，在这种状态之下，有什么安全与保障可以防止这个专制统治者的暴行和压迫，这个问题本身很难容忍。人们就会立即告诉你，只要问起安全就死有余辜。他们将承认，在臣民彼此之间，为了他们相互的安宁和安全，必须有措施、法律与法官；但就统治者来说，他应该是绝对的、超过这种种情况之上的；因为他有权力可以做更多的害人的坏事，他的所作所为是合法的。如果你问起，怎样可以防御最强有力者之手势必会做出的暴行或者损害，这就立刻成为谋反与叛变的呼声。这仿佛是当人们摆脱自然状态进入社会时，他们同意，除一人之外，大家都应当受到法律的约束，但是他一个人仍然可以保留自然状态中的全部自由，而这种自由由于他掌握权力而有所扩大，并因免于受罚而变得肆无忌惮。这就是认为人们竟然如此愚蠢，他们注意不受狸猫或者狐狸的可能搅扰，却甘愿被狮子所吞食，并且还认为这是安全的。

但是不论花言巧语的人怎样来欺骗人们的理智，它也不会蒙蔽了人们的感觉。当他们发觉有人不论处于任何地位，已不受他们所属的公民和社会约束，而他们对于可能从他的方面受到的伤害在人世间又无法申诉时，他们会认为对这样一个人来说，他们是处在自然状态中，因为他们发现他就是处于这种状态；并且当他们能够时，就会尽快设法在公民社会中享有安全与保障，而安全和保障是原先建立公民社会的目标，也是他们参加公民社会的目标。所以虽然起初（关于这一点下文再加详论）或许有一个品质优良的人，在其余的人中间享有威望，大家尊崇他的善良与美德，仿佛把他当作一种自然的权威，于是享有仲裁他们之间纠纷的权力的主要统治权便基于一种默许的同意而归他掌握，他们除了确信他的公正和智慧以外，并无其他保证。但是随着时间的推移，由初民时代漫不经心和缺乏预见的天真心理所造成的种种惯例便带有权威与（有些人要使我们相信的）神圣的性质，同时另一类型的继承者也产生了，到了这个时候，人民感到他们的财产在这个政府下不像以前那样能够获得保障（殊不知政府除了保护财产之外，没有其他目的），因此他们非把立法权交给人们的集合体（你称之为参议院、议会等等），就不会感到安全与安心，也不会认为自己是处在公民社会中。采用这种办法，每一个个人和其他最卑贱的人都平等地受制于那些他自己作为立法机关的一部分所订定的法律。法律一经制定，谁也不可能凭他自己的权威逃避法律的制裁；也不能以地位优越为借口，放任自己或任何下属的胡作非为，而要求免受法律的制裁。公民社会中任何人要为所欲为就不免受到法律的制裁。因为人们对于他所做出的任何有害行动在人世间无处通过申诉而得到赔偿或保障，我要问，他是否还完全处在自然状态中，因而不能成为那个公民社会的一部分或者一个成员。除非有人说自然状态和公民社会是一回事，我从未遇到曾下这种肯定的断言，狂妄得唯恐天下不乱的人。

（八）论政治社会的起源

正如上述，人类天生都是自由、平等和独立的，如没有本人的同意，不能把任何人置自于这种状态之外，使受制于另一个人的政治权力。任何人放弃其自然自由并受制于公民社会的种种限制的唯一的方法，是同其他人协议联合组成一个共同体，以谋他们彼此间的舒适、安全与和平的生活，以便安稳地享受他们的财产而且有更大的保障来防止共同体以外任何人的侵犯。无论人数多少都能这样做，因为其余的人的自由它并不会损及，后者仍然跟以前一样保有自然状态中的自由。当某些人这样地同意建立一个共同体或政府时，他们因此就马上结合起来并组成一个国家，那里的大多数人享有替其余的人作出行动和决定的权利。

这是由于，当某些人基于每人的同意而组成一个共同体时，他们就因此把这个共同体组成一个整体，具有作为一个整体而行动的权力，而这是只有经大多数人的同意和决定才能办到的。要知道，任何共同体既然只能根据它的每个个人的同意而行动，而它作为一个整体又必须行动一致，这就需要使整体的行动以较大的力量的意向为转移，这个较大的力量就是大多数人的同意。假如不是这样，它就不可能作为一个整体、一个共同体而有所行动或继续存在，而根据组成它的每个个人的同意，它正是应该成为这样的整体的：因此人人都应根据这一同意而受大多数人的约束。所以我们看到有些由明文法授权的议会，在明文法上并没有规定其进行行为的法定人数，在这种情况下，根据自然和理性的法则，大多数具有全体的权力，因此大多数的行为被认为是全体的行为,也当然有决定权了。

所以当每个人和其他人同意建立一个由一个政府统辖的国家的时候,他使自己对这个社会的每一成员担负着服从大多数的决定和取决于大多数的义务;否则他和其他人为结合成一个社会而订立的那个原始契约就毫无意义,而如果他仍然像以前在自然状态中那样地自由和除了受以前在自然状态中的限制以外不再受其他拘束,这契约就不成其为契约了。因为假如这样,那是什么契约呢?如果他除了自己认为适当的和实际上曾表示同意的法令之外,不受这个社会的别的法令的拘束,那还算什么承担新的义务呢?这样,他的自由就可能仍然像在订立契约以前他所享有的或在自然状态中的任何人所享有的自由一样大,因为他可以在他认为适当时才服从和同意社会的任何行为。

如果大多数的同意是全体的行为,在理性上不承认,并对每一个人起约束的作用,那么全体的行为必须经每个人同意;但是要得到这样一种同意几乎是不可能的,假如我们考虑到必然会有许多人因病、因事不能出席公共集会,尽管其人数还不如一个国家成员的总数。此外,在各种人的集合体中总是难免产生意见的分歧和利害的冲突的。假如基于这样的条件而进入社会,那就只会像伽图走进戏院那样,一进场就出去。这种组织将会使强大的利维坦比最弱小的生物还短命,使它在出生的这一天就夭亡;除非我们认为理性的动物要求组织成为社会仅仅为了使它们解体,这是不能想象的事。因为假如大多数不能替其余的人作出决定,他们便不能作为一个整体而行动,其结果只有重新解体。

所以凡是脱离自然状态而联合成为一个共同体的人们,必须被认为他们把联合成共同体这一目的所必需的一切权力全交给这个共同体的大多数,除非他们明白地议定交给大于大多数的任何人数。只要一致同意联合成为一个政治社会,这一点就能办到,而这种同意是完全能作为加入或建立一个国家的个人之间现存的或应该存在的合约的。所以开始组织并实际组成任何政治社会的,不过是一些能够服从大多数而进行结合并组成这种社会的自由人的同意。这样,而且唯其这样,合法的政府才会或才能在世界上创立。

对于这一点,有人提出两种相反意见:

第一,在历史上找不出这样的例子:一群彼此独立和平等的人集合在一起,以这种方法开始和建立一个政府。

第二,人们这样做在权利上是不允许的,因为一切人既然生来就处在政府之下,他们必须受制于那个政府,一个新的政府不允许被自由地创立,这是毫不足怪的。

对于第一个反对意见,可以这样回答:历史所载关于人们群居在自然状态中的叙述极少。自然状态的各种不便和人们爱好合群而缺乏合群的情况一旦把任何一个数目的人聚在一处,他们假如想要继续共同群居便会立即联合并组成一个社会。如果我们因为很少听见过人们处在自然状态,就不能推定他们曾经是处在这种状态中的,那我们也能因为很少听见过萨尔曼那塞尔或塞克西斯的军队在成人和编入军队以前的情况,就断定他们根本没有经过儿童的阶段了。政府到处都是先于记载而存在的,而文字的使用,都是在一个民族经过长期持续的公民社会,享受了其他更必需的技艺为他们提供的安全、便利和丰富的生活之后,才开始的。到那个时候他们的创建者的历史才开始被追述,而当他们已无法记忆这段历史时,他们才探本溯源。因为国家也像个人一样,一个人经常对于自己的出生和幼年情况是不清楚的。如果他们知道关于自己的起源的一些材料,这是靠参考他人所保存的偶然记录而得来的。除了上帝自己直接干涉的犹太民族之外(他们根本不赞成父亲的统辖权），世界上任何国家的起源都显然是像我所说的那样，或者至少有着这种明显的迹象。

假如有谁不承认罗马和威尼斯的创建是由彼此自由和独立的、没有自然的尊贵或臣属之分的人们的结合，那么我们就只有说他在他的假设与明显的事实不符时，如果我们可以引证阿科斯塔的话硬要否定事实的奇怪想法，那么他告诉我们说，在美洲的很多地方从前完全没有政府。他说："基于有力而明显的推测，这些人（指秘鲁的土著）在一个很长一段时期内，没有国王也没有国家，而是过着军队的生活，像今日佛罗里达的人、巴西的吉里夸纳人和其他很多民族那样，他们都没有一定的国王，只是遇到和平或战争的关头，他们的领袖才会被随意选出。"（第一卷，第二十五章）假如说，那里的每一个人生来就隶属于他的父亲或家长，那么前面已经证明，孩子对父亲的隶属并不能剥夺他加入一个他认为合适的政治社会的自由。不论怎样，实际上这些人显然是自由的。无论有些政治家现在怎样想要给予他们中间的若干人以某种优越的地位，他们自己却没有这种要求；而是基于同意他们是一律平等的，直到他们基于同样的同意在他们之上设置了统治者为止。所以他们的政治社会都起源于自愿的结合和人们自由地选择他们的统治者和政府形式的相互协议。

但愿我们应该承认查士丁所记述的那些跟同巴兰杜斯一道离开斯巴达的人曾是彼此独立的自由人，他们曾基于自己的同意而建立了一个统治他们的政府。这样，我已从自由的和处于自然状态中的民族的历史中举出了一些例子，他们由于聚在一起而联合起来并创建了一个国家。假如说可以拿缺少这种例子这一点当作论据来证明政府不是和不能这样开始的，我认为主张父权帝国的人们还是放弃这种论调而不要用它来反对自然的自由为妙。因为假如像我所举的那样多的例子他

二、权利的范畴

们也能从历史中举出,来证明父权是政府起源的话(虽然这种充其量是用曾经有过的事来证明应当有的事的论据并不十分令人信服),我认为,在这个问题上对他们让步不致会有多大危险。但是如果能让我在这一点上对他们有所建议,那么他们最好没有必要去寻找事实上他们已经开始找寻的政府的起源,省得他们发觉在大多数政府的基础上,有些东西是很不利于他们所提倡的方案和所主张的那种权力的。

我们可以得出这样的结论:我们的论证显然是有道理的,人类天生是自由的,历史的实例又证明世界上凡是在和平中创建的政府,都是以上述基础为开端,并基于人民的同意而建立的;所以对于最初建立政府的权利在什么地方,或者当时人类的意见或实践是什么,怀疑的余地是不多的。

我并不否认,假如我们根据历史的线索尽量追溯国家的起源,我们一般地会看到它们总是在一个人的统治和管理之下。我也能相信,当一个家族成员很多,可以自给自足,并继续聚居而不与其他人混杂(像地广人稀的地方往往发生这种情况)的时候,经常通常起源于父亲。因为父亲既然基于自然法而与其他一切人享有同样的权力,即在他认为适当时可以处罚违反自然法的任何罪行,所以也就可以处罚他的犯过失的儿女,即使他们业已成人,脱离了他们的被监护期;他们一般也会甘愿受他的处罚,并且全体会和他一起来对付犯罪者,这就授予他以执行处罚任何犯罪的权力,从而事实上使他成为所有那些仍与他的家族结合在一起的人们的立法者和统治者。他是最适宜于被信任的人;父亲的慈爱使他们的财产和利益在他的照料下得到保证,他们在幼年时对他服从的习惯使他们比对其他任何人更容易顺从他。在群居的人们中间,既然政府是难以避免的,那么假如他们要有一个人来统治他们,除非疏忽、残忍或其他任何的身心缺陷使他不适于这种地位，还有谁能像他们共同的父亲那样合适呢？可是或者父亲死了，由于留下的嗣子尚未成年，缺乏智慧、勇气或者任何其他品质而不适于统治，或者有几个家族集合一处，同意继续聚居，这时他们便行使他们的自然自由，选举他们认为最能干和可能最善于统治他们的人为统治者，这是毋庸置疑的。同这情况相符的，我们看到那些还没有受到秘鲁和墨西哥两大帝国的武力征服和扩张统治的影响的美洲人，仍然享有他们自己的自然自由，虽然从另一方面讲，他们通常推戴他们的故王的嗣子；但是他的软弱无能如果被他们发现的话，他们就另立最坚毅和最勇敢的人做他们的统治者。

由此可见，虽然我们查考最早的记载所提供我们的有关聚居的材料和各民族的历史，我们通常发现政府是在一个人的支配之下的；但是我所肯定的意见仍不能推翻，即政治社会的创始是以那些要加入和建立一个社会的单个人的同意为依据的，当他们这样组成一个整体时，他们可以建立他们认为合适的政府形式。但是既然这种情况会引起一些人误解，以为政府本来自然是君主制的和属于父亲的，我们就不妨在这里研究一下，为什么人们开始一般采用了这种政府形式。在有些国家最初建立时，也许父亲的优越地位会促使并在最初阶段把权力交给某一个人；但是很明显的是，这种集权于一人的政府形式之所以能够继续，并不是因为对父权有任何敬意或尊重，因为在一切小的君主国，几乎一切君主都是这样，它们起源时，经常——至少有时——是选任的。

第一，在开始的时候，父亲对其子女在幼年时期的统治，既然使他们习惯于受一人的支配，又使他们明白只要这种统治是在关怀、循循善诱、和蔼和慈爱的情况下对他们行使的，它就足以得到和保护人们想在社会中寻求的一切政治幸福。怪不得他们要选择和自然而然地

二、权利的范畴

采用那种政府形式，因为他们对它从小已经习惯，而且根据经验，觉得它是既便利而且安全的。此外，我们还可以说对于人们最简单明了的就是君主制，因为当时的经验既没有启示他们以政府的各种形式，也尚未受到帝国的野心或横暴的教训，让他们知道提防特权的侵占或专制权力的骚扰。这些特权和专制权力都是君主政体相沿下来容易主张并施加于人民的。因此当时他们并不费心机地去想出一些办法来限制他们赋与权力以支配他们的人的任何专横，以及让政府权力分别由人掌握来平衡政府的权力，这些并不奇怪。他们既没有经历过暴君的压迫，而时代的风气以及他们的不足构成贪婪或野心对象的财产或生活方式，又让他们没有任何忧虑或防范的理由，所以难怪他们就置身于这种如我所说的最为简单明了而且又最适合他们当时的状态和状况的政体了，因为他们当时的情况是对于防御外侮比对法律的多样性更感需要。既然把他们的欲望用一种简单而贫乏的生活方式下的平等限制在各人的少量财产范围内，就很少造成纠纷，因而不需要更多的法律来加以裁决，同时又因为侵害行为和犯罪者为数不多，也不需要各种官吏来监督法律的程序或负责司法的执行。他们既情意相投而参加了社会，就只能被认为彼此有一些交情和友谊，并且互相信赖，他们彼此间的猜疑肯定没有像对外人那样大，所以怎样抵御外侮来保障自己是他们首先注意和考虑的。他们置身于一个最能达到这个目的的政体下，推选最贤明和最勇敢的人在他们的战争中指挥他们，他们被他领导去攻打敌人，而主要在这方面做他们的统治者，这事很自然。

所以我们看到美洲——它仍是亚洲和欧洲原始时代的一种模型，那里地广人稀，人力和财力的缺乏使人们产生不出扩大土地占有的欲望，也不致为了扩大土地的范围而引起斗争——印第安人的国王不过是他们军队的统帅；虽然他们在战争中享有绝对的指挥权，但是在境内和平时期，他们只行使很小的统辖权，仅有十分有限的主权；和战的决定权通常属于人民或者会议，而战争本身既不容许多头领导，就自然会使指挥权归于国王一人。

即就以色列民族本身而论，他们的士师和初期国王的主要任务好像就是担任战时的将帅和他们的军队的统率者（除从出入时身先民众，即出征和归来时都在队伍前面这一点可以看出以外），耶弗他的故事对此说得很明白。亚扪人起兵攻打以色列，基列族害怕了，派人去请耶弗他回来。耶弗他本是基列族的私生子，为他们撵走的。这时他们与他立约，假如他愿意帮助他们抵抗亚扪人，就立他做他们的统治者。这件事情《圣经》里用这样的话来记载："耶弗他百姓就立耶弗他作领袖、统帅。"（《旧约》士师记，第十一章，第十一节）。在我们看来，这就是等于封他作士师。所以《圣经》又说，"他作以色列的士师"（《旧约》士师记，第十二章，第七节），也就是说他作他们的将帅有六年之久。又例如当约坦责备示剑人对曾经是他们的士师和统治者的基甸忘恩背义时，他对他们说："从前我父冒死为你们争战，救了你们脱离米甸人的手"（《旧约》士师记，第九章，第十七节）。除了提到他曾充当将帅以外，没有提到其他的；的确，这就是在他的历史中或其他任何士师的历史中所能看到的一切。亚比米勒特别被称为国王，但最多他只是示剑人的将帅。以色列的百姓因为厌弃撒母耳的儿子的恶行，他们需要立这样一个国王，"像列国一样，有王治理他们，统领他们，为他们战斗"（《旧约》撒母耳记上，第八章，第二十节），这时上帝答应了他们的要求，对撒母耳说："我必须一个人到你这里来，你要使他作我民以色列的君，他必救我民脱离非利士人的手"（前书，第九章，第十六节）。好像国王的唯一任务就是率领他们的军队，为保卫他们而战。因此，在扫罗登位时，撒母耳把瓶膏油倒在扫罗的头上，对他声言："耶和华使他作他产业的君"（前书，第十章，第一节）。因此当以色列各族在米斯巴庄严地推选并欢呼扫罗为国王之后，不愿意立他为国王的那些人也只提出这样的话来反对："这人怎能救我们呢？"（前书，第十章，第二十七节）他们的本意好像要说："这人不适于做我们的王，他在战争中并无策略和才干足够保卫我们。"及至上帝已决定把统治权移交大卫时，有这样的话："现在你的王位必不长久，耶和华已经找到一个合他心意的人，立他作百姓的君"（前书，第十三章，第十四节）。好像国王的全部威权无非是做他们的将帅；所以那些仍忠于扫罗家族和反对大卫登位的以色列各族带着顺服的条件来到希伯仑那里，他们除了别的理由之外，告诉他说，他们不得不像服从他们的国王一样服从他，因为在扫罗的时候，他们的国家事实上已是他们了，所以他们现在没有理由不奉他做国王。他们说："从前扫罗作我们王的时候，是你率领以色列人出入的，耶和华也曾经应许你说，你必牧养我的民以色列，作以色列的君"（《旧约》撒母耳记下，第五章，第二节）。

所以一个国家事实上是由一个家庭成长起来的，父亲的权威由长子承袭下去，在这个权威下长大的每个人默认地对他服从，而这种统治的顺利和平等并不妨害别人，每个人都老老实实地表示同意，以后它的确立事实上已经过了一段时间的考验，并以法律的形式确定了承继的权利；或者是，几个家族的后裔因偶然的机会、居地的接近或事务联系聚在一起，联合成为社会……无论是哪一种情况，因为在战时人们需要一位能干的将军帮助他们防御敌人，以及在这艰苦而有道德的时代里天真和诚实使人们彼此有深厚的信赖（世界上能够存在下来的政府在开始时几乎都有这样的情况），这就使国家的最初创始者们通常把统治权放在一个人的手里，除了事情的本质和政府的目的所需要者外,没有其他任何明白的限制或约束。无论是哪一种情况使当初统治权属于一人,可以肯定说,它之所以交付给某一个人,只是为了大众的福利和安全;而在国家的幼年时代,享有统治权的人经常都是为了这些目的而行使统治权的。除非他们这样做,年轻的社会就不允许存在下去。假如没有这种保姆式的父亲关心和审慎安排公共福利,一切政府都会因为它们幼年时代的孱弱而消亡,而君主和人民很快就会同归于尽。

纵然这黄金时代(在虚荣的野心、恶劣的占有欲和歪风邪念腐蚀人心,使权力和荣誉的真正意义被曲解之前)具有更多的美德,因此有较好的统治者和不甚恶劣的臣民;而且当时一方面没有不断扩张的特权来压制人民,另一方面对于权利也没有任何争执以减削或限制官长的权力,因此在统治者和人民之间不发生关于统治者或政府问题的斗争。可是到了后世,在野心和奢侈的恣虐下,统治者想要保持和扩大其权力,不去做人们最初授权给他时要他办的事情,加之谄媚逢迎使君主认为具有与其人民截然不同的利益,于是人们发觉有必要更加审慎地考察政权的起源和权利,并找到一些办法来限制专横和防止滥用权力。另一个人事实上已接受他们的权力,目的是为他们自己谋福利,而现在却发觉被用来损害他们了。

由此可见,完全可能的是,天生自由的人们根据他们自己的同意,顺从他们父亲的统治,或者由不同的家族联合而成立一个政府,他们一般地把统治权交给一人掌握,自愿受一人治理。既认为权力在他的诚笃和精明的掌握下十分安全,就没有以明白的条件加以限制或控制,虽然他们从没有梦想到君主政体是神授的权利这一说法,而在近代神学还没有把这种说法向我们启示以前,从来没有人见过这件事;他们也从来没有允许过父权可以享有一种统辖的权利或成为任何

二、权利的范畴

政权的基础。可见有很多证据足以证明，就历史来看，我们有理由断定政权的一切和平的起源都是基于人民的同意的。我之所以说和平的，是因为我在下文将谈到征服，而有一部分人认为征服是创立政府的一个途径。

对于我所阐述的政府的起源的另一种反对意见，我觉得是这样的，即：一切人既生来都处在这个或那个政府之下，所有人就不可能自由和随意地联合起来创立一个新的政权，或者具有建立一个合法的政府是这么多的条件。

假如这个论点是对的话，试问如何会有那么多合法的君主国在世界上呢？因为如果有人根据这个假说，能够向我证实有任何一个人在这个世界的任何时代，可以自由地建立一个合法的君主政体，那么我当然就不得不对他指出有十个其他的自由人自由地联合起来创建一个君主政体或任何其他形式的新政府；不言而喻，假如一个生来受另一个人统辖的人可以这样地自由，以至享有权利建立另一个新的王国去支配别人，那么每一个生来受另一个人统辖的人也可以这样自由，而成为另一个政府的统治者或者臣民了。所以这个原则是依照他们自己来做的，或是人们不论出生情况如何都是自由的，或者是全世界只有一个合法的君主、一个合法的政府，那么他们不用再费唇舌，只要告诉我们两者之中哪一个是正确的就可以了；当他们指出以后，我相信全体人类都会毫不踌躇地同意对他表示遵从的。

虽然这已足够回答他们的反对论点，证实这个论点使他们陷于他们用以反对的那些人所陷入的同样的困境，然而我仍将努力对这一论点的弱点稍稍作进一步的揭露。

他们说："但是人都生来处于政府之下，所以他们不能随意开创一个新的政府。每一个人生来就是他的父亲或君主的臣民，所以他处在臣服和忠顺的永久束缚之下。"很显然,人类从未承认或考虑过任何这种他们生来就处在的自然的臣服状态,未经他们的同意就使他们受制于这个或那个人,对这些人和他们的后嗣臣服。

因为无论在圣史或俗史中都没有比这再常见的事例,那就是人们从他们生来就受的管辖权和在其中成长的家族或社会中退出,不再服从,而在别的地方创建新的政府。这一情况产生了历史初期的很多小国,而且只要那时有足够的地方,就总是不断增加,直到较强或较幸运的国家吞并了较小的国家为止,而那些大国又再分裂成许多小的国家。这一切都是父权统治权的反证,清楚地证明当初构成政府的不是父亲的自然权利的世代传袭,因为基于这种论点就不可能有那么多的小王国。假如人们当时没有随便地脱离他们的家族和不论任何性质的政府,并按照他们所认为合适的形式建立不同的国家和其他政府,那么必然只会有一个统括全世界的君主国了。

这是从古到今的世界的实践。对于这些生来就应处在具有既定法律和固定政体的被组织起来的古老的国家之下的人们来说,现在人类的自由,比起那些生在森林中同无拘无束的野人共处的人们来,并不受到更多的限制。因为那些要我们相信我们既生来就处在任何政府之下,因此我们自然就成为他的臣民,不再有任何权利或借口享有自然状态的自由这种说法的人们,提不出其他反对理由(除了我们已经答复过的父权的理由之外),而其论据只是因为我们的父亲或祖先当初放弃了他们的自然自由,从而使他们自己和他们的后裔永久受制于他们自己所服从的政府。诚然,任何人对于他自己所作的任何约定或诺言有履行的义务,其儿女或后裔是不能以任何契约约束的。这是因为,儿子成年时完全像他的父亲一样自由,父亲的任何行为都不能断送儿子的自由,正如它不能断送任何别人的自由那样。固然,某些条件可以被他附加在他作为任何国家的一个臣民所享有的土地之上，从而强制他的儿子做那个国家的臣民，假如他想享受他父亲的财产的话，由于那种地产就是父亲的财产，父亲就能随意处理或附加条件。

这一点是经常使人们误解这个问题的：由于国家既不容许分裂它领土的任何部分或为其人民以外的任何人所享有，儿子就只有在他父亲所处的同样的条件下，即成为该社会的一个成员，才能经常地享有他父亲的财产；这样，他就像那个国家的任何其他臣民一样，立即使自己从属于那个他发觉其为业已建成的政府。这就可见，生来处在政府之下的自由人的同意使他们成为国家的成员，而这种同意是每人在达到成年时各自分别表示的，而大家都不是这样表示的，因此人们就不注意这一事实，并且以为这种同意根本没有表示过或并无必要，就可断定这些臣民自然就是他的，如同他们自然就是人一样。

可是，很显然，政府自身对于这个问题并不是这样理解的。政府并不因为对于父亲享有权力便主张对于儿子也享有权力；同样地，它们并不因为父亲是它们的臣民便把儿女也视为臣民。假如英国的一个臣民在法国同一个英国妇女生了一个孩子，这个孩子是谁的臣民呢？他不是英国国王的臣民，因为他必须得到许可方可获得作为英国臣民的权利；他也不是法国国王的臣民，因为假如是的话，他的父亲怎么可以随便把他带走和随意教养他呢？不论是谁，如果他离开或对一个国家作战，就可以单单因为他出生在这国家时他的父母在那里是外国人而被判为叛逆或逃亡者吗？显然，无论基于政府本身的实践还是基于正当理性的法则，一个孩子生来并不就是国家或政府的一个臣民。他在成年之前，处在他父亲的教养和权威之下，到了成年，他便是一个自由人，处于哪个政府之下加入哪个国家，自己可以随意选择。因为假如一个在法国出生的英国人的儿子可以有自由，可以这样做，那么很显然，他的父亲是英国的臣民这一点对他并无拘束，他也不受他的祖先所订立的任何契约的约束。那么他的儿子纵然生在任何别的地方，为什么不能根据同样的理由享有同样的自由呢？因为无论儿女生在什么地方，父亲自然地享有的支配他们的权力是一样的，而自然的义务关系不受到王国和国家的具体疆界的限制。

因此可见，既然一切人自然都是自由的，仅有他自己是同意的，无论什么事情都不能使他受制于任何世俗的权力，那么我们就可以料想，究竟怎样才算是一个人同意受制于任何政府的法律的充分表示。经常有明白的同意和默认的同意的区别，这是与我们所研究的问题有关的。只有明白同意加入任何社会才使任何人成为该社会的正式成员、该政府的臣民，不容怀疑这种问题。困难的问题在于应该把什么举动看作是承认的同意以及它的拘束力多大……即是说，当一个人根本并未作出任何表示时，究竟怎样才可以认为他已经同意，从而受制于任何政府。对这个问题，我可以这样说，只要某个人占有任何土地或享用任何政府的领地的任何部分，他的默认的同意就因此表示，从而在他同属于那个政府的任何人一样享用的期间，他必须服从那个政府的法律。这不管他所占有的是属于他和他的子子孙孙的土地，或者只是一星期的住处，或者只是在公路上自由地旅行；事实上，只要在那个领土范围内，就构成某种程度的默认。

为了更好地理解这一点，不妨认为每一个人当初加入一个国家时，通过使自己加入这个国家的行为，他也把已有的或者将要取得的而不曾属于其他任何政府的财产并入并隶属这个共同体。因为任何人既然为了保障和规定财产权而和其他人一起加入社会，却又认为其财产权理应由社会的法律来加以规定的土地，可以不受他作为土地所有人而身为其臣民的该政府的管辖权的约束，这就是一种直接的矛盾。

二、权利的范畴

因此，任何人把本属自由的本身加入任何国家，他也就通过同一行为把本属自由的财产加入了这个国家，而是要继续存在这个国家，他本身和他的财产就一直受制于这个国家的统治和支配。因此，任何人此后以继承、购买、许可或其他方法享用这样归并于那个国家并受其管辖的土地的任何部分，一定接受支配该土地的条件才能加以占有，也就是顺从对该土地有管辖权的那个国家的政府，如同它的任何臣民那样。

但是既然政府仅仅对土地拥有直接的管辖权，而且只是当它的占有人（在他事实上使自己加入这个社会以前）居住在这块土地上和享用它的时候，才及于他本人，那么任何人因为这种享用而承担的受制于政府的义务，就和这种享用共始终。因此，当只对政府表示这种默认同意的土地所有人以赠与、出售或其他方法出脱上述土地时，就可以随意去加入其他任何国家或其他协议，在"空的地方"，在他们可以找到的空旷和还没有被占有的世界的任何部分，创建一个新的国家。至于凡是以明确的愿意和明白的声明表示他同意属于任何国家的人，他就永远地和必然地不得不成为，并且始终不可变更地成为它的臣民，永远不能再回到自然自由中去，除非他所属的政府遭受任何灾难而开始解体，或某些公共行为让他不能再继续成为国家的一个成员。

然而服从一个国家的法律，在法律之下安静地生活和享受权利及保护，并不足以使一个人成为那个社会的成员，这只是对于那些不处在战争状态中的人们，在他们来到属于政府的领土之内，来到其法律效力所能涉及的范围之内时，所应该给予的地方保护，以及他们对该政府所应尽的尊重。不过，这并不使他成为那个社会的一个成员、那个国家的一个永久臣民，虽然当他继续在那里的时候，他必须遵守法律和服从那里的政府,正像一个人为了方便而暂时寄居在另一个人的家里,并不能使他从属于那个人一样,因此我们发现,那些终身在另一个政府之下生活并享受它的权利和保护的外国人,尽管他们甚至在良心上不得不像任何公民一样服从它的管理,却并不因此成为该国的臣民或成员。除了通过明文的约定以及正式的承诺和契约,的确加入一个国家之外,没有别的方式能使任何人成为那个国家的臣民或成员。我所认为的关于政治社会的起源,以及使任何人成为任何国家的一个成员的同意,就是这样。

(九) 论政府权利的目的

如果在自然状态中人是如前面所说的那样自由,如果他是他自身和财产的绝对主人,同最尊贵的人平等,而不受任何人的支配,为什么他同意放弃他的自由呢?为什么他愿意丢弃这个王国,让自己受制于其他权力的统辖和控制呢?对于这个问题,显然可以这样回答:虽然在自然状态中他享有那种权利,但这种享有是很不稳定的,别人可能会不断地威胁他。既然人们都像他一样有王者的风度,人人同他都是平等的,而大部分人又并不严格地遵守公道和正义,他在这种状态中对财产的享有就很不安全、很不稳妥。这就使他同意放弃一种尽管自由却是充满着恐惧和经常危险的状况;因而他并非毫无理由地设法和甘愿同已经或有意联合起来的其他人们一同加入社会,以互相保护他们的生命、特权和地产,即根据一般的名称称之为财产的东西。

所以人们联合成为国家并置身于政府之下的重大的和主要的目的,是保护他们的财产;在这方面,自然状态有着许多缺点:

第一,在自然状态中,缺少一种确定的、规定了的、众所周知的法律，为共同的同意接受和承认是非的标准和裁判他们之间一切纠纷的共同尺度。因为虽然自然法在一切有理性的动物看来，是既明显而又可以理解的，然而有些人由于利害关系而存偏见，也因为对自然法缺乏研究而茫然无知，不容易承认那些法律对他们是有约束力的，可以在他们各自的情况下应用。

第二，在自然状态中，缺少一个有权按照既定的法律来裁判一切争执的知名的和公正的裁判者。因为既然在自然状态中的每一个人都是自然法的裁判者和执行者，而人们又是偏袒自己的，所以情感和报复之心很容易让他们超越范围，对于自己的事件过分热心，同时，疏忽和漠不关心的态度又会使他们对于别人的情况过分冷淡。

第三，在自然状态中，经常缺少权力来支持正确的判决，使它得到应有的执行。凡是因不公正而受到损害的人，只要他们有能力，总会用强力来纠正他们所受到的损害；这种反抗经常会使惩罚行为发生危险，并且时常使那些企图执行惩罚的人遭受损害。

这样，尽管在自然状态中人类享有各种权利，但是留在其中的情况既不良好，他们很快就被迫加入社会。因此，我们很少看到有多少人能长期在这种状态中共同生活。在这种状态中，由于每人都有惩罚别人的侵权行为的权力，而这种权力的行使既不正常又不可靠，会使他们遭受不利，这就促使他们托庇于政府的既定的法律之下，希望他们的财产由此得到保护。正是这种情形使他们甘愿各自放弃他们单独行使的惩罚权力，由专门的人来行使；而且要依照社会所一致同意的或他们为此目的而授权的代表所一致同意的规定来行使。这就是立法和行政权力的原始权利和这两者之所以产生的原因，政府和社会本身的起源也在于此。

因为在自然状态中，每个人除掉有享受天真乐趣的自由之外，还有两种权力。

第一种就是在自然法的许可范围内，使别人和自己受到保护，可以做他认为合适的任何事情；基于这个对全体都适用的自然法，他和其余的人类同属一体，组成一个社会，不同于其他一切生物。假如不是由于有些堕落的人的腐化和罪恶，人们本来无须再组成任何社会，没有必要从这个庞大和自然的社会中分离出来，以明文协议去结成较小的和个别的组合。

另一种权力是一个人处在自然状态中所具有的，是处罚违背自然法的罪行的权力。当他加入一个私人的（假如我可以这样称它的话）或特定的政治社会，结成与其余人类相判分的任何国家的时候，他便放弃了这种权力。

他完全放弃了处刑的权力，并且按照社会的法律所需要的程度，应用他的自然力量（以前，他可以基于他独享的权威，于认为适当时应用它来执行自然法）来帮助社会行使执行权。他在新的状态中，可以从同一社会的其他人的劳动、帮助和交往中享受到很多便利，又可以享受社会的整个力量的保护，因此他为了自保起见，也应该根据社会的幸福、繁荣和安全的需要，尽可能地放弃他的自然权利。这不仅是必要的，而且是公道的，因为社会的其他成员也一样是这样做的。

但是虽然在参加社会时人们放弃他们在自然状态中所享有的平等、自由和执行权，而把它们交给社会，由立法机关按社会的利益所要求的程度加以处理，然而这只是出于各人为了更好地保护自己、他的自由和财产的动机（因为不能设想，任何理性的动物会抱着每况愈下的目的来改变他的现状）。社会或由他们组成的立法机关的权力绝不允许扩张到超出公众福利的需要之外，每一个人的财产他们都必须加以保障，以防止上述三种使自然状态很不安全、很不方便的缺点。

二、权利的范畴

因此，谁握有国家的立法权或最高权力，谁就应该以既定的方式向全国人民公布周知的、经常有效的法律，而不是以临时的命令来实行统治；应当由公正无私的法官根据这些法律来裁判纠纷；并且只是对内为了执行这些法律，对外为了防范或索偿外国所造成的损害，以及为了保障社会不受入侵和侵略，社会的力量才得被使用。而这一切都没有别的什么目的，只是为了人民的和平、安全和公众福利。

（十）论国家立法权的范围

正像上面已经表明过的，当人们最初联合成为社会的时候，既然大多数人自然拥有属于共同体的全部权力，他们就能随时运用全部权力来为社会制定法律，通过他们自己委派的官吏来执行那些法律，所以这种政府形式就是纯粹的民主政制；或者，假如把制定法律的权力交给少数精选的人和他们的嗣子或继承人，那么这就是寡头政制；或者，假如把这权力交给一个人，那么这就是君主政制；如果交给他和他的嗣子，这就是世袭君主制；如果只是交给他终身，在他死后，断定后继者的权力仍归于大多数人，这就是选任君主制。所以依照这些形式，共同体可以就他们认为适当的，复合的和混合的政府形式便可建立起来。假如立法权起初由大多数人交给一人或几人仅在其终身期内或一定限期内行使，而后仍旧把最高权力收回，那么在权力这样重新归属他们时，共同体就能把它重新交给他们所属意的人，从而组成一个新的政府形式。政府的形式以最高权力，也就是说这是由于立法权的隶属关系而定的，既不可能设想由下级权力来命令上级，也无法设想除了最高权力以外谁能制定法律，所以制定法律的权力归谁这一点就决定国家是什么形式。

"commonwealth"一字，我在本文中前后一贯的意思应被理解为并非指民主制或任何政府形式而言，只是指任何独立的社会。拉丁人以"civitas"一字来指明这种社会，在我们语言中最相当的，是"commonwealth"一字。它最准确地表达人们的那样一种社会，而英语的"community"（共同体）或者"city"（城市）都不恰当。因为可以有各种共同体附属在一个政府之下，而城市，对我们说来，具有同"commonwealth"完全不同的概念。因此为了避免意义模糊起见，我请求读者允许我用"commonwealth"来表达。我发现詹姆士一世曾在这意义上用过这字，我认为这是这个字的真正意义。如果这个字谁不喜欢，我同意他用一个更好的字来代替它。

既然人们参与社会的目的是为了和平地和安全地享受他们的各种财产，而达到这个目的的重大工具和手段是那个社会所制定的法律，所以所有国家的最初的和基本的明文法就是关于立法权的建立；正像甚至可以支配立法权本身的最初的和基本的自然法，其目的就是为了保护社会以及（在与公众福利相符的限度内）其中的每一成员。这个立法权不仅是国家的最高权力，并且当共同体一旦把它交给某些人时，它便是神圣的和不可变更的；假如没有得到公众所选举和委派的立法机关的批准，任何人的任何命令，不管采取什么形式或以任何权力做后盾，都不能具有法律效力和强制性。因为假如没有这个最高权力，法律就不能具有其成为法律所绝对必需的条件，即社会的同意。除非基于他们的同意和基于他们所授予的权力，没有人能享有对社会制定法律的权力。所以任何人受最严肃的约束而不得不表示的全部服从，最后总是归结到这个最高权力，并受它所制定的法律的指导。对任何外国权力或任何国内下级权力所作的誓言，也不能迫使任何社会成员解除他对那根据他们的委托而行使权力的立法机关的服从，也不能强使他做到与它所制定的法律相违背的或超过法律所许可的范围的服从。假如想象一个人可以被迫最终地服从社会中并非最高权力的任何权力，那是很可笑的事情。

立法权，无论属于一个人或更多的人，不论经常或定期存在，是每一个国家中的最高权力，但是：

第一，它对于人民的生命和财产不是，而且也不可能是绝对的专断的。因为既然它只是社会的各个成员交给作为立法者的那个个人或议会的联合权力，那它就不能多于那些参加社会以前处在自然状态中的人们曾经享有的和放弃给社会的权力。因为没有人能把多于他自己所享有的权力转让给别人；也没有人享有对于自己或其他人的一种绝对的专断权力，用来结束自己的生命或者夺去另一个人的生命或财产。正如业已证明的，一个人的专断权力不能使另一个人受制，而且在自然状态中既然并不享有支配另一个人的生命、自由或财产的专断权力，他所享有的只能是自然法所给予他的那种保护自己和其余人类的权力；这就是他所放弃或者能放弃给国家的全部权力，再由国家把它交给立法权，因此这个限度立法机关也不能超出他们的权力，在最大范围内，以社会的公共福利为限。这是除了实施保护以外并无其他目的的权力，所以决不能有毁灭、奴役或故意使臣民陷于贫困的权利。自然法所规定的义务并不在社会中消失，而是在许多场合下表述得更加清楚，并由人类法附以明白的刑罚来迫使人们加以遵守。从这可以看出，自然法是所有的人、立法者以及其他人的永恒的规范。他们所制定的用来规范其他人的行动的行为法则，以及他们自己和其他人的行动，都必须符合自然法，即上帝的意志，而自然法也就是上帝的意志的一种宣告，而且既然基本的自然法是为了保护人类，凡是违背它的人类的制裁都不会是正确或者有效的。

第二，立法或最高权力机关不能拥有权力，以临时的专断命令来进行统治，而是必须以颁布过的经常有效的法律并由有资格的著名法官来执行司法和判断臣民的权利。因为既然自然法不成文，除在人们的意识中之外无处可找，假如没有专职的法官，人们由于情欲或利害关系，就会错误地加以引证或应用而不容易承认自己的错误。如果这样的话，自然法便失去了它应有的作用，不能用来决定那些生活在它之下的人们的权利，并保护他们的各种财产，在每人都是自然法和他自己案件的裁判者、解释者和执行者的情况下，尤其是这样；而有理的一方常常只有自己个人的力量可以凭借，就没有足够的实力来防卫自己免受损害，或者惩罚犯罪者。为了避免这些在自然状态中妨害人们财产的缺陷，社会便由人类联合起来，以便用整个社会的集体力量来保障和保护他们的财产，并以经常有效的规则来加以限制，从而使每个人都可以知道什么是属于他自己的。为了达到这个目的，人们才把他们全部的自然权力交付给他们所加入的社会，社会才把立法权交给他们认为适当的人选，委托其行使，以便使用正式公布的法律来治理他们，否则他们的和平、安宁与财产就会仍像以前在自然状态中那样很不稳定。

使用绝对的专断权力，或不以确定的、经常有效的法律来进行统治，两者都是与社会和政府的目的不相符合的。如果不是为了保护他们的生命、权利和财产起见，假如没有关于权利和财产的经常有效的规定来保障他们的和平与安宁，人们就不会舍弃自然状态的自由而加入社会和甘受它的约束。难以设想，要是他们有权力这样做的话，他们竟会有意把支配他们人身和财产的绝对的专断权力交给一个人或者较多的人，并给予长官以力量，由他任意地对他们贯彻他的毫无限制的意志。这是要把自己置于比自然状态更坏的境地，在自然状态当中，他们还享有保卫自己的权利不受别人侵害的自由，并用平等的力量进行维护权利，无论侵犯是来自个人或集合起来的许多人。可是假如假定他们把自己交给了一个立法者的绝对的专断权力和意志，这不啻解除了自己的武装，而把立法者武装起来，任由他宰割。一个人置身于能支配十万人的长官的权力之下，其处境远远比置身于十万个个别人的专断权力之下更为恶劣。有这种支配权的人的实力虽是强大十万倍，但谁也保证不了他的意志会比别人的意志更好些。因此，无论国家采取什么形式，统治者应当以正式公布的和被接受的法律，而不是以临时的命令和未定的决议来进行统治。因为如果一个人或几个拥有公众的集体力量，并迫使人们服从这些人根据心血来潮或直到那时还无人知晓的、毫无约束的意志而发布的苛刻和放肆的命令，而且同时又没有可以作为他们行动的准绳和根据的任何规定，那么人类就处在比自然状态还要坏得多的状况中。因为一切权力归政府所有，既然只是为社会谋幸福，因而不应该是专断的和凭一时高兴的，而是应该根据既定的和公布的法律来行使；这样，一方面使人民可以了解他们的责任并在法律范围内得到安全和保障，另一方面，也把统治者限制在他们的适当范围当中，不致为他们所拥有的权力所诱惑，利用他们本来不熟悉的或者不愿承认的手段来行使权力，以达到上述目的。

第三，最高权力，未经本人同意，任何人的财产的任何部分不能被取去。因为既然保护财产是政府的目的，也是人们加入社会的目的，这就必然假定并且要求人民应该享有财产权，否则就必须假定他们因参加社会而丧失了作为他们加入社会的目的的东西；这种十分悖理的事是无论任何人也不会承认的。因此，在社会中享有财产权的人们，对于那些根据社会的法律是属于他们的财产，就享有这种权利，而他本人并未同意，任何人无权从他们那里拿去他们的财产或其中的任何一部分,否则他们就并不享有财产权了。因为假如别人可以不得到我的同意有权随意取走我的所有物,我对于这些东西就确实并不享有财产权。因此,如果以为任何国家的最高权力或者立法权能够为所欲为,任意处分人民的产业或随意取走其任何部分,这是错误的做法。如果政府中的立法权,其全部或一部分属于可以改选的议会,其成员在议会解散时与其余的人一样,也受他们国家的共同法律的支配,那就不用担心会发生这些情况。但是如果在有些政府中,立法权属于一个经常存在的议会,或如同在专制君主国那样归一人掌握,这样就还有危险。他们会认为自己具有同社会其余成员的不同利益,因而会随意向人民夺取,以增加他们的财富和权势。因为假如支配那些臣民的人有权向任何私人取走其财产中他所属意的部分,并且随意加以使用和处置,那么纵然有良好和公正的法律来规定他同一般臣民之间的产权范围,也不能算保障了这个人的财产权。

　　但是如上所述,不论由谁掌握的政府,既是为此受有使人们能享有和保障他们的各种财产的这一条件的委托,则君主或议会即使拥有制定法律的权力来规定臣民彼此之间的财产权,但他们如果不同意,绝不能有权取走臣民财产的全部或一部分,因为这样就会使他们在事实上根本不享有财产权了。不妨看一下,即使在必要时设立的专制权力,也不是因为它认为他是绝对的所以就是专断的;它仍然受着为什么在某些场合需要绝对权力的理由的限制和必须以达到这些目的为限。只要参照军队纪律的一般运用情况就能知道。因为保护军队从而保护整个国家这一行动,要求绝对服从每一上级官长的命令;纵然他们的命令是极端危险或不合理的,假如不服从它们或对它们表示异议,处死也是应该的。但我们看到,尽管一个军曹能够命令一个士兵向炮口前进,或者单身扼守阵地,那时这个士兵几乎一定会死的,但是军曹不能命令士兵给他一分钱。同样地，将军可以处死一个放弃职守或不服从孤注一掷的命令的士兵，却不能凭着他的决定生杀的绝对权力，处置这个士兵的产业的一分一毫，或占取他的财物的毫末；尽管一切都由他命令，稍一违抗便可处死。因为这种盲目地服从，对于司令官拥有他的权力的目的，也就是保护其余的人，是必要的；而处分士兵的财物却与这个目的毫无关系。

诚然，政府没有巨大的经费就不能维持，凡享受保护的人都应当从他的产业中支出他的一份来维持政府。但是这仍然需要得到他自己的同意，即由他们自己或他们所选出的代表所表示的大多数的同意。因为假如任何人凭着自己的权势，主张有权向人民征课赋税而无需取得人民的那种同意，他就侵犯了有关财产权的基本规定，破坏了政府的目的。因为假如另一个人可以有权随意取走我的东西，那么我享有的财产权在哪里呢？

第四，立法机关不能把制定法律的权力转让给其他人；因为既然它只是得自人民的一种委托权力，享有这种权力的人就不能把它让给他人。只有人民才能通过组成立法机关和指定由谁来行使立法权，选定国家的形式。当人民表示愿意服从规定，受那些人所制定的和采取那些形式的法律的支配时，别人就不能主张其他人可以替他们制定法律。他们除了只受他们所选出的并授予权力来为他们制定法律的人们所制定的法律的约束外，不受其他任何法律的约束。

这些就是社会授予他们的委托以及上帝和自然法对于各种政体下的每一国家的立法机关的权力所加的限制：

第一，它们应该以正式公布的已经确定的法律来进行统治，这些法律不论贫富，不论权贵和庄稼人都一视同仁，并不因为本人的身份不同而有所变化。

第二，这些法律除了为人民谋福利这一最终目的之外，不应该再有其他目的。

第三，未经人民自己或者其代表同意，决不应该对人民的财产课税。这一点当然只与这样的政府有关，那里经常存在立法机关，或者至少是人民没有把立法权的任何部分留给他们定期选出的代表们。

第四，立法机关不应该也不能够把制定法律的权力转让给任何其他人，或把它放在不是人民所安排的任何其他地方。

（十一）论立法权、执行权和对外权的关系

立法权是指享有权利来指导怎样运用国家的力量以保障这个社会及其成员的权力。由于那些必须常常加以执行和它们的效力总是持续不断的法律，可以在短期间内制定，所以立法机关既然不是总有工作要做，就没有必要经常存在。并且如果同一批人同时拥有制定和执行法律的权力，这就会给人们的弱点以极大的诱惑，使他们动辄要攫取权力，借以使他们自己免于服从他们所制定的法律，而且在制定和执行法律时，他们自己的私人利益适合于法律，因此他们就与社会的其余成员有不相同的利益，违反了社会和政府的目的。因此，在组织完善的国家中，全体的福利就受到应得的注意，其立法权属于许多个人，他们定期集会，掌握有由他们或联同其他人制定法律的权力，当法律制定以后，他们重新分散，自己也会受他们所制定的法律的支配；这是对他们的一种新的和切身的约束，在制定法律时使他们注意为公众谋福利。

但是由于那些一时和在短期内制定的法律，具有经常持续的效力，而且需要经常加以执行和注意，因此就需要有一个经常存在的权

力，负责执行被制定和继续有效的法律，所以立法权和执行权往往是分立的。

每个国家还有另一种权力，可以称它为自然的权力，因为它与加入社会以前人人基于自然所享有的权力相当。因为在一个国家当中，以成员彼此之间的关系而论，虽仍是不同的个人，并以这种地位受社会的法律的统治，可是以他们同其余的人类的关系而论，他们构成一个整体，这个整体同它的每个成员在以前那样，仍同其余的人类处在自然状态中。所以社会的任何成员与社会以外的其他任何人之间的纠纷，是由公众来解决的；而对于他们整体的一员所造成的损害，使全体都与要求赔偿有关系。所以从这方面考虑，整个社会在与其他一切国家或者这个社会以外的人们的关系上，是一个整体，且是处在自然状态下的。

因此，这里包括战争与和平、联合与联盟以及同国外的所有人士和社会进行一切事务的权力；假如愿意的话，对外权咱们可以称上的。只要对这事能够理解，我对于名称并无偏见。

执行权和对外权这两种权力，虽然本身确实是有区别的，但是前者包括在社会内部对其一切成员执行社会的国内法，而后者是指对外处理有关公共的安全和利益的事项，其中包括一切可以得到的利益或是受到的损害在内，但是这两种权力几乎总是联合在一起的。这种对外权行使得适当与否，对于国家虽有重大影响，但是比起执行权来，远不能为早先规定的、经常有效的明文法所指导，所以必须由掌握这种权力的人们凭他们的深谋远虑，为了公共福利来行使这种权力。至于涉及臣民彼此之间的关系的法律，它们既然是为了指导他们的行动，就很可以预为制定。但是对于外国人应该怎样做，既然在很大程度上要看外国人的行动以及企图和兴趣的变动而确定，就必须大部分交由赋有这种权力的人们的智谋来决定，凭他们的才能所及为国家谋取利益。

虽然正如我所说的，每个社会的执行权和对外权本身确是有差异的，但是它们很难分开和同时由不同的人所掌握；因为两者的行使既然都需要社会的力量，那么把国家的力量交给不同的和互不隶属的人们，几乎是不现实的；而且如果执行权和对外权掌握在可以各自行动的人的手中，这就会使公共的力量处在不同的支配之下，迟早总会导致纷乱和灾祸。

（十二）论政府权力的从属地位

在一个建立在自己的基础之上并且按照自己的性质，即为了保护社会而行动的有组织的国家当中，虽然最高权力，即立法权只能有一个，其余一切权力都是而且必须处于从属地位，可是立法权既然只是为了某种目的而行使的一种受委托的权力，那么当人民发现立法行为与他们的委托相抵触时，人民仍然享有最高的权力来罢免或是更换立法机关；这是因为，受委托来达到一种目的的权力既然为那个目的所限制，当这一目的显然被忽略或遭受打击时，委托必然被取消，权力又回到当初授权的人们手中，他们可以重新把它授予他们认为最有利于他们的安全和保障的人。所以社会始终保留着一种最高权力，以保证自己不受任何团体约束，即使是他们的立法者的攻击和谋算：有时候他们由于愚蠢或恶意是会对人民的权利和财产有所企图和进行这些企图的。因为任何人或人们的社会并无权力把对自己的保护或与此相应的保护手段交给另外一个人，听凭他的绝对意志和专断统辖权的支配。当任何人想要使他们处于这种奴役状态时，他们总是有权来保卫他们没有权力放弃的东西,并驱除那些侵犯这个根本的、神圣的和不可变更的自卫法的人们,而他们是为了自卫才加入社会的。因此可以这样说,共同体在这方面总是最高的权力,但是这并不能在任何政体下被认为是这样,因为人民的这种最高权力非至政府解体时不能产生。

在一切场合,只要政府存在,立法权就是最高的权力,因为谁能够对另一个人订定法律就必须是在他之上。并且立法权之所以是社会的立法权,既然是因为它有权为社会的一切部分和每个成员制定法律,制定他们的行动的准则,并且它在法律被违反时授权加以执行,那么立法权就必须是最高的权力,社会的任何成员或社会的任何部分所有的其他一切权力,都是从中获得和隶属于它的。

在有些国家之中,立法机关并不是常设的,单独一个人享有执行权,他也参与立法。在这种场合,广义上说,他也可被称为至高无上的权力者。这并不是因为他本身掌握一切最高的制定法律的权力,是因为他握有最高的执行权,所有下级官吏都从他那里得到个别的或至少其最大部分的从属性权力;并且在他上面既无立法机关,就没有不得他的同意而制定的法律,并且不可能期望他同意受制于立法机关的其他部分,所以在这个意义上说他是至高无上,是十分恰当的。但是必须注意的是,宣誓效忠虽然是向他作出的,却不是对他作为最高的立法者,而是对他作为同别人以联合权力所制定的法律的最高的执行者而作出的。对于效忠,它只是服从法律,假如他自己违犯法律,他要人服从的权利就没有了,并且他之所以能够要求别人服从,不外因为他是被赋有法律权力的公仆,所以他应该被看作国家的象征、表象或代表,依照国家的法律所表示的社会意志而行动。因此他没有意志,没有权力,有的只是法律的意志、法律的权力。离开公共意志而凭他私人意志行动时，他便使自己的地位，只成为一个有权要人服从的没有权力、没有意志的单个人，因为社会成员除服从社会的公共意志而外，并无其他服从的义务。

假如执行权不是属于同时参与立法的人，而归属于任何其他地方，它显然是受立法机关的统属并对立法机关负责的，并且立法机关可以随意加以调动和更换。因此，免于隶属别人的不是最高的执行权，而只有当最高执行权属于参与立法权的人的场合才是这样。他既参与立法，则除他所参加和同意的立法机关之外，他并不从属于其他更高的立法机关和对之负责。因此，只有他自己认为适当时才从属于人，但是这种场合可以断定是非常少的。至于一个国家的其他辅助性的和从属性的权力，我们不必谈及，因为它们随着各国习惯和组织的不同而互有差别，是不可能一一细述的。有关这方面，我们只就本文所需要的加以指出，即它们除了基于明文特许和委任而获得的权威之外，没有别的权威，并且它们都对国家中的其他某种权力负责。

立法机关不必要经常设立，并且经常存在也是不方便的；但执行机关的经常存在却是绝对必要的，因为并不经常需要制定新的法律，但执行所制定的法律却是经常需要的。当立法机关把执行他们所制定的法律的权力交给别人以后，他们认为有必要时仍有权加以收回和处罚任何违法的不良行政。对外权的情况也同样，它和执行权同是辅助和隶属于立法权的，而立法权，正像前述，在一个有组织的国家中，是最高的权力。在这场合中，立法机关还应当包含几个人（因为如果它是单独一个人，它就不得不经常存在，因此它作为最高权力，自然就同时拥有立法权和最高执行权），他们可以根据他们原来的组织法所规定的或者在他们休会时所指定的时间，或当两者都未指定任何时间或并未规定其他方法召集他们时，在他们认为适当的时间集会和行使他们的立法权。因为既然人民授予他们最高的权力，经常由他们掌握这些权力，他们可以在他们认为合适的时间内行使这一权力，除非他们根据原来的组织法，只能在一定期间行使权力，或者根据他们最高权力的一种行为，已经决定休会到某一个时候，而当这一时间到来时，他们有再行集会和行使职权的权利。

如果立法机关或者它的任何部分是由人民选出的代表组成，他们在一定期间充当代表，期满后仍然恢复臣民的普通地位，而除非重新当选，就不能参与立法机关，那么这种选举权也必须由人民在指定时间或者当他们被召集参加选举立法机关时行使。在后一场合，召集立法机关的权力常常属于执行机关，在时间上受两项之一的限制：或者是原来的组织法规定立法机关每隔一定期间集会和行使职权，这样的话，执行权只是从行政上发出指令，要求按照正当形式进行选举和集会；或者是根据情况或公众的要求需要修改旧法律或制定新法律，或有必要消除或防止加于人民或威胁人民的任何障碍的时候，由执行权审慎决定并通过举行新的选举来召集他们。

这样的问题也有人提出：执行权既握有国家的实力，假如它利用这种力量来阻碍立法机关根据原来的组织法或公众要求进行集会和行使职权，这该怎么办呢？我可以说，滥用职权并违反对他的委托而施加强力于人民，这是与人民为敌，人民有权恢复立法机关，重新行使它的权力。因为人民设置一个立法机关，其目的是在于使立法机关在一定的时间或在有需要时行使制定法律的权力，假如他们为强力所阻，以致不能行使这一对社会非常必要的、关系到人民的安全和保护的权力，人民便有权用强力来加以扫除。在一切情况和条件之下，对于纠正滥用职权的强力的真正办法，就是用强力对付强力。越权使用强力，常使使用强力的人处于战争状态而成为侵略者，因此必须把他当作侵略者来对待。

执行机关虽然有召集和解散立法机关的权力，但却并不使执行机关高于立法机关，而只是因为人类事务变幻不定，不能适用一成不变的规定，为了人民的安全而给以的一种委托。因为最初创建政府的人不可能有先见之明，充分料到未来发生的事件，能为未来长时期内的立法机关集会的召开和开会期限预定出合适的期间，完全适合于国家的一切急需，所以对于这种缺陷的最好的补救办法是把这事委托给一个经常存在和负责照管公众福利的人，由他审慎地作出决定。立法机关的经常集会和没有必要的长期的持续的集会对于人民不能不说是一个负担，有时还会引起更危险的不利情况；不过，事情的急剧转变有时又会需要他们的及时帮助。延期召集会议也许会使公众受到危险，他们的任务有时很重，有限的开会时期很难保证完成他们的工作，结果使公众得不到只能靠他们的深思熟虑才能得到的好处。那么在这场合，除了把这事委托给一些经常在职和熟悉国家情况的人们来审慎地作出决定，利用这种特权为人民谋福利之外，还有什么办法可以避免使社会因为立法机关召集会议和行使职权有一定期间，随时随地遭到临时发生的这样或那样事情的危险呢？这事假如不授权给一个本来接受委托为同一目的而执行法律的人，谁还能被授权呢？因此如果原来的组织法对于立法机关召集会议的时间和开会期限没有加以明确，那么这事就自然落在执行机关的手中，但是这并不是一种随心所欲的专断权力，而是负有这一委托，即必须根据当时情势和事态变迁的要求，只是为了公共福利来行使这一权力。究竟是立法机关有确定的召集期间好，还是授权君主随时召集立法机关好，或者是两者混用好，我不想在这里加以探讨。我只想指出，即使执行权拥有召开和解散立法机关会议的特权，但是它并不因为此而高于立法机关。

社会的事物总是不断地发生变化，没有一件事物能长期处在同一状态中。因此人民、财富、贸易、权力等状况随时发生变化；繁盛的大城市冷落衰败，迟早会变成穷乡僻壤而被人忽视，而其他人迹不到的地方却会发展成为富庶的和居民众多的发达地区。不过，事物并不经常是平均地变迁的，某些习惯和权利即使已无存在的理由，却由于私人的利害关系往往把它们保存下来。因此常常发生这样的事，在有些政府中，立法机关的一部分是由人民选出的代表组成的，日子久了之后，这种代表的分配变得很不平均，与当初分配代表的理由很不相称。当我们看到有些地方仅仅有城市的名称，所遗留的只是废墟，最多只能在那里找到个别的羊栏和个别的牧羊人，而它们还同人口稠密和财富丰裕的郡那样，选出相同数目的代表出席庞大的立法者议会，我们就知道，沿袭业已失去存在理由的习惯会造成怎样大的错误了。外人对此将为之瞠目，谁也不能不承认这是需要纠正的，虽然大多数人认为很难找到纠正的办法，因为立法机关的组织法既是社会的原始的和最高的行为，先于社会中的一切明文法而存在，并且完全依赖于人民，下级的权力就不能予以改变。因此，一旦立法机关组成，既然只要政府还继续存在，上述的这种政府中行为的权力人民并不享有，这种障碍便被认为是无法克服的。

人民的福利才是最高的法律（Salus populi suprena lex），这的确是公正的和根本的准则，谁真诚地加以遵守谁就不会犯严重的错误。因此，假如拥有召集立法机关的权力的执行机关，遵照代表分配的真正比例而不是按照它的形式，根据真正的理性而不是根据旧的习惯来规定各地有权被选为议员的代表的数量，这种权利不以人民怎样结成选区就能主张，而是以其对公众的贡献为比例，那么这种做法就不能被认为是建立了一个新的立法机构，而原有的立法机关也只是恢复了而已，纠正了由于日久而不知不觉地和不可避免地引起的许多不正常情况。因为人民的利益和本意既然需要有公平和平等的代表制，谁使它更接近于这一目的，谁便是政府的真正朋友和创建者，便会得到社会的同意和赞许。其特权，不外是授予君主的一种权力，在某些场合下，由于发生了不能预见的和不稳定的情况，以致使确定的和不可变更的法律不能运用自如时，君主有权为公众谋福利罢了。凡是显然为人民谋福利以及把政府建立在它的真正基础之上的任何行为，都是而且永远都是正当的特权。建立新的选区并从而分配新的代表的权力是带有这样一个假定的，即分配代表的规定迟早会发生变换，以前没有推选代表权利的那些地方可以享有推选代表的权利；基于同样的理由，以前享有推选代表权利的地方也可以失去这种权利，并且对于这样的权利来说变得无足轻重。会损害政府的，并不是变质或衰败可能引起的现状的变更，而是政府的摧残或压迫人民的倾向，以及扶植一部分人或者一个党派使之有别于其余的人民，形成突出的和不平等的地位这种做法。无论做什么事情，只要它被确认为是以公正和持久的办法作出的有利于社会和一般人民的行为，就可理直气壮作出。假如人民以公正的和真正平等的办法来选举他们的代表，适合于政府的原来组织，那么这无疑就是允许并要求他们这样做的社会的意志和行为。

（十三）论法律特权

在立法权和执行权分属于不同人的场合中（一切有节制的君主国家和组织良好的政府中都是如此），为着社会的福利，有几项事情应当交由握有执行权的人来裁处。因为立法者既然不能够预见并以法律规定一切有利于社会的事情，那么拥有执行权的法律执行者，在国内法没有作出规定的许多场合，便根据一般的自然法而享有利用自然法为社会谋福利的权利，直到立法机关能够方便地集会来加以规定为止。法律并不能规定所有事情，不能规定的事情必须交由握有执行权的人自由裁量，由他根据公众福利和利益的要求来处理。其实，在某种场合下，法律本身也会给执政权让位，或不如说让位于这一自然和政府的根本法，即应当尽可能地保护社会的所有成员。因为世间常能发生许多偶然的事情，遇到这些场合，严格和呆板地执行法律会产生负面作用的（如邻居失火，而把一家无辜的人的房屋拆掉来阻止火势蔓延），而且一个人的一桩值得嘉奖和宽恕的行动，由于法律不加区别，反而会制裁这些事情，因此统治者在有些场合应当有权减轻法律的严峻性和赦免某些罪犯；因为政府的目的既然是尽可能地保护所有的人，只要能够证明无害于无辜者，即便是有罪的人也可以得到饶恕。

这种并无法律规定，有时甚至违反法律而按照自由裁处来为公众谋福利的行动的权力，就被称为特权。由于在政府中，制定法律的权力不是经常存在的，而且对于执行所需的快速来说，它的成员过于众多，因此它的行动也过于缓慢；另外，对于一切与公众有关的偶然事故和紧急事情，都不可能预见到，因此法律也不可能都加以规定，并且如果所制定的法律对于一切符合规定的情况或所有的人都严峻不苟地加以执行，就一定会造成损害；所以对于法律所没有规定的许多特殊事情，要留给执行权以相当范围的自由来加以处理。

这种权力，当它为社会的福利并且符合于政府所受的委托和它的目的而被运用时，就是真正的特权，绝对不会受到质难。因为如果特权是在相当程度上为了它的本来的目的，即为了人民的福利而被运用，而不是明显地与这一目的相抵触的时候，人民很少会或者决不会在细节上苛求或斤斤较量，他们对特权不至考查。但是如果执行权和人民之间对于被主张为特权的权力发生不同意见，行使这种特权的倾向究竟是有利还是有害于人民，这一问题就可很容易地决定。

很容易设想，在政府建立的初期，国家在人数上与家族没有太大差别，在法律的数目上也与家族没有多大不同；既然统治者像他们的父亲那样为了他们的幸福而看护他们，政府的统治就差不多是全凭特权而进行的。少数既定的法律就够用了，其余概由统治者的裁量和审慎来应付。可是当暗弱的君主由于过错或为谄谀所迷惑，为他们私人的目的而不是为公共福利而利用这种权力的时候，人民就不得不以明文的法律就他们认为不利于他们的各个方面对特权加以限定。因此，对于某些情况，人民认为有明文限制特权的必要时，这些特权是他们和他们的祖先曾广泛地留给君主，凭他的智慧专门用在正当的方面，即在为人民谋福利的方面去应用。

因此，有人如果这样说，人民以明文法把特权的任何部分加以限定，就是侵犯特权，这是对于政府的一种很错误的见解。因为人民这样做并没有剥夺君主的任何应享的权利，而只是宣告：他们所曾不加限定地交给他或者他的祖先的权力，是以他们的福利为目的，当他用于别的方面的时候，就不是他们的本意。因为既然政府的目的是为社会谋福利，那么只要是为了这个目的而作的任何改革，就不能算是对任何人的侵犯，因为政府中的任何人都无权背离这个目的。而只有那些不利于或者阻碍公众福利的变革才算是侵犯。那些作相反主张的人们好像认为，君主的利益和社会的福利是截然不同的和分开的，君主不是为此而设立的；这就是在君主制政府中所发生的几乎所有的弊害和混乱的根源。如果果真是这样，受他统治的人民就不是一批为了他们相互间的福利而加入这个社会的理性动物；他们奉立统治者来统治他们，不是为了保护和促进这种福利，而是被看作一群处在一个主人统辖下的低级动物，主人为了自己的快乐或者利益而养活它们和使用它们。假如人类是那样的缺乏理性和不明事理，居然加入社会，还以这种条件，那么特权的确会像某些人所主张的那样，成为一种危害人民的专断权力了。

但是既然我们不能这样设想一个理性的动物，当他自由时，会为了迫害自己而让自己受制于另外一个人（固然，当他有一个善良贤明的统治者时，他也许不以为在一切场合对他的权力加以确切的限制是必要的或有益的），特权就只能是人民之许可他们的统治者们，在法律没有规定的场合，按照他们的自由选择来办理一些事情，甚至有时与法律的明文规定相抵触，来为公众谋福利，以至于对这种做法人们都默认了。因为一个贤明的君主不想辜负人民给他的委托，却又关心人民的福利，就不会嫌有太多的特权，即造福人民的权力。反之，一个脆弱昏暴的君主，经常会主张享有他的前人所曾运用过的未经法律规定他凭其职位而理应掌握的特权，其目的在于随意加以行使，以获得或形成有别于公众福利的利益，这样他就使人民不得不重申他们的权利和限制这种权力，而这种权力的行使，如果是为了增加他们的福利，他们本来是会愿意默认的。

因此，读读英国的历史便会知道，我们的最贤明善良的君主享有的特权最大，这是因为人民注意到了他们的行动的整个倾向是为人民谋福利，因而并不计较他的没有法律根据的、为此目的而作出的一切行动，即使由于人类的任何弱点或者过失（因为君主也只是人，是与别人一样生成的），以致与这个目的稍微有些出入，但只要他们的行动的主要趋向明显只是关怀公众，而不是其他的话，也是这样。所以既然人民有理由认为应该欢迎这些君主在没有法律规定或与法律的明文规定相抵触的场合有所作为，他们就对君主所做的一切给予默认，并且没有丝毫怨言地让他们随意扩大他们的特权。他们正确地断言，君主在这里不会做危害他们的法律的事，因为他们的行动是与一切法律的基础和目的，即公共福利相符的。

当然，这种神一般的君主，根据专制君主制是最好的政体这一论点，应该享有专断的权力，正好像上帝也是用专断权力来统治宇宙一样，因为这种君主是具有上帝的智慧和善良品德的。根据这一点就形成了如下的说法：贤君的统治，对于他的人民的权利来说，常常会导致最大的危险；因为如果他们的后继者以不同的思想管理政府，这种先例便会援引贤君的行动，作为他们的特权的标准，好像从前只为人民谋福利而做的事情，在他们就成为他们随心所欲地为害人民的权利，这就会常常引起纷争，有时甚至扰乱公共秩序，直至人民能恢复他们原来的权利，并宣布这从来就不是真正的特权为止，因为社会中的任何人从来都不可能有危害人民的权利；尽管很可能并合理的是，人民不去限制那些并未逾越公共福利的界限的君主或者统治者的特权，因为特权只是在没有规定的情况下谋求公共福利的权力而已。

英国召集议会的权力，包括确定召开议会的确切日期、地点和期限在内，诚然是国王的一种特权，但是依然负有这样的委托，即必须根据时代的要求和各种不同情形的需要，这一权力就是由于国家的福利而行使的。因为既然不可能预知何时何地召集议会总是最为适当，就交由执行权来选择，以便有可能最符合于公共福利和最适合于议会的目的。

有人会提出来一个有关特权的老问题，即谁来判定这个权力是否使用得当呢？我的回答是：在赋有特权的经常存在的执行权和一个由

二、权利的范畴

执行权来决定召集的立法机构之间，裁判者在世界上不可能有；同样地，假如执行机关或立法机关在掌握权力后，企图或实行奴役人民或摧残人民，在立法机关和人民之间也不可能有裁判者。在这种场合，就像在世界上没有裁判者的其他一切场合一样，人民没有别的补救办法，只有诉诸上天；因为统治者们在作这样的企图时，行使着一种人民从未赋予他们的权力（绝不能设想人民会同意由任何人为了危害他们而统治他们），去做他们没有权利做的事情。假如人民的集体或任何个人被剥夺了权利，或处在不根据权利而行使的权力的支配之下，而在人世间又无处告诉，那么这个十分重要的案子每让他们处理时，就有权诉诸上天。因此，在这种场合下，虽然人民不能成为裁判者而根据社会的组织法拥有较高的权力来对这案件作出决定和作有效的宣判，但在人世间无可告诉的场合，他们基于一种先于人类一切明文法而存在的并驾乎其上的法律，为自己保留有属于一切人类的最后决定权：决定是否有正当理由可以诉诸上天。这种决定权他们是不会放弃的，因为屈身服从另一个人使其有毁灭自己的权利，是超越出人类的权力以外的，并且上帝和自然也从来不许可一个人自暴自弃，以至对自身的保护也忽视了；既然他自己的生命都不能剥夺，他也就不能授予另一个人以剥夺他的生命的权力。人们不要以为这样就会埋藏下永远引起纷乱的祸根，因为这种决定权，非到弊害大到为大多数人都已感觉到和无法忍耐，并且认为有加以纠正的必要时，是不可能行使的。这是执行权或贤明的君主应该永远提防的事情，这是一切事情中他们最需要避免的事情，也是一切事情中最为危险的。

（十四）论父权、政治权和专制权

虽然这几种权力我以前曾分别谈到，可是我认为近年来关于政府的理论的重大错误是由于混淆了这几种彼此不同的权力而引起的,在这里把它们合并进行讨论,大概不是不适当的。

第一,父权或亲权,不外是父母支配儿女的权力,他们为了儿女的幸福而管理他们,直到他们达到能够运用理性或达到一种知识状态为止,在那种状态之下,我们可以假定他们有能力懂得那种应该用来规范自己的准则,无论那是自然法或他们的国家的国内法……我说"有能力",即是说像那些作为自由人在这法律之下生活的人那样明白这个法律。上帝使父母有对儿女的天生慈爱,可见他的意愿并不是要使这种统治成为严峻的专断的统治,不过只是为了帮助、教养和保护他们的子孙。但是无论怎样,如上文已经证明的,我们没有理由认为,这种权力可以扩大到让父母在任何时间对儿女操有生杀之权,正像他们不能对别人操有这种权力一样;是不可用任何借口来证明,当儿童业已长大成人时,这个父权还应当使他受制于他的父母的意愿,超过儿女由于受到父母的生育教养而负有尊敬和赡养父母的终身义务。由此可知,父权固然是一种自然的统治,可决不能扩展到政治方面的目的和管辖范围。父权决不及于儿女的财产,只有他们自己才能处理自己的财产。

第二,政治权力是每个人交给社会的他在自然状态中所有的权力,自社会交给它设置在自身上的统治者,明确或默许的委托都附在上面,即规定这种权力应用来为他们谋福利和保护他们的财产。这一权力既为在自然状态中每个人所拥有,还由他就社会所能给他保障的一切方面交给社会,就应当使用他认为适当的和自然所允许的那些手段,来保护他的财产,并处罚他人违反自然法,以便(根据他的理性所能作出的判断)最有助于保护自己和其余人类。所以当这一权力为人人在自然状态中所有的时候,它的目的和尺度既然在于保护他的社会的一切成员——也就是人类全体，那么当它为官吏所有的时候，除了保护社会成员的生命、权利和财产以外，就不可以再有别的目的或尺度；因而它不能是一种支配他们的生命和财产的绝对的、专断的权力，因为生命和财产是应该尽可能受到保护的。它只是对他们制定法律的权力，并附有这种刑罚，以除去某些部分来保护全体，但所除去的只是那些腐败到足以威胁全体的生命和安全的部分；否则任何严峻的刑罚都不是合法的，并且这个权力仅起源于契约和协议，以及构成社会的人们的相互同意。

第三，专制权力是一个人对于另一人的一种绝对的武断的权力，另一个人的生命可以随意夺取。这不是一种自然所授予的权力，因为自然在人们彼此之间并未作出这种差别。它也不是以契约所能给予的权力，由于人对于自己的生命既没有这种专断的权力，也不能给予另一个人以这样的权力来支配他的生命。它仅仅是侵犯者使自己与他人处于战争状态时放弃自己生命权的结果。他虽然抛弃了上帝给予人类作为人与人之间的原则的理性，脱离了使人类联结成为一个团体和社会的共同约束，放弃了理性所启示的和平之路，蛮横地妄图用战争的强力来达到他对另一个人的不义的目的，背离人类而沦为野兽，自己的权利准则就是用野兽的强力，这样他就使自己不免为受害人和会同受害人执行法律的其余人类所毁灭，仿佛其他任何野兽或毒虫一样，因为人类不能和它们共同生活，而且安全在一起时也不能得到保证。因而只有在正义和合法战争中捕获的俘虏才受制于专制权力，这种权力既非起源于契约，也不能签订任何契约，它只是战争状态的继续。因为同一个不能主宰自己生命的人怎能订立什么契约呢？他能履行什么条件呢？假如他一旦被许可主宰自己的生命，他的主人的专制的、专断的权力也就不再存在。凡能主宰自己和自己的生命的人也享有设法保护生命的权利;因而一经订立契约,就马上终止了奴役。一个人只要同他的俘虏议定条件,就是放弃他的绝对权力和终止战争状态。

自然赋予父母以第一种权力,即父权,使其在儿女未成年时为他们谋利益,以补救他们在管理他们的财产方面的无能和无知(必须说明,我所谓财产,在这里和在其他地方,都是指人们在他们的身心和物质方面的财产而言)。通过自愿的形式把第二种权力也就是政治权力给予统治者,来为他们的臣民谋利益,以保障他们占有和使用财产。人权的丧失赋予主人们以第三种权力,即专制权力,来为他们自己谋利益而役使那些被剥夺了一切财产的人们。

谁考察一下这几种权力的不同的起源、范围和目的,谁就会清晰地看到,父权不如统治者的权力,而专制权力又超过统治者的权力;而绝对统辖权,不管由谁掌握,都决不是一种公民社会,这与公民社会格格不入,正好像奴役地位与财产制格格不入一样。父权只是在儿童尚未成年而不能管理他的财产的情况下才有可能存在,政治权力是当人们享有归他们自己处理的财产时才会存在,而专制权力是支配那些完全没有财产的人的权力。

(十五) 论征服与统辖

虽然政府除上述起源之外根本没有别的起源,社会也只有以人民的同意为基础,可是野心使世界上充满了纷乱,以致在构成人类历史的这样大的一部分的战争的喧噪声中,这种同意大家很少注意;所以有许多人就把武力误认为人民的同意,认为征服是政府的起源之一。可是征服并不等于建立任何政府,正如拆毁房屋并不等于在原处重建新屋一样。固然,为了创建新的国家结构,通常要摧毁旧的,可是如不取得人民的同意,决不能建立一个新的结构。

一个侵略者由于让自己同另一个人处于战争状态,无理地侵犯他的权利,因此决不能通过这一不义的战争状态来获得支配被征服者的权利,关于这点来说,人们都很容易同意,因为人们不能想像强盗和海贼应当有权支配他们能用强力制服的人,或以为人们须受他们在非法强力挟制下作出的诺言的约束。假如一个强盗侵入我家,用刺刀对向我的喉咙,逼我将我的产业签约让渡给他,这会使他获得任何权利的根据吗?这也就是一个不义的征服者用剑锋逼我顺从时所取得的权利根据、罪行和损害,不论是出自戴王冕的人或卑贱的人之手,都是一样的。罪犯的名位和他的党羽的数目,除了加重罪行以外,并不使罪行有何差异。唯一的差异就是大盗惩罚小盗使他们服从自己。而大盗们因为过于强大,决非这个世界的软弱的司法力量所能惩罚,就得到桂冠和胜利的酬赏,反把惩罚罪犯的权力拿到手里。对于一个这样地侵入我家的强盗,我有什么挽救的办法呢?那就是诉诸法律以求得公道。可是也许我得不到公正的裁判,或者我因残废而不能行动,遭受抢劫而没有诉诸法律的财力。如果上帝剥夺了我寻求挽救的一切手段,那就只有忍耐一途。可当我的儿子有能力时,他可以寻求我被拒绝的法律救济;他或他的儿子还能重行起诉,直到他收回他应享有的东西为止。可是被征服者或他们的儿女,在人世间没有法庭,也没有仲裁者能够告诉。那么他们可以像耶弗他一样,诉诸上天,并把他们的申诉重复着,直到恢复他们的祖先的原有的权利为止,这个权利就是要有一个为大多数人所赞同和爽快地默认的立法机关来支配他们。要是有人反对,认为这会引起无穷的纠纷,我的回答是,这不会比司法所引起的纠纷更多,如果司法对所有向它申诉的人都受理的话。一个人如果无缘无故骚扰他的邻人,他便要受到邻人所诉请的法庭的处罚。诉诸上天的人必须确信他有充足的理由，并且还有值得付出与申诉有关的精力和费用的理由；因为他将对一个不能受蒙骗的法庭负责，而这个法庭肯定是会衡量任何人对同属社会的成员，也就是人类的任何部分所造成的损害而加以惩罚的。由此可见，不义战争中的征服者不能因此享有使被征服者臣服和顺从的权利。

可是，我们假定正义的方面是胜利的一方，而且考察一下合法战争中的征服者，看他得到什么权力和对谁享有这种权力。

第一，他显然不因他的征服而得到支配那些同他共同进行征服的人的权力。那些在他的方面进行战斗的人们，不能由于征服而受到损失，而是至少还必须是像以前那样的自由人。最通常的情况是，他们根据一定的条件效劳，意思是说，他们可以同他们的领袖分享战利品的一部分和由胜利得来的其他利益；或至少应给以被征服的国家的一部分。我期望征服的人民不要成为奴隶，并仅仅为了显示他们是他们的领袖的胜利的牺牲品而戴上桂冠。那些以武力建立专制君主统治的人们，使他们的英雄，即这种君主国家的创立者变成放肆的德洛坎塞之流，却忘却了他们还有将校士卒为他们在战争中取得胜利，或帮助他们镇压或和他们一起占有他们所并吞的国家。据有些人说，英国的君主制是建立于诺曼人的征服时期，因此使我们的君主取得享有绝对统辖权的依据。假如这是真实的（但历史上却并不是这样）以及威廉王有对英伦岛作战的正义权利的话，那么他靠征服得来的统辖权也只能及于当时居住在这里的撒克逊人和不列颠人。不管征服会造成什么样的统辖权，一道同威廉来的并帮助他征服的诺曼人，还有他们的所有后裔，全是自由人，不是由于征服而变成的臣民。如果我或别的什么人作为他们的后裔而要求自由，就很难作出相反的证明。明显地，法律既然没有对这些民族加以区别，便无意使他们的自由或利益

二、权利的范畴

有任何差别。

但是假设（纵然很少有这样的事）征服者和被征服者并未结成一个国家的人民而受制于同样的法律，享有同样的自由，让我们再看一下一个合法的征服者对于被征服者享有什么权力；我说，这种纯粹是专制的权力。他享有绝对的权力来分配那些因不义战争而丧失其生命权的人的生命，可是对于那些不参加战争的人的生命或财产以及那些事实上参加战争的人的财产，却不能享有这种权力。

第二，我可以说征服者只是有权支配那些事实上曾帮助、赞成或同意那用来攻击他的不义的人们。因为既然人民没有授权他们的统治者去做不义的事情，如发动不义的战争（因为他们自己也从未有过这种权力），除非是他们煽动这一战争，他们就不应该被认为对于在不义战争中所作的暴行和不义行为负有罪责，正像他们不应该被认为对于他们的统治者对人民或他们同一国家的臣民的任何部分施行的任何强暴或压迫负有罪责一样，因为他们未曾授权他们的统治者去做这样的事。当然，征服者很少对这些加以区别，而是有意地让战争的混乱把一切都混同一起；不过这仍变更不了正义，因为征服者的支配被征服者的生命的权力之所以能够存在，只是由于后者曾用强力来进行或支持不义的事情，因而他只能有权支配那些赞同这强力的人们，别的人都是无辜的。征服者无权统治被征服国家的对他没有伤害的人民，即没有放弃自己生命权的人们，正像他无权统治其他任何没有侵犯他或向他挑衅而同他和睦相处的人一样。

第三，在正义战争中征服者对被他打败的人所获得的支配权是完全专制的，后者由于使自己处于战争状态而抛弃了自己的生命权，因此征服者对他们的生命享有一种绝对的权力，可他并不因此对他们的财产享有一种权利。乍听起来这无疑是个很奇怪的学说，因为它与世界上的惯例完全相反。在说到国家的领地时，最常用的说法是指那种通过征服而得的土地，好像征服就转移了占有的权利。但是如果我们想一想，强有力者的做法无论怎样被普遍采用，总很难成为正确的准则，尽管构成被征服者的顺从的一部分的，是对征服者用剑锋强加于他们的境遇而不加争辩。

尽管在一切战争中，强力和损害常常是交织在一起的，而当侵略者使用强力来侵害那些与他进行战争的人们的人身的时候，很少不伤害他们的财产，可是使一个人处于战争状态的只是强力的使用。因为不管以强力开始造成损害或者悄悄地用诈欺造成损害，他都拒绝赔偿并以强力维持那种损害（这与最初使用强力造成损害是一样的），而造成战争的正是这种强力的不正当的使用。因为一个人破门而入，用暴力把我赶出门外，或温和地进来，用强力把我摒诸屋外，实际上他所做的事是一样的。现在我所论述的情况，是假设我们处在世界上没有可以向其告诉的、双方都向其服从的共同裁判者的状态。因而使一个人与另一个人处于战争状态的是强力的不正当的使用，犯这种罪行的人就抛弃了他的生命权。因为不使用作为人与人之间的准则的理性，而使用野兽般的强力，他就可能被他用强力侵犯的人所毁灭，如用任何危害生命的残暴野兽一样。

父亲的过错并不是儿女们的罪过，父亲虽然残暴不仁，儿女们也许是有理性的和和平的；因此父亲由于他的过错和暴行只能断送他自己的生命权，并不使他的儿女牵累进他的罪行或破坏。自然要从尽可能保护全人类这一愿望出发，已经使他的财产属于儿女以免他们死亡，所以他的财产仍应继续属于他的儿女。因为如果他们由于年幼、身不在场或自行决定，不曾参加战争，那么他们不曾做任何抛弃财产的事，而征服者也不能只因为他已制服那个谋以强力毁灭他的人而享有夺去他们的财产的任何权利;他虽然可能对财产可以有某些权利,以赔偿在战争和在防卫自己的权利时所受到的损失,以后由论述涉及被征服者财产到什么程度,以后再加论述。由此可见,一个人通过征服享有支配一个人的人身的权利,他可以随便毁灭他,但并不因此享有支配他的产业的权利,不论是加以占有或享用。因为使侵略者的对方有权把他当作野兽夺去他的生命并随意毁灭他的,正是他所使用的暴力,可是使他具有支配另一个人的财产的权利的,只是他所受到的损害。因为我虽然可以杀死一个半途拦劫的强盗,他的金钱却不能够(这似乎是较少见的)被夺去,并把他放走,这样做倒变成我在抢劫了。强盗的暴力以及他使自己所处的战争状态让他放弃了他的生命权,但这并不能给我享有他的财产的权利根据。所以征服的权利只能及于参加战争者的生命,而只是为了向他们要求赔偿所受到的损失和战费,并及于他们的产业,就是在这种情况下也应当对无辜的妻子儿女的权利加以保留。

假如在征服者这方面,具有可能假想的最充分的正义,他仍没有权利占取多于战败者所能丧失的东西。他的生命是在胜利者的掌握之中,对他的劳役同他的财产胜利者可以占有以获得赔偿,可胜利者不能夺取他的妻子儿女的财物;他的财物也享有权利,他们对他所占有的产业也有他们的一份。例如,我在自然状态中(一切国家都彼此处在自然状态中)曾经损害了另一个人,由于我拒绝赔偿而进入了战争状态,这时我以强力保卫我的不义之财的行动就使我成为侵略者。我被征服了:诚然我已丧失生命权而任人处置,可我的妻子儿女的生命权却不是这样。他们没有进行战争,也没有帮助作战。我不能放弃他们的生命权,这不是我所能抛弃的。我的妻子分享我的产业,我也不能加以放弃。我的儿女虽然是我所生的,就也有靠我的劳动和财产来维持生活的权利。因此问题便是这样：征服者具有要求赔偿所受到的损害的权利，而儿女们也具有享受他们的父亲的产业来维持生活的权利。至于妻子的一份，不管是她自己的劳动还是契约使她具有享受这份财产的权利，她的丈夫显然不能放弃归她所有的东西。我的回答是：根本的自然法既然是要尽可能地保护一切人类，那么假如没有足够的东西可以充分满足双方面的要求，即赔偿征服者的损失和照顾儿女们的生活所需时，富足有余的人应该减少他的获得充分满足的要求，让那些不是这样就会受到死亡威胁的人取得他们的迫切和优先的权利。

假如被征服者必须倾其所有来赔偿征服者的钱费的损失，而被征服者的儿女们在丧失他的父亲的所有财产之后只能冻馁待毙，那么即使在这种程度上，征服者对于正当要求的满足，仍不能主张行使被征服的国土的所有权。因为战争的损失极难与世界上任何地区的任何大块土地的价值相提并论，如果那个地区没有荒地，所有的土地都被占有了。要是我没有夺取征服者的土地（既然我被战败，就不可能这样做），那么我对他造成的任何其他损失总是很难抵得上我的土地的价值，如果它同样被开垦过，并且大小上约略等于我所蹂躏过的他的土地，一年或两年的收成（因为很少能达到四五年的收成）遭受破坏，可算作所能造成的极大损失。至于被夺去的货币和财帛珍宝之类，它们决不可能是自然的财物，它们只有一种想角的虚构价值；自然并没有给它们以这种价值，它们依自然的标准并没有价值，正如美利坚人的贝壳串珠之对于一个欧洲的君主，或者欧洲的银币之对于从前的一个美利坚人。在一切土地都被占有而没有荒地的地方，五年的收成抵不上由他强占的土地的永久继承权。不难理解：假如抛开货币的虚构价值，损失量和土地价值之间的差异将大于 5：500，虽然在另一方

二、权利的范畴

面，土地大于居民所占有和利用的数量。任何人都有权利用荒地，半年的收成就会大于继承土地的价值。可在这场合，征服者也就不大想占有被征服者的土地了。所以处在自然状态中的人们（因为一切君主和政府都彼此处在自然状态中）彼此间所受到损害，不能使征服者享有权力来剥夺被征服者的后裔的所有权和把他们驱逐出他们应该代代相承的土地。固然征服者常常容易以主人的地位自居，被征服者所处的境遇使他们不能对征服者的权利提出异议。但是假如这是一切的一切的话，它给予的只是单纯的暴力所给予强者支配弱者的权利根据，而基于这个理由，谁是最强有

力者便能享有要想占有什么就可以占有什么的权利了。

那么，对于那些随同征服者参加战争的人们，以及对于被征服者的国家中那些没有反对他的人们甚或曾经反对他的人们的后裔，征服者虽然在一次正义的战争中，他的征服也不能使他有统辖的权利。他们可以不受他的任何约束，而如果他们原来的政府解体了，他们可以自由地创建另外一个政府。

固然征服者往往凭借他所具有的支配一些人的强力，用剑指着他们的胸口，迫使他们屈服于他的条件，受制于他随意为他们建立的政府；可是这里的问题是，他有什么权利这样做呢？假如说他们是根据自己的同意而受制约的，那么这就承认了征服者要想具有统治他们的权利，就必须获得他们自己的同意。那么如今还有待研讨的，就是并不基于权利而以暴力胁迫的承诺能否被认为是同意，以及这些承诺具有多大的约束力。关于这点，我可以说，它们完全没有约束力；因为别人以暴力抢夺我的无论什么东西，我对那件东西依然保留权利，他也有义务立即加以归还。抢夺我的马的人应该立即把它归还，并且我仍有取回它的权利。根据同样的理由，一个以暴力胁迫我作出承诺的

人应该立即加以归还，即解除我所承诺的义务；否则，我可以自己加以恢复，即决定我是否加以履行。因为自然法只基于它所规定的准则来决定我所负的义务，它不能用暴力等违反准则的活动向我勒索任何东西，来迫使我承担义务。一个强盗以手枪对着我的胸口，要我倾囊给他，所以我自己从衣袋里掏出了钱包并亲手递给他，在这情形下，说我曾经许诺过，这既不能改变案情，也不能意味着宽恕强力而转移权利。

由上可以得出结论，征服者便以暴力强加于被征服者的政府，由于他当初无权对被征服者作战，或虽然他有权利但他们并未参加对他作战，因此不能使他们承担任何义务。

但是我们姑且假设，既然那个社会的一切人士都是同一国家成员，就可被认为曾参加过那场他们在其中被打败的不义的战争，所以他们的生命就要任凭征服者处置。

我认为这与被征服者的未成年的儿女无关；因为既然父亲并不掌握有支配其儿女的生命和自由的权力，他的所有行为也就没有放弃那种权力的可能。所以无论父亲遭遇什么，儿女仍是自由人，征服者的绝对权力只能及于那些被他所征服的人的本身，随着他们消失；假如他把他们当作奴隶那样，使他们受制于他的绝对的专断权力，他对他们的儿女除了基于他们自己的同意，不可对他们享有任何权力，纵然他可以迫使他们作任何行动或发表任何言论。只要是依靠强力使他们服从，但如果不是基于他们自己的选择，他就没有合法的权威。

所有人生来就有双重的权利：第一，他的人身自由的权利，别人没有权力加以支配，只能由他自己自由处理；第二，首先是和他的弟兄继承他父亲的财物的权利。

基于一个人生来就不受制于任何政府的这种权利，即使他出生于它管辖下的某一个地方。可是假如他不承认他的出生的国家的合法政府，他就必须放弃根据它的法律属于他的权利，以及那里由他的祖先传给他的财产，假如这政府当初是基于他们的同意而建立的。

基于第二种权利，任何国家的居民，要是他们是被征服者的子孙并有权继承被征服者的产业，但被征服者当时有一个违反他们的自由同意而强加于他们的政府，就仍然保留继承他们祖先的财产的权利，虽然他们并不自由地对这政府表示同意，而该政府的苛刻条件是通过暴力迫使该国的土地所有者接受的。因为既然最初的征服者根本无权占有那个国家的土地，则作为被胁迫受制于一个政府的人们的子孙或依据他们的权利而有所主张的人民，总享有摆脱这种政府的权利，使自己从人们用武力强加于他们的篡夺或暴政中解放出来，直到他们的统治者让他们处在他们自愿自择地同意的政治机构之下。谁能怀疑希腊的基督教徒们——希腊古代土地所有人的子孙——只要一发现机会，就可以正当地摆脱他们久已呻吟其下的土耳其人的压迫？因为任何政府都无权要求那些未曾自由地对它表示同意的人民服从。我们决不能设想他们表示过这种同意，除非他们是处在一种可以选择他们的政府和统治者的完全的自由状态中，或者他们至少具有他们自己或他们的代表自由地表示的经常有效的法律，以及他们被许可享有正当的财产，从而他们就成为他们的所有物的继承人，未经他们的同意，任何人不能取走其任何部分。如果没有这些，人们不管处在任何政府之下，都不是处在自由人的状态，很明显他们只是处于战争暴力下的奴隶。

但是就是在正义战争中征服者有权支配被征服者的生命，同时也有权支配被征服者的产业——显然，他是没有这种权利的——那么在继续统治的时期，绝对的权力也不会因此就产生。这是因为这些被征服者的子孙全是自由人，假如他给他们产业和财产，让他们住在他的国家中（如果没有人住在那里，国家就毫无作用了），那么不管他授予他们什么，他们对于所授予的东西就享有财产权；这种财产权的性质就是：未经本人同意，任何人的财产不能被剥夺。

　　基于自然权利，他们的人身是自由的，他们所有的财产，不管多少，是他们自己的，并由他们自己处理，而不是听凭征服者处理，否则它就不成其为财产了。假定征服者给予一个人并永久归他和他的子孙所有的一千英亩土地，又以终身期租给另一个人一千英亩土地，年租五十或五百英镑，那么前者是否永远有权支配他的一千英亩土地，而后者假如照付上述的地租是否终身享有权利呢？终身的佃户是否有权享受他在佃租期内靠他的勤劳所得的超过地租的一切收入，例如说一倍于地租的收入呢？能不能说，国王或征服者，在授予财产之后，可以根据他征服者的权力，从前者的子孙或从在世时照付地租的后者，夺取其土地的全部或一部分呢？或者他是否随意夺取两者在上述土地上所得的产物或金钱呢？假如他能够的话，那么世界上一切自由自愿的契约都会终止无效了。只要有充足的权力，任何时候都不需要靠别的办法就可以解除它们。这样看来，有权力的人的一切授予和诺言，都只是愚弄和欺骗。因为假如我说："我把这件东西永远给你和你的子孙"——这是所能表达的最确实和最郑重的转移方式——但这却应当理解为我在明天仍有随意向你取回的权利，世界上还有比这更可笑的事吗？

　　我在这里不想讨论君主们是否可不受他们本国法律的约束，而有一点我是明确的，即他们应该服从上帝和自然的法律。任何人和任何权力都不能让他们不受这个永恒法的约束。就诺言说，对永恒法应尽的义务十分重大，以致全能的上帝本身也为它们所束缚，许可、诺言和誓言是全能的上帝所受的束缚。不管谄媚者怎样奉承人世的君主们，君主们全体和同他们相结合的他们的人民合在一起，比起伟大的上帝来不过沧海一粟，九牛一毛，算不了什么，全都等于乌有！

可以这样扼要地说明征服的问题：假如征服者的征服是合乎正义的，他就对一切实际参加和赞同向他作战的人们享有专制的权利，并且有权用他们的劳动和财产赔偿他的损失和费用，这样他并不侵害其他任何人的权利。对于不同意战争的其余的人民，如果有这样的人的话，征服都对于俘虏的子孙或对两者的财产都不应享有任何权力，从而他不能基于征服而具有统辖他们的任何合法的权利依据，或把它传给他的后裔。可如果他有侵犯他们的财产的企图，他就成为一个侵略者，从而使自己处在与他们敌对的战争状态中。他或他的任何后裔之并不享有君权，如同丹麦人兴加尔或胡巴之在英格兰或斯巴达克——假如他曾征服意大利的话——并不享有君权一样；一旦上帝给予为他们所屈服的人以勇气和机会时，他就会把他们的压迫摆脱。因此，无论亚述的国王们用武力对犹太享有何种权利，上帝却帮助希西家摆脱了那个征服帝国的统辖权。"耶和华与希西家同在，他无论向何处去，尽都亨通；他背叛，不肯事奉亚述王。"（《旧约》列王纪下，第十八章，第七节）由此可知，摆脱一种由暴力而不是由正义强加于任何人的权力，纵有背叛之名，可在上帝面前并不是罪行，而是为他所容许和赞同的事情，即使靠暴力取得的诺言和契约起着阻碍作用。不管是谁，只要注意阅读亚哈斯和希西家的故事，就可认识到亚哈斯是如何被亚述人制服，如何被废黜的，并立他的儿子希西家为国王，但希西家在这时期一直根据协议对他表示服从并向他进贡。

（十六）论篡夺与暴政

如果征服可以称为外来的篡夺，那么篡夺就可以说是一种国内的征服，它和前者不同的是，一个篡夺者在他这方面永远都不是正义的，因为当一个把另一个人享有权利的东西占为己有时，才是篡夺。就篡夺而言，它只是人事的变更，而不是政府的形式和规章的变更；因为假如篡夺者扩张他的权力超出本应属于国家的合法君主或统治者的权力范围之外，那就是篡夺加上暴政。

在一切指定由哪些人来实行统治的合法的政府中，好像政体本身一样，是政府的自然的和必要的一部分，而且它是人民最初确定的办法。不管根本没有政府的形式，或同意它为君主制但没有指定怎样选任享有统治权的人来充当国王的方法，同样都是无政府状态。所以一切具有既定政府形式的国家，也都有关于如何指定那些参与国家权力的人们的规定和如何授予他们权利的固定方法。因为不管根本没有规定政府的形式，或同意它应为君主制，可没有指定怎样选任享有统治权的人来充当君主的办法，同样都是无政府状态。不管何人，如果不用国家法律所规定的方法取得行使统治权的任何部分的权力，即使国家的形式仍被保存，也并不享有使人服从的权利；因为他不是法律所指定的人，所以就不是人民所同意的人。在人民能够自由地表示同意，并已确实同意承认和确认他一直是篡夺得来的权力以前，这样的篡夺者或其继承人都是没有权利依据的。

假如说篡夺是行使另一个人有权行使的权力，那么暴政便是行使越权的、任何人没有权利行使的权力。任何人运用他所固有的权力，不是为了处在这个权力之下的人们谋福利，而是为了获得他自己私人的单独利益。统治者无论有怎样正当的资格，如果不以法律而以他的意志为准则，假如他的命令和行动不以保护他的人民的财产而以满足他自己的野心、私愤、贪欲和任何其他不正当的情欲为目的，就是暴政。

如果有人因为这话出自一个寒微的臣民之口，而怀疑它是真理或健全的论断，我希望一个国王的权威会使他接受这个说法。1603年詹姆士一世在向议会的演说中告诉议员们说："我将永远以大众和整个国家的福利为重来制定好的法律和宪法，而不着眼于我的任何特殊的或私人的目的；我始终以为国家的富足和幸福是我的最大的幸福和人世的乐趣，这就是一个合法的国王和一个暴君的根本不同之点。因为我确认，一个有道之君和一个篡夺的暴君之间突出的和最大的区别就在于：傲慢的和怀有野心的暴君认为他的国家和人民只是受命来满足他的愿望和不合理的贪欲的；正直有道的国王却与此相反，认为自己是受命来帮助人民谋取财富和财产的。"在1609年他对议会的演说中又有这样的话："国王以一种双重的誓言来约束自己遵守他的国家的根本法律：一方面是默契的，即作为一个国王，就必须保护他的国家的人民和法律；另一方面是在加冕时用誓言明白地表明的。所以每一个有道的国王在一个安定的王国内都必须遵守他根据他的法律与人民所签订的契约，并在这个基础上按照上帝在洪水之后和挪亚订结的契约来组织他的政府：地还存在的时候，稼穑、寒暑、冬夏、昼夜就永不停息。因而，在一个安定的王国内进行统治的国王，如果不依照他的法律来进行统治，就不再是一个国王，而堕落成一个暴君了。"稍后又说："之内，一切既不是暴君又不是背誓者的国王，都将欣然束身于他们的法律的范围以内。凡是诱使他们不这样做的人都是奸佞险恶之徒，既不忠于国王，亦背叛国家。"由此可见，这位通晓事理的明达的国王认为国王和暴君之间的区别只在于：国王以法律为他的权力的范围，以公众的福利为他的政府的目的，而暴君则使一切都服从于他自己的意志和欲望。

如果以为只有君主制特有这种缺点，那是错误的；其他的政体也同君主制一样，会有这种缺点。因为权力之所以授予某些人是为了管理人民和保护他们的财产，一旦被应用于其他目的，以及被利用来使人民贫穷，扰乱他们或使他们屈服于握有权力的人的专横的和不正当的命令之下时，那么不管运用权力的人是一个人还是许多人，就立即成为暴政。因此我们在历史上看到雅典有30个暴君，西拉科斯便是其中一个；而罗马的十大执政的不能令人忍受的统辖，也不见得比较好些。

若法律被违犯而结果于旁人有害，则法律一停止，暴政就开始了。如果掌握权威的人超越了法律所授予他的权力，利用他所能支配的强力强迫臣民接受违法行为，他便不再是一个官长；未经授权的行为可以像以强力侵犯另一个人的权利的人那样遭受反抗。这一点对下级官员来说是被承认的。一个有权在街上逮捕我的人，如果企图闯入我的住所来执行令状，我纵然知道他持有逮捕证并具有合法的职权可以有权在宅外逮捕我，而我仍可把他当做盗贼那样抗拒他。为什么对于最下级的官员可以这样，而对于最高的官长就不可以这样呢？我倒很乐意有人对我说明。假如说长兄因为拥有他的父亲的产业的最大部分，就有权剥夺他的任何一个兄弟的分得的财产，这是不是合理呢？或者一个占有整个地区的富人，他是否就享有随便霸占他的穷苦的邻人的茅舍和园圃的权利呢？合法地拥有远远超过绝大部分亚当子孙们所有的广大权力和财富，不仅不能作为借口，更不能作为理由来进行不依职权而损害别人的掠夺和压迫，相反，这只能使情况更加严重。

因为超越职权的范围，对于大小官员都不是一种权利，对于国王或警察都一样无可宽恕。可是，只要他受人民更大的托付，不管是谁，比他的同胞已享有更大的份额，并且由于他的教育、职守、顾问等便利条件，理应对于是非的权衡认识得更加清楚，假如他竟还如此，当然是更加恶劣。

那么君主的命令是可以反抗的吗？是否一个人只要觉得自己受害，而且认为君主并不享有对他这样做的权利，就可以随时加以反抗呢？这样国家的组织和秩序就不会保存，就会扰乱和推翻一切制度，而是呈现无政府状态和混乱罢了。

对于这一点，我的回答是：强力只能用来反对不义的和非法的强力。只要是在其他任何场合进行任何反抗的人，会让自己受到上帝和人类的正当的谴责，所以就不会引起某些人常说的那种危险或混乱。因为：

第一，在有些国家里，君主的人身基于法律是神圣的，所以不管他命令或做什么，他的人身都免受责问或侵犯，不受任何强制、任何法律的制裁或责罚。可是对于低级的官吏或他所委任的其他人的不法行为，人民依然可以抗拒，如果他想通过实际上使自己与人民处于战争状态的办法解散他的政府，任由人民采取在自然状态中属于每一个人的防卫手段。对于这种情况来说，谁能知道结局将是什么呢？一个邻近的王国已经向全世界显示一个异常的例子了。在其他所有场合，君主人身的神圣不可侵犯使他免受一切伤害，从而只要政府存在，他个人就可免受一切强暴和损害；没有再比这更明智的制度了。因为他个人所能酿成的损害是不至于屡次发生的，其影响所及也不至于很远大；凭他单独的力量也不能推翻法律或压迫全体人民，即使任何秉性软弱昏庸的君主想要这样做的话。一位任性的君主在位时，有时会发生一些特殊的过错，但其所造成的害处，却可在元首被置身于危险以外的情况下由公众的安宁和政府的稳固这些好处得到充分的补偿。对于整体来说，少数一些私人有时有受害的危险，比国家元首随随便便地和轻易地被置于危险境地，要稳当得多。

第二，可是这种只属于国王人身的特权，并不妨碍那些未经法律授权而自称奉他的命令来使用不正当强力的人们为人民所质问、反对和抗拒。举一个很明显的例子：一个持有国王的逮捕状去捕人的官吏，虽有国王的全权委任，却不能闯入此人的住所去逮捕他，也不能在某些日期或某些地方去执行国王的命令，纵然逮捕证上并未作出法律所限的例外的规定，假如违犯，国王的授权也不能使他获得宽恕。因为法律仅授予君主以权威，他不能授权任何人来做违犯法律的事，国王的授权也不能使他的这种行为合法化。任何官长越权发出的委任或命令，仿佛任何私人的委任或命令，是无效的和不起作用的，两者的差别在于官长具有为某些目的而规定的职权，私人则根本什么职权都没有。因为使人享有行为权利的，不是委任而是职权，假如违犯了法律，那就没有职权之可言。但是尽管可以有这种反抗，国王的人身和权威都是受到保障的，所以统治者或政府就不会遭遇危险。

第三，即使一个政府的元首的人身并不是那样神圣，而这种可以合法地反抗一切非法行使其权力的行为的学说，也不会动辄使他处于危境或使政府陷于混乱。因为当受害者可以得到救济，通过诉诸法律而使他的损害得到赔偿的时候，就没有诉诸强力的理由，强力只应该在一个人受到阻碍无法诉诸法律时才被运用。只有那种诉诸法律成为不可能的强力，才可以被认为是含有敌意的强力。也只是这种强力才使一个运用它的人进入战争状态，才使对他的反抗成为合法。一个手持利刃在公路上企图抢劫我的钱包的人，当时说不定我的口袋里的钱还不到十二个便士，可我可以合法地把他杀死。又如我把一百英镑交给另一个人，在我下车时让他帮我拿着，但及至我再度上车时，他拒绝把钱给我，反而在我要想要回时拔出剑来用强力保卫他占有的钱。这个人实际对我造成的损害可能比前者意图对我造成的损害大一百倍甚至一千倍（我在他真正对我造成任何损害以前就把他杀了），而我可以合法地把前者杀死，而不能合法地对后者加以任何伤害。其理由是很明显的，因为前者运用强力威胁我的生命，我不能有时间诉诸法律来加以保障。法律不能起死回生，可一旦生命结束，就来不及再诉诸法律了。这种损失是无可补偿的，为防止这种损失，自然法便给我用权利来消灭那个使自己与我处于战争状态并以毁灭来威胁我的人。可是，在第二个场合，我的生命并不处于危险境地，我可以有诉诸法律的便利，并可通过这个方法收回我的一百英镑。

第四，可如果官长通过他所获得的权力对不法行为加以坚持，并使用同一权力阻挠人们根据法律取得应有的救济，那么虽然对这种明显的暴虐行为行使反抗的权利，仍不致突然地或轻易地扰乱政府。因为假设这只涉及某些私人的事件，纵然他们有权进行自卫和用强力收回他们被非法强力所夺取的东西，但这样他的权利不会很容易地使他们冒险作必死的斗争。并且如果广大人民并不以为事情与他们有关，一个或少数被压迫者就不可能动摇政府，正像一个狂暴的疯子或一个急躁的心怀不平的人不可能推翻一个稳固的国家一样，人民都不会随意跟着二者行动的。

但是假如这种非法行为已使人民的大多数受到损害，或者只是少数人受到危害和压迫，可在这样的一些情况中，先例和后果似乎使一切人都感到威胁，他们衷心相信他们的法律、他们的产业、权利和生命,甚至宗教信仰都岌岌可危,那我就不知道该怎样来阻止他们去反抗那个让他们受害的非法强力了。我认为,当统治者把政府弄到普遍为他们的人民所疑惧的地步时,不管什么政府都会遭到这种麻烦。会使他们陷入最危险状态,他们处在这种状态是不足怜惜的,因为这是很容易避免的。假如一个统治者真正想为他的人民谋福利,想要保护他们和他们的法律,而竟不使他们看到和感觉到这一点,那是不可能的事,正像一个家庭的父亲不可能不让他的儿女们看到他对他们的慈爱和照顾一样。

可是,假如大家都觉察到口是心非,权术被用来逃避法律,以及所委任的特权(这是授予君主的处理某些事情的一种专断权力,是为了造福人民而不是祸害人民的)被用于违反原来所规定的目的;要是人民发现大官和小吏是为了适合于这样一些目的而选任的,而且按照他们究竟是促成或反对这些目的的情况来决定升黜;如果人民看到专断权力已被几次试验运用,宗教方面私下对此表示同意(虽公开地加以反对),准备随时加以推行,并对实施专断权力的人尽量给予支持;而当这些尝试行不通时,他们依旧加以认可并对它们更加醉心;假如一连串的行动指明政府人员都有这种倾向,怎能不让人深信事情将演变到什么地步呢?他在这种情况下不会不寻出路,如果他相信他所坐的船的船长会把他和船中的别人都载往阿尔及尔去遭受奴役,只要他操舵前进,虽然因逆风、船漏及船员和粮食的缺乏暂时被迫改道,可是一旦风向、天气以及其他情况许可时又立即坚决转回原道。

(十七)论社会与政府的解体

谁想要明确地讨论政府的解体问题,谁就首先应该把社会的解体和政府的解体区别开来。构成共同体并使人们脱离涣散的自然状态改变成为一个政治社会的,是每个人同其余的人所签订的协议,由此结成一个整体来行动,并从而成为一个单独的国家。通常解放这种结合的唯一途径,就是外国武力的侵略,把他们征服。在这场合(因为他们不能作为一个完整而独立的整体实行自卫或自存),属于由他们所构成的那个整体的这一结合就必然终止,所以每个人都回到他以前所处的状态,可以随意在别的社会自行谋生和为自己谋安全。无需赘述,一旦社会解体,那个社会的政府当然不能继续存在。这样,征服者的武力通常从根本上把政府打垮,并把社会打碎,使被征服或被瓦解的众人脱离原应保护他们免受暴力侵犯的社会的保护和依赖。关于这种解散政府的方法,世人了解很深并有深切的体会,决不可加以容忍。至于社会一旦解体,政府就不会继续存在,这不必多说就能证明——这正像构成房屋的材料为飓风所吹散和移动了位置或为地震震坍变成一堆瓦砾时,房屋的骨架就不可能再存在一样。

除了这种外来的颠覆之外,政府还会从内部解体:

第一,当立法机关变更时。公民社会是它的成员之间的一种和平形状,由于他们有立法机关作为仲裁者来解决可能发生在他们任何人之间的一切争执,战争状态就被排除了;所以通过立法机关一个国家的成员才联合并团结成为一个协调的有机体的,立法机关是给予国家以形态、生命和统一的灵魂;分散的成员所以才彼此发生相互的影响、同情和联系。因此,当立法机关被破坏或解散的时候,随之而来的是解体和消亡。因为社会的要素和结合在于有一个统一的意志,立法机关一旦为大多数人所建立时,它就使这个意志得到表达,并且还可以说是这一意志的保管者。立法机关的组织法是社会的首要的和最普通的行为,它规定了他们在一些人的指导和由人民的同意和委派所授权的一些人制定的；法律的约束之下的结合的期限，没有人民的这种同意和委派，他们中间的任何一个人或若干人都不能享有权威来制定对其余的人具有约束力的法律。假如任何一个人或更多的人未经人民的委派而擅自制定法律，他们制定的法律是并无权威的，人民就没有义务去服从；他们所以又摆脱从属状态，可以随便为自己组成一个新的立法机关，可以完全自由地反抗那些越权地强迫他们接受某种约束的人们所施用的强力。如果那些受社会的委托来表达公众意志的人们受人排挤而无从表达时，其他一些没有这种权威或没有受这种委托的人篡夺了他们的地位，那么每个人都可以根据他自己的意志，各行其是。

国内滥用权利的人往往造成这种情况，如果不知道发生这种情况的政府是什么形式，就很难正确地加以考察和知道应该谁负责。让我们假定立法权同时属于三种不同的人：

第一，一个世袭的享有经常的最高执行权的个人，以及在一定期间内兼有召集和解散其他两者的权力。

第二，一个世袭贵族的会议。

第三，假设政府的形式是一个由民选的、有一定任期的代表组成的会议，那就很明显：

第一，假如那个个人或君主把他的专断意志来代替立法机关所表达的作为社会意志的法律，这就改变了立法机关。因为既然立法机关实际上是立法机关，它的规章和法律就要付诸实施并需要加以服从；假如假托并实施并非由社会组成的立法机关所颁布的法规，立法机关明显是被改变了。谁未经社会的基本委托而推行新的法律，或推翻旧的法律，谁就是不承认和倾覆制定这些法律的权力，所以就建立起一个新的立法机关。

第二，假如君主阻止立法机关如期集会或自由行使职权以完成当初组织它的那些目的，立法机关就被变更了。立法机关之所以成为立法机关，并不在于有多少人，开多少次会，而在于他们还有辩论的自由和安闲地完成为社会谋福利的任务的时间。要是这些被剥夺或被变更，从而使社会无法适当地行使他们的权力，立法机关就确实是被变更了。组成政府不是它们的名义，而是事先规定的那些名义所应该具有的权力的运用和行使；因此谁要是剥夺立法机关的自由或阻止它如期行使职权，谁就是实际上取消立法机关和结束政府。

第三，假如君主，未经取得人民的同意并与人民的共同利益相抵触而使用专断权力，而变更了选民权或选举的方式，立法机关也就被变更了。因为要是不是由社会所授权的那些人去选举或不用社会所规定的方法进行选举，那么那些当选的人就不是人民所任命的立法机关。

第四，如果君主或立法机关使人民屈服于外国的权力，这就肯定改变了立法机关，因而也就解体了政府。因为人们参加社会的目的在于保持一个完整的、自由的、独立的社会，受它自己的法律的约束，他们一旦被抛弃给别国的权力支配时，就丧失了这个目的。

为什么在这种组织下，政府在这些场合的解体应归罪于君主，是很明显的？因为他拥有国家的武力、财富和机构供他运用，并且他通常自信或由于别人的奉承而认为身为元首就毫无羁绊，因此只有他才能以合法职权为借口来大幅度地进行这种改革，并且他还能把反对者当作犯有分裂、叛乱的罪行和政府的敌人来加以恫吓或镇压。至于立法机关的其他部分或人民，他们除非是发动很容易引起注意的公开和显而易见的叛变，却不能自行企图变更立法机关，而这种叛变一旦真的获得成功，其所产生的影响几乎与外来征服无异。另外，君主那样的政体下可以享有解散立法机关的其他部分的权力，从而使他们成为私人，而他们却绝对不可违反他的意志或不得他的同意就用一项法律来改变立法机关，因为他们的法令必须得到他的批准才可生效。但是假如立法机关的其他部分以任何方式对颠覆政府的任何企图有所赞助和鼓励，或不就自己能力所及来及时阻止这些阴谋，那就是有罪的，而且参与了肯定是人们彼此间所能犯的最大的罪行。

还有另外一条途径可以使这样一个政府解体，那就是，如果握有最高执行权的人玩忽和放弃他的职责，使已经制定的法律无法执行。这很显然是把一切都变成无政府状态，因而实际上使政府解体。因为法律不是为了法律自身而制定的，而是通过法律的执行成为社会的约束，使国家的各个部分各得其所、各尽其应尽的职能；当这完全不用的时候，显然政府也被搁浅了，人民就变成了没有秩序或联系的杂乱的群众。哪里没有司法来保证人们的权利，没有其他权利在社会内部指挥强力或为公众供应必需品，哪里就肯定不再需要政府存在。如果法律不能被执行，那就等于没有法律；而一个没有法律的政府，我认为是一种政治上的不可思议的事情，非人类的能力所能想象，而且是与人类社会格格不入的。

在这样的场合下，如果政府被解体，人民就能自由地自己建立一个新的立法机关，其人选或形式或者在这个两方面，都与原先的立法机关不同，根据他们认为那种最有利于他们的安全和福利来制定。因为社会决不能由于另一个人的错误而丧失它用来保护自己的固有的和原有的权利，而社会的自保只能依靠一个确定的立法机关，才能做到公平无私地执行他所制定的法律。但是人类并不处于这样悲惨的境地，以致除非时机已过而无法寻求任何办法时才能采用这一补救办法。当旧的立法机关由于受到压迫、暗算或被交给外国权力而消失以后，才会告诉人民说，他们可以为自己打算，建立一个新的立法机关，这不啻是在病入膏肓已来不及救治的时候才对他们说可以希望药到病除。事实上，这等于是叫他们先成为奴隶，然后再争取自由；在他们戴上枷锁以后，才会告诉他们说，如果他们可以像自由人那样行动，这是愚弄，而不是救济。假如人们在完全处于暴政之下以前没有逃避暴政的任何方法，他们就不能免遭暴政的迫害。因此他们不但享有摆脱暴政的权利，还享有防止暴政的权利。

所以政府解体的另一条途径是当立法机关和君主这二者的任何一方在行动上违背他们的委托的时候。

当立法机关想要侵犯人民的财产，使他们自己或社会的任何部分成为人民的生命、权利或财富的主人或任意处分者时，他们背弃了他们所接受的委托。

人们参加社会的目的是为了保护他们的财物；他们选择一个立法机关并授以权力的目的，是希望由此可以制定法律、订立准则，以保卫社会一切成员的财产，限制社会各部分和各成员的权力并调整他们之间的统辖权。因为决不能设想，社会的意志是要使立法机关享有权力来破坏每个人想通过参加社会而得到的东西，以及人民为之使自己受制于他们自己选任的立法者的东西。所以当立法者们图谋夺取和破坏人民的财产或贬低他们的地位使其处在专断权力下的奴役状态时，立法者们就使自己与人民处于战争状态，人民因此可以无须服从他们，而只有寻找上帝给予人们抵抗强暴的共同庇护。所以立法机关只要触犯了社会的基本原则，并因野心、恐惧、愚蠢或腐败，力图使自己掌握或给予任何其他人以一种绝对的权力，来支配人民的生命、权利和产业时，他们就由于这种背弃委托的行为而失去了人民为了极不相同的目的曾给予他们的权力。这一权力属于人民，人民享有恢复他们本来的自由的权利，并通过建立他们认为合适的新立法机关以求得他们的安全和保障，而这些正是他们所以加入社会的目的。我在这里所讲的一般与立法机关有关的话也适用于最高的执行者，因为他受了人民的双重委托，一方面参与立法机关并担任法律的最高执行者，因此当他以专断的意志来替代社会的法律时，他的行为就违背了这两种委托。假使他用社会的强力、财富和政府机构来收买代表，使他们服从于他的目的，或公然预先限定选民们要他们选举他曾以美言、威胁、诺言或其他方法收买过来的人，并利用他们选出事前已答应投什么票和制定什么法律的人，那么他的行为也背弃了对他的委托。这种操纵候选人和选民并重新规定选举方法的行为，岂不表明从根本上破坏政府和毒化公共安全的本源吗？因为既然人民为自己保留了选择他们的代表的权利，以保障他们的财产，他们这样做不过是为了经常能自由地选举代表，而且被选出的代表按照经过审查和详尽的讨论而确定的国家和公共福利的需求，可以自由地作出决议和建议。那些在未听到辩论并权衡各方面的理由以前就进行投票的人们，是不能办到这一点的。布置这样的御用议会，力图把公然附和自己意志的人们来替代人民的真正代表和社会的立法者，这肯定是会遇到的最大的背信行为和最完全的阴谋危害政府的表示。如果再加上明显为同一目的而使用酬赏和惩罚，并利用种种诡计来歪曲法律，来排除和摧毁一切阻挡实行这种企图和不愿答应和同意出卖他们的国家的权利的人们，这究竟是在干些什么，是无可怀疑的了。这些人用这样的方法来运用权力，辜负了社会最初成立时就赋予的信托，不难断定他们在社会中应具有哪种权利；并且谁都能看出，凡是曾经试图这样做的人都不会再被人所信任。

　　对此可能有人会说，既然人民是愚昧无知的，经常心怀不满的，那么把政府的基础放在人民的不稳定的意见和不确定的情绪之上，将会使政府受到很大程度的破坏；如果人民一旦不满意旧的，就可以建立一个新的立法机关，没有一个政府会能够维持很久。我对于这种说法的回答是：正好相反，人民并不像一些人所想象的那样易于摆脱他们的旧的组织形式。别人极难说服他们来改正他们业已习惯了的机构中的公认的缺点。如果存在着一些当初就产生的缺点或日积月累由腐败所引起的一些偶然的缺点，即使大家都见到有改变的可能，也不容易加以改变。人民迟迟不肯放弃他们的旧制度的倾向，在过去年代我国发生的多次革命中，仍旧使我们保留由国王、上议院和下议院所组成的旧的立法机关，或经过几番无结果的尝试之后仍使我们重新采用这一制度。尽管我们的有些君主在义愤的面前被逼退位，但那种义愤却并未使人民另找别的王室为君。

但是有人会说，这种假设会种下激发叛乱的根苗。我可以回答这句话：

第一，这种假设不见得比其他任何假设更容易激发叛乱。因为如果人民陷于悲惨的境地，觉得自己受到专断权力的祸害，纵然你把他们的统治者尽力赞美为朱匹忒神的儿子，说他们降自上天、受命于天神圣不可侵犯，或无论把他们吹捧成什么人或什么样的人，同样的事情还是会发生的。人民普遍地遭受到压迫和得不到公正待遇时，他们一有机会就会摆脱压在头上的沉重负担。他们将希望和寻求机会，这种机会在人事变迁、暴露弱点和机缘凑巧的情况下，是不可能迟迟不出现的。谁从未见过这种事例，他一定是阅世未深；假如他不能从世间各种政府中举出这样一些事例，他一定是读书极少。

第二，我的回答是，这种革命不是在有一点失政的情况下就会发生的。对于统治者的失政、一些错误的和不适当的法律和人类弱点所造成的一切错误，人民会容忍的，不致反抗或口出怨言的。但是假如一连串的滥用权力、渎职行为和阴谋诡计都殊途同归，人民可以了解其企图——人民不能不感到他们是处在怎样的境地，不能不看到他们的前途如何——则他们奋身而起，竭力把统治权交给能为他们保障最初建立政府的目的的人们，那是毫不足怪的。如果没有这些目的，则古老的名称和美丽的外表都不可能比自然状态或纯粹无政府状态来得好，而是只会坏得多，一切障碍都是既严重而又咄咄逼人，但是补救的方法却更加遥远和难以找到。

第三，我的回答是，关于立法者因为侵犯人民的财产，从而辜负他们所受的委托时，人民有以新的立法机关重新为自己谋安全的权力这一学说，是防止叛乱的最好保障和阻止叛乱的最可靠的手段。因为叛乱不是反对单个人，而是反对以政府的宪法和法律为根据的权威；无论什么人，只要以强力破坏法律并以强力为他们的违法行为辩护，就是真正的叛乱者。因为人们由于参加社会和组成公民政府已经排除了强力，并采用法律形式来保护他们的财产、和平和统一，这时凡是违背法律重新使用强力的人，就是实行造反（rebellare）——即重新恢复战争状态——而变为真正的叛乱者。掌握有权力的人（由于他们享有权威的借口，具有强力的引诱和他们周围的人们的诌谀）最容易做这样的事，因此是防止这种弊害的最合适的方法，向那些最容易受到诱惑去犯这种错误的人指出其危险性和非正义性。

在上述两种情况下，即无论是立法机关有所改变还是立法者在行动上违背了当初他们被任命的目的，犯有这种罪行的人就是犯了叛乱罪。因为假如谁用强力废除任何社会所设置的立法机关和受社会的委托而由立法机关制定的法律，谁就废除了各人所同意的为和平地解决他们一切纠纷而建立的仲裁者,以及阻止他们中间发生战争状态的屏藩。谁要是取消或改变立法机关,谁就废除了这种未经人民委任和同意就没有人能享有的决定性权力;他们因此破坏了人民所奉立的而非其他任何人所能奉立的权威,并使用了一种未经人民授权的权力,实际上是他们造成了这样的战争状态,即没有权力根据的强力状态。所以他们由于取消了社会所建立的立法机关(人民同意它的各项决定并被它们统一起来,正如把它们看作他们自己的意志一样),就把这一纽带解开,使人民重新陷入战争状态。假如那些用强力废除立法机关的人是叛乱者,那么为了保护和保卫人民的权利和财产而设立的立法者,一旦用强力侵犯并力图废除这些权利和财产时,也只能同上述那样被看作叛乱者。因此,既然他们使自己与推选他们作为和平的保护者和保卫者的人们处于战争状态,他们真正是罪加一等的叛乱者。

但是假如那些认为我的假设会造成叛乱的人的意思是:如果让人民知道,当非法企图危及他们的权利或财产时,他们可以不用服从,当他们的官长侵犯他们的财产、辜负他们所授予的委托时,他们就可以反抗他们的非法的暴力,这会引起内战或内部争吵;因此认为不能允许对世界和平有危害性的这一学说的存在。如果他们抱这样的想法,那么他们也可以根据同样的理由说,老实人不可以反抗强盗或海贼,因为这可能引起纷乱或流血。在这些场合倘发生任何危害,不应归咎于防卫自己权利的人,而应归罪于侵犯邻人的权利的人。假如我倒希望人们假想一下无辜的老实人必须为了和平乖乖地把他的一切放弃给对他施加强暴的人,如果世上的和平只是由强暴和掠夺所组成,而且只是为了强盗和压迫者的利益而维持和平,那么世界上将存在怎样的一种和平。当羔羊让凶狠的狼来咬断它的喉咙而不加以抵抗,谁会认为这是强弱之间值得赞许的和平呢?波里斐谟斯的山洞为我们提供了这样一种和平和这样一种政府的良好典型；尤利西斯和他的同伴们在那里除了乖乖地被吞噬外，毫无别的办法。尤利西斯无疑是个世故颇深的人，他在当时主张消极的服从，向人们解说和平对于人类的意义，并指出假如反抗目前对他们享有权力的波里斐谟斯就会发生什么害处，因而劝他们默默地屈服。

政府的目的是为人民谋福利。试问哪一种情况对人类最有利：是人民必须时常遭受暴政的无限意志的支配呢，还是当统治者滥用权力，用它来破坏而不是保护人民的财产的时候，人民有时可以反抗呢？

谁也不能认为：只要有一个多事的人或者好乱成性的人希望随心所欲地不时变更政府，就会随时引起祸害。固然这种人可以随时任意煽动骚乱，但这只会使他们自作自受终要陷于灭亡。因为除非是普通性的祸害，统治者的恶意已昭然若揭，或他们的企图已为大部分人民所知觉，宁愿忍受而不愿用反抗来为自己求公道的人民是不大会慨然奋起的。偶见的不平事例或零星个别不幸的人所受的压迫，是不会使他们激动的。但是假如他们基于明显的证据，普遍地相信侵犯他们权利的计划正在实施，而事态的一般演进和趋向又不能不使他们强烈地怀疑他们的统治者的不良企图，这又应该怪谁呢？假如他们可以避免而自招这种怀疑，这又能怨谁呢？如果人民具有理性动物的感觉，能就他们所见所感的事情进行思考，这能归咎于他们吗？这是否正是那些使事态发展到这种境地而又不愿被人认识其真相的人们的过失呢？我承认，私人的骄傲、野心和好战成性有时也引起了国家的大乱，党争也曾使许多国家和王国受到致命的打击。但祸患终究经常是由于人民的放肆和意欲摆脱合法统治者的权威所致，还是由于统治者的横暴和企图以加诸人民以专断权力所致，究竟是压迫还是抗命最先导致混乱，我想让公正的历史去判断。我相信，无论是统治者还是臣民，只要用强力侵犯君主或人民的权利，并种下了推翻合法政府的组织和结构的祸根，他就严重地犯了我认为一个人所能犯的最大恶果，他应该对于由于政府的瓦解使一个国家遭受流血、掠夺和残破等一切祸害负责。谁这样做了，谁就应该被认为是人类的公敌大害，而且应该受到相应的对待。

假如臣民或外国人企图用强力侵犯任何人的财产，被侵犯的人可以以强力抵抗，这是已被公认的。但是官吏们做了同样的事也可以加以反抗这一点，近来却为人所否认；好像那些基于法律享有最大权利和便利的人因此就有权破坏法律似的，其实正是那些法律使他们占有比他们的同胞较为优越的地位；恰恰相反，他们的罪行却因此更大，因为他们既辜负了法律所给予的较大权力，同时也有负于同胞所授予的委托。

正像每一个无法无天的人在社会中所做的那样，谁不基于权利而使用强力，就使自己与他使用强力来对付的人们处于战争状态；在这种状态中，以前的一切拘束都被解除，其他一切权利都不再有用，而人人都享有自卫和抵抗侵略者的权利。这是那样明白，就连巴尔克莱，即那位主张君权和君主神圣不侵犯学说的著名人物，也不得不承认，在有些场合，人民反抗他们的国王是正确的，而且这话恰恰见于他妄图证明上帝的法律制止人民进行各种各样叛乱的那一章中。由此可见，即使根据他自己的学说，既然人民可以在有些场合进行抵抗，那么对君主的反抗就并不全是叛乱。他说：

假如有人问：是否人民必须经常忍受暴政的虐待和凶残呢？他们是否必须坐视他们的城市遭受劫掠，化为灰烬，他们的妻子儿女放任暴君蹂躏和泄欲，他们自己和他们的家庭为他们的国王所毁灭，受尽贫困和压迫之苦，而只能束手待毙呢？自然允许其他一切生物为保卫自己不受侵害可以充分行使强力对抗强力的共同权利，是否唯独人就不能行使这种权利呢？我的回答是：自卫是自然法的一部分，不能不让社会实行自卫，甚至不能不让社会对君主实行自卫。但与自然法抵触的是人民决不可向他报复。因此，如果国王不单憎恨某些个人，而且与他身为其元首的整个国家作对，并用不能忍受的虐待残暴地压迫人民的全部或一大部分，人民在这种场合就有权进行抵抗和保卫自己不受损害。不过，在实行自卫时必须注意的是，他们只能保卫自己，不能攻击他们的君主。他们可以纠正他们所受的损害，但是不应该因为激愤而超过必要的敬重和尊敬的范围。他们可以击退当前的袭击，但是不应该对过去的暴行实行报复。因为对我们来说保卫生命和身体是很自然的事情，但是由一个下级来惩罚一个上级，那是违背自然的。人民可以在对他们实施危害以前就加以防范，但是在已经实施以后，纵然国王是罪魁祸首，也不应该对他实行报复。因此，这就是人民大众超出个别私人所享有的权利：连我们的论敌（只有布肯南是例外）也认为个别私人除了忍耐以外就没有其他补救办法，但人民的集体则可以在表示尊敬的同时反抗不能忍受的暴政；而当其尚有节制时，他们就应该加以忍受暴政。

这就是著名的君权拥护者所容许反抗的程度。

固然，他徒劳无功地给反抗加上两种限制的条件。

第一，他说，反抗时必须怀有敬意。

第二，反抗时必须不带报复或惩罚；他所提出的理由是，因为一个下级不能惩罚一个上级。

第一，怎样反抗强力而不还手，或者怎样尊敬地还手，这是需要一些技巧才能使人明白的。假如一个人在抵抗攻击时只以盾牌挡剑,或用更尊敬的姿态,即手不持剑,以求削弱攻击者的自信和强力,他马上就会无法抵抗,并将发觉这种防卫只会使自己受到更大的伤害。这种抵抗方法正如朱温拿尔所设想的的作战方式那样可笑:当你动手打人时,我就听凭你打。而战斗的结果将不可避免地与他在那里所描写的那样:

这就是穷人的自由:人们殴打他,他请求,要是用拳头殴打了他,他哀求,假如人家让他走开,倒还可以保留几颗牙齿。

这种人们不可以还手的虚假的反抗,其结果就是这样子。所以谁有权反抗就必须被容许还手。让我们的作者或其他任何人把当头一棒或迎面一刀同他认为合适的尽量多的敬重和尊敬联系在一起吧。如果他能遇到这种机会的话,谁能把挨打和尊敬调和在一起,也许谁就有资格受人家斯文而又尊敬的一棒作为他的劳苦的报酬。

第二,至于他的第二点,一般地说,下级不能惩罚上级,这是对的。但是以强力反抗强力既然是使双方变为平等的战争状态,就取消了原先的崇敬、尊重和上级的关系,因而余下的差别是,反抗不法侵略者的人具有比侵略者较优的地位——即当他胜利时,他有权惩罚罪犯破坏和平,而且惩罚他因破坏和平而造成的一切危害。因此,巴尔克莱在另一个方面就格外坚持自己的主张,否认在所有场合反抗国王都是合法的。但是他在那里指出有两种场合,一个国王会使自己丧失国王的地位。他说:

那么,是否不可能发生这样的事,即人民可以有权和根据自己的权威自动武装起来,还击横暴地压制他们的国王呢?当国王还是国王的时候,决不能有这样的事。"尊崇国王"和"谁反抗权力就是反抗上帝的命令",乃是永远不容许人民这样做的神的启示。所以除非君主做了一些使他不再成为国王的事情,人们才可有支配国王的权利,因为那时他放弃自己的王冠和崇高的地位,回到私人的状态,人民则会成为自由的和优越的,同时他们在奉他为国王之前的王位空缺期间所有的权力,又归于他们所有。但是把事情能弄到这种地步的只是极少数的失政行为。我从各方面加以研讨之后,只能找到两种场合。我说,只有两种场合会使一个国王事实上已不成其为国王,失去了支配他的人民的全部权力和王权,而这种情况也就是温遮鲁斯所注意到的。

第一种场合是,假如他企图推翻政府——即如果他蓄意和图谋使王国与国家毁灭,如历史上记载的尼禄王决心铲除罗马的元老院和人民,用火与剑使全城化为瓦砾,然后迁往别处。又如历史上所记载的加利古拉,公开地宣布他不再是人民或元老院的首长,他已准备排除这两个队伍中的最优秀人物,然后退居亚历山大城;他但愿全体人民只有一条脖子,好使他一刀就解决他们。如果任何国王心存这种企图并认真地促其实现,他就马上放弃他对于国家的一切照料和操心,因此也就丧失其统治臣民的权力,正像一个奴隶主如果抛弃他的奴隶,也就丧失了对他的奴隶的统辖权一样。

第二种场合是,当一个国王使自己屈居于另一个国王之下,并且让他的祖宗传下来的、人民慷慨地交给他的王国受制于另一个国家的统辖权。纵然他或许并不成心想残害人民,但是他却因此丧失了他的王位的主要部分,即在王国内仅次于上帝的至高无上的地位,背叛了人民或逼迫他们受制于外国的权力和统辖权,他应该小心地加以维护人民的自由。由于他仿佛是用这种办法割让了他的王国,他自己就失去了以前对王国所享有的权力,而并未将丝毫权利转让给他所要让予的人；所以他的这一行为使人民重新获得自由，使他们可以自作安排。在苏格兰的历史中可以找到这样一个例子。

在上述那些场合，绝对君主制的著名拥护者巴尔克莱不得不承认，人民允许反抗君主，而君主也可以不再成为君主。我们不必广征博引，总之，假如国王在任何地方丧失他的权威，他就再不是国王，他就可以被反抗；因为哪里不再有权威存在，那里也就不再有国王，而国王就成为没有权威的其他人一样。他所提出的两种场合与前面所提到的破坏政府的情况，并没有多大出入，所不同的只是他忘记指出他的学说所根据的原则。国王辜负人民的委托，不在保全大家所同意的政府形式，不去设法达到政府本身为公众谋福利和保护财产的目的。如果一个国王已使自己不再成为国王，并让自己与人民处于战争状态，有什么方法能阻止人民不来控诉他这个已经丧失其国王地位的人，就像对待与他们处于战争状态的其他任何人一样呢？巴尔克莱和同他持有相同意见的人们最好能为我们澄清一下。从巴尔克莱所说的那些话里，我还要求注意这一点，即他说，人民可以防止他们尚未实施的危害。根据他的这一说法，暴政尚在计划中时就已允许反抗。这些企图，他说，如果国王已胸有成竹并认真地加以实施，他就放弃了他对于国家的一切照料和操心；因此，根据他的说法，对于公共福利的疏忽就应当被看作这种企图的证明，或者至少看作是反抗的充分理由。而对全部理由他就是这样概括的：国王背叛了人民或强迫他们，而人民的自由正好是他应该小心地加以维护的。至于他又补充的"受制于一个外国的权力和统辖权"的话，并没有多大意义，因为过错和丧权是在于人民丧失了他应该加以保护的自由，而并不在于他们受其统辖的人有所不同。无论人民变成本国的或任何外国的奴隶，他们的权利同样受到侵犯，他们的自由也同样遭到剥夺；这就是他们所受的损害，并且他们也只得抵抗这种损害的自卫权利。在所有的国家中都能找到事例来证实，给予凌辱的不是执政人员的民族的改变，而是政府的改变。比尔逊，我们教会的一个主教和君主权力和特权的顽强拥护者，如果我没有弄错的话，在他的《基督教徒的服从》这篇论文中，承认君主们会丧失他们的权力和使臣民对他们服从的地位。如果在事理特别明显的问题上还需要权威的话，我可以介绍读者读一读伯拉克敦、福特斯库、《镜子》的作者和其他人的作品，这些作家都不能被疑为不了解我们的政府或是与政府为敌的。可是我认为只要参考胡克尔的理论就足以使那些以胡克尔为依据而主张教会政体的人感到满意，因为他们在一种奇特的命运的支配下，竟然否定胡克尔所据以建立论点的那些原则。他们最好想一想，是否他们在这里变成比较狡猾的工人的工具，我可以肯定他们把自己的建筑物都拆掉了，他们的社会政策是那样地新异、那样地危险和那样地危害统治者和人民双方，以致在过去绝对不容许加以提倡，同样地，预料将来的时代在摆脱了埃及的奴隶监工的遗教以后，将以鄙夷的态度来想起这种仿佛是有用的，实际上却把一切政体都变为绝对暴政，并想让所有的人都生来就处在与他们自己的下贱灵魂相适合的奴役状态的奴颜卑膝者。

　　这里大概又会提出这个常提的话题：谁来判断君主或立法机关的行为是否辜负他们所受的委托？或许当君主只行使他应有的特权时，心怀恶意和包藏祸心的人会在人民中间散布流言。对于这一点，我的回答是，人民应该就是裁判者；因为受托人或代表的行为是否适当和合乎对他的委托，除委托人以外，谁应该是裁判者呢？当受托人辜负委托时，委托人就必须有权把他收回。如果在私人的个别情况下这是合理的话，那么在关系极其重大的场合，在关系到千万人的福利的情况下,以及在假如不加防止祸害就会更大而救济就会感到很困难、费力和危险的情况下,为什么倒不是这样呢?

可是在谁应该是裁判者这一问题上不应含有绝无任何裁判者的意思;因为假如人世间没有司法机关来解决人们中间的纠纷,那么天上的上帝便是裁判者。固然,唯有他才是正义的裁判者;然而在这个场合,如同在其他一切场合,究竟另一个人曾否使自己与他处于战争状态,或他应否像耶弗他那样诉诸最高的裁判者,则由每人自己来判断。

假如在法律没有规定或有疑义而又关系重大的事情上,君主和一部分人民之间发生了纠纷,我认为在这种场合的适当仲裁者应该是人民的集体。因为在君主受了人民的委托而又不受一般的普通法律规定的拘束的场合,假如有人觉得君主的行为辜负了委托或超过了委托的范围而使自己受到损害,那么除了人民的集体(当初是由他们委托他的)以外,谁可以最适当地判断当初的委托范围呢?但是如果君主或任何执政者拒绝这种解决争议的方法,那就只有诉诸上天。如果使用强力的双方在世间缺乏公认的尊长或情况不允许诉诸世间的裁判者,这种强力正是一种战争状态,在这种情况下,受害的一方应当自行判断什么时候他认为宜于使用这样的申诉并向上天呼吁。

我的结论是:每个人在参加社会时交给社会的权力,只要社会还继续存在,就决不能重归于单个人,而是将始终留在社会中;因为如果不是这样,就不会有社会,不会有国家,而这是违背原来的协议的。固此,同样地,如果社会已把立法权交给由若干人组成的议会,由他们和他们的后继者继续行使,并给议会规定产生后继者的范围和职权，那么只要政府继续存在，立法权就决不会重归于人民；因为他们既已赋予立法机关以永远继续存在的权力，他们就把自己的政治权力放弃给立法机关，不能再行收回。但是假如他们曾规定他们的立法机关的期限，使任何个人或议会只是暂时地享有这种最高权力，或假如掌权的人由于滥用职权而丧失权力，那么在丧失权力或规定的期限的时候，这种权力就重归于社会，人民就有权行使最高权力，并由他们自己继续行使立法权，或者建立一个新的政府形式，或者在旧的政府形式下把立法权交给他们认为适当的新人。

二、权利的范畴